Abende nicht von dieser Welt:
St. Petersburger Salondamen und Künstlerinnen
des Silbernen Zeitalters

Ursula Keller / Natalja Sharandak

Abende nicht von dieser Welt

St. Petersburger Salondamen
und Künstlerinnen
des Silbernen Zeitalters

AvivA

Inhalt

Vorbemerkung

Zur Transkription

Marina Zwetajewa, Cvetaeva oder Tsetaeva – drei verschiedene Schreibweisen und doch ein- und derselbe Familienname. Sinaida, Sina, Sinotschka, die russische Sprache ist von großem Erfindungsreichtum. Es ist ein Kreuz mit russischen Eigennamen und deren Transliteration!

Obwohl eher zur sogenannten »wissenschaftlichen Transliteration« neigend, die so wissenschaftlich gar nicht ist, sondern lediglich die Rekonstruktion von Eigennamen um einiges erleichtert, haben wir uns für die populärere Transkription entschieden, was den des Russischen Unkundigen die Lesbarkeit russischer Eigennamen erleichtern soll.

Und noch etwas: Die russische Sprache hat einen »flexiblen Akzent«. Um einen Namen richtig auszusprechen, muss man wissen, auf welchem Vokal die Betonung liegt, also: Zwetájewa und nicht Zwetajéwa, Berbérova und nicht Bérberova und so fort.

Zur Übersetzung von Zitaten

Soweit vorhanden, wurde aus vorliegenden Übersetzungen zitiert, alle anderen Übersetzungen von russischen Originalzitaten stammen von Ursula Keller.

Prolog

Aufbruch in die Moderne

Die Frauen der Gegenwart müssen ihre Vergangenheit kennen, um ihre Zukunft zu bestimmen.
(Eleanor Riemer, 1980)

Im ausgehenden 19. und beginnenden 20. Jahrhundert artikulierten sich Frauen in der russischen Literatur und Kunst so überzeugt und überzeugend, dass dies zu ignorieren unmöglich wurde. Im rückständigen und autokratisch beherrschten Russischen Reich betrat eine Plejade von Dichterinnen, Schriftstellerinnen und Künstlerinnen die Bühne des kulturellen und gesellschaftlichen Lebens, die praktisch gleichberechtigt mit ihren männlichen Kollegen an Literatur und Kunst teilhatten.

Mit der Politik der Öffnung zum Westen begann unter Peter I. (reg. 1682–1725) nicht nur für Russland die moderne Epoche, sondern auch für die russischen Frauen brach eine neue Ära an. Einem Dekret des Zaren zufolge sollten die Damen der Aristokratie gemeinsam mit ihren Ehegatten auf den Abendversammlungen erscheinen. Die einst in den ihnen zugewiesenen Räumen der Häuser des höheren Adels, den Terems der vorpetrinischen Epoche, eingeschlossenen Frauen traten in die Gesellschaft. Die höheren Töchter, die zuvor nicht gewagt hatten, ihren Blick auf den Vater zu richten, erlernten Lesen, Schreiben und den höfischen Tanz und wurden mit dekolletierten Kleidern nach der europäischen Mode herausgeputzt. Den Damen gefielen die Gesellschaften und die neuen Toiletten. Es wird kolportiert, dass manche Monarchin ihrer hunderte besessen haben soll. Und auch an der Lektüre fanden die Damen mit der Zeit Gefallen.

Das 18. Jahrhundert ist als Epoche der Frauen in die russische Geschichte eingegangen. Nach dem Tode Peters I. herrschten bis zum Ende des 18. Jahrhunderts fast ausschließlich Frauen über die Geschicke des Russischen Reiches. Als einzige der Peter dem Großen nachfolgenden Herrscher wurde Katharina II. (1729–1796) mit den Peter I. entsprechenden Epitheta ausgezeichnet – »die Große, Allweise und Mutter des Vaterlandes«.

Die Heiratspolitik brachte die einem unbedeutenden deutschen Fürstenhaus entstammende Sophie Auguste Friederike Prinzessin von Anhalt-Zerbst im Jahr 1744 nach Russland. Kein geringerer als Friedrich I. hatte zu ihrer Vermählung mit dem russischen Thronfolger, dem Großfürsten Peter Fjodorowitsch und späteren Zar Peter III., geraten. Nach einem von der Kaiserlichen Garde unterstützten Putsch im Jahr 1762, bei dem ihr »defekter« Gatte entthront wurde, hatte sie ihr Ziel erreicht. Sie allein war nun Selbstherrscherin über ganz Russland. Zahlreiche Legenden und Gerüchte ranken sich um die »Zarin der Lust«, deren zahlreiche Liebhaber und vermeintliche sexuelle Enthemmtheit bis heute Furore machen. Doch sollte eine solch sexualisierte Biographie nicht ablenken von der Persönlichkeit einer emanzipierten, im heutigen Sinne modernen Frau – intelligent und gebildet, künstlerisch und machtpolitisch begabt. Der Philosoph Voltaire sagte über sie, sie sei »ein großer Mann, den man Katharina nennt«. Sie hatte die russische Sprache recht gut erlernt und errang dadurch wie auch durch ihren Übertritt zum orthodoxen Glauben wenige Monate nach ihrer Ankunft in Russland die Sympathien ihrer künftigen Untertanen, las die staatsrechtlichen Werke Montesquieus und die philosophischen Werke der europäischen Aufklärung von Voltaire, Diderot und anderen.

Katharina II., die sich selbst als Schülerin Montesquieus bezeichnete, strebte nach der Rolle der »Philosophin auf dem Thron«. »Die Aufklärer des Westens priesen sie als ihre Prophetin auf russischem Boden, als ›Licht des Nordens‹.«[1] Sie sah sich in der Tradition Peters I. und nahm für sich in Anspruch, die von ihm begonnene Modernisierung Russlands fortzusetzen. Der Beginn ihrer Regierungszeit war geprägt von dem großen Projekt einer Rechtsreform. Ihre im Geiste des aufgeklärten Absolutismus verfasste *Instruktion* wurde zu einem der bekanntesten Dokumente der russischen Rechtsgeschichte, doch wurde die Reform auf Druck des Adels nicht umgesetzt. Die von der Zarin kultivierte Darstellung ihrer Person als aufgeklärte Monarchin blieb nur Fassade, die das despotische Wesen ihrer Herrschaft verbergen sollte. Sie, die in regem Austausch mit den Philosophen der Zeit stand – Diderot weilte 1773 als Gast in Petersburg, Voltaire nannte sie »meine Kaiserin« – war der Ansicht, das russische Imperium sei nur durch einen absoluten Herrscher zu führen. Nach dem von Jemeljan Pugatschow angeführten Aufstand, in dem sich die Unzufriedenheit der Bauern entlud, zementierte die Zarin durch gesetzgeberische Maßnahmen das absolutistische Feudalregime. Die von Pugatschowschtschina und dem Schock der französischen Revolution aufgeschreckte Zarin rückte von ihren liberalen Ideen ab und begann, die russischen Freidenker gnadenlos zu bekämpfen. Der als erster Dissident in die Geschichte eingegangene Alexander Radischtschew, von Katharina II. als »Aufständler, der schlimmer ist als Pugatschow«, gebrandmarkt, wurde zum Tode verurteilt, von ihr jedoch zur Verbannung nach Sibirien »begnadigt«. Ein anderer Kritiker ihrer absolutistischen Herrschaft, Nikolai Nowikow, wurde ohne Gerichtsverfahren für fast fünf Jahre eingekerkert.

Kopie von Fjodor Rokotow nach dem Original von Alexander Roslin: Katharina II. (1780er Jahre)

Doch trotz allen despotischen Gebarens kann die Herrschaft Katharinas II. im kulturellen Bereich als Fortsetzung der Modernisierungspolitik Peters I. verstanden werden. Sie festigte den Stand der von ihm gegründeten Hauptstadt Sankt Petersburg, gründete dort im Jahr 1757 die *Akademie der Künste* als eigenständige Institution und wurde deren erste Schirmherrin. Mit dem Erwerb einer umfangreichen Kunstsammlung legte sie den Grundstein zur *Eremitage*, einer Schatzkammer der Kunst, die den führenden Museen der Welt bis heute in nichts nachsteht. Das allgemeine Volksschulwesen Russlands geht ebenso auf die Initiative Katharinas II. zurück wie die Gründung der ersten Lehr- und Erziehungsanstalt für (adlige) Mädchen, des Petersburger *Smolny-Instituts*. Katharina II. hat sich selbst als Autorin betätigt und so viele Werke hinterlassen wie kein anderer russischer Herrscher.

Trotz aller Widersprüche ist die Regierungszeit Katharinas II. eine wichtige Epoche in der Geschichte Russlands, das machtpolitisch und kulturell in dieser Zeit in Europa erheblich an Prestige gewann. Mit der Inschrift »Petro Primo, Catharina Secunda« auf dem vom Bildhauer Falconet angefertigten Denkmal, das sie ihrem Vorbild setzte, stellt sich die deutsche Prinzessin auf dem Zarenthron selbstbewusst und stolz in eine Reihe mit dem, der Jahrzehnte zuvor das Werk der Modernisierung Russlands begonnen hatte.

Im Jahr 1783 ereignet sich in der Geschichte der russischen Frauen eine bis heute einmalige Begebenheit. Katharina II. ernennt die Fürstin Jekaterina Daschkowa (1743–1810) zur Direktorin der *Russischen Akademie der Wissenschaften*. Im selben Jahr wird Daschkowa Präsidentin der auf ihre Initiative hin gegründeten *Russischen Akademie*, die sich der russischen Sprache und Literatur widmet. Daschkowa entstammte einer dem Zarenhof eng verbundenen Familie der russischen Elite. Ihre Patin war die Tochter Peters I. und spätere Zarin Elisabeth, die mit dem aufgeklärten Staatskanzler Michail Woronzow verwandt war, einem Onkel Daschkowas, bei dem diese nach dem Tode ihrer Mutter aufwuchs. Im Winter 1759 kommt es zur ersten Begegnung Daschkowas mit der damaligen Großfürstin und späteren Zarin Katharina, die Woronzow einen Besuch abstattete. Früh verwitwet, begibt sich Daschkowa 1770 auf Reisen nach Westeuropa, wo sie aufs Beste empfangen wird. Könige und Minister reißen sich um ihre Nähe, die Türen zu den bekanntesten literarischen Salons stehen ihr offen. König Friedrich II. demonstriert ihr in Manövern die Macht seiner Armee – eine für eine Dame unerhörte Ehre. In Paris trifft sie den Philosophen der französischen Aufklärung, Denis Diderot. »Die Fürstin Daschkowa ist Russin mit Leib und Seele«, so beschreibt Diderot seinen Eindruck von ihr. »Jedoch ist sie bei weitem keine Schönheit ... Sie ist von sehr ernstem Charakter. Französisch spricht sie absolut frei ... sie liebt die Künste und Wissenschaften, hat eine gute Menschenkenntnis und weiß um die Nöte ihres Vaterlandes. Sie hasst den Despotismus und jegliche Erscheinung von Tyrannei von ganzem Herzen. Sie hatte die Möglichkeit, mit jenen, die nahe bei der Macht stehen, bekannt zu werden und spricht offen über die guten Eigenschaften und über die Unzulänglichkeiten der gegenwärtigen Regierung.«[2]

Nach der Rückkehr nach Russland von ihrer zweiten Auslandsreise im Jahr 1782 nimmt sie ihre Tätigkeit als Leiterin zweier Akademien auf. Sie beschäftigt sich nicht nur mit der Publikationstätigkeit und wissenschaftlichen Arbeit der beiden Akademien, sondern tritt auch mit eigenen Veröffentlichungen und Übersetzungen hervor. Daschkowa, die in ihren Erinnerungen ihre eigene Rolle überaus bescheiden beschreibt, wird von den Zeitgenossen im In- und Ausland hoch geschätzt, was in der Ernennung zum Mitglied zahlreicher ehrwürdiger Akademien und Gesellschaften seinen Ausdruck findet. »Mit Daschkowa«, so der Schriftsteller Alexander Herzen (1812–1870), »tritt die Persönlichkeit der russischen Frau, von dem petrinischen Paukenschlag erweckt, aus ihrer Unfreiheit heraus, tut kund von ihrer Begabung, fordert im Bereich der Politik, der Wissenschaft, der Umgestaltung Russlands ihre Beteiligung ein und stellt sich kühn in eine Reihe mit Katharina.«[3]

Die Tatsache, dass Daschkowa zwei solch hohe Posten einnehmen und die »gelehrten Herren« mit Erfolg führen konnte, ist begründet in ihrer außergewöhnlichen Kultiviertheit und Bildung. Peter I. hatte sich in seiner Bildungspolitik nicht nur der Knaben, sondern auch der Mädchen angenommen und in einem speziellen Dekret verordnet, die adligen Töchter, die nicht wenigstens ihre Unterschrift schreiben könnten, nicht zu verheiraten. 1711 entwickelte Peter I. einen Plan, höhere Töchter mit dem Ziel der Ausbildung ins Ausland zu senden, der jedoch nicht verwirklicht wurde. Weitere Förderung erhielt deren Ausbildung zu Zeiten Katharinas II., die sich gemeinsam mit einem Verehrer der Ideale Jean-Jacques Rousseaus, Iwan Bezkoi (1704–1795), für die Frauenbildung einsetzte.

Im Jahr 1764 wurde in Petersburg das *Smolny-Institut für höhere Töchter* gegründet, in dem vor allem junge Damen der Aristokratie studierten, das aber in einer dem Institut angeschlossenen *Schule für minderjährige Mädchen* auch Mädchen nichtaristokratischer Herkunft als Lehrerinnen und Erzieherinnen ausbildete. Die Mädchen und jungen Frauen, die im Alter zwischen fünf und sechs Jahren in das Institut eintraten, lebten dort in völliger Zurückgezogenheit von der Welt und der eigenen Familie, von deren »verdorbenem« Einfluss sie geschützt werden sollten, um sie, entsprechend den aufklärerischen Idealen Bezkois, zu »idealen Menschen« zu erziehen. Doch dies blieben Träume. Die Ausbildung der jungen Damen war oberflächlich und verhalf bestenfalls zu einer Stellung als Hofdame oder zu einer guten Partie.

Ende des 18. Jahrhunderts war das *Smolny-Institut* nicht mehr die einzige Einrichtung dieser Art und den jungen Damen boten sich verschiedene, gewöhnlich von Ausländern geführte Privatpensionate an, an denen sie eine Ausbildung absolvieren konnten. Die meisten Töchter der besseren Familien erhielten ihre Erziehung jedoch zu Hause. Aus den Armen der Amme wurden sie in die Obhut der Gouvernante gegeben, für gewöhnlich eine Französin. Im Vergleich zur Erziehung der Knaben war die der Töchter jedoch ziemlich beschränkt. Neben der Vermittlung von ein oder zwei Fremdsprachen auf einem Niveau, das ihnen ein Alltagsgespräch erlaubte, wurden die jungen Damen vor allem in Tanz und Umgangsformen, in »verschiedenen Handarbeiten« und den Grundlagen des Malens, Gesangs und eines Instruments unterwiesen.

Den wichtigsten Beitrag zur Frauenbildung leisteten Literatur und Kultur. Gegen Ende des 18. Jahrhunderts widmeten sich die jungen Damen besonders der Lektüre. »Nur wenig Zeit vergeht, und Tatjana Larina [die romantische Heldin aus Puschkins *Jewgeni Onegin*], die junge Frau der 1820er Jahre, erscheint vor dem Leser, ›mit einem französischen Buch in Händen und traurig-nachdenklichem Blick‹.«[4]

Ende des 18. Jahrhunderts besucht die berühmte französische Porträtistin Elisabeth-Louise Vigée-Lebrun (1755–1842) Petersburg. Die russische Aristokratie überschüttet sie geradezu mit Aufträgen. Ihre Persönlichkeit einer »genialen Frau« und ihr Werk rufen unter den russischen Damen die Mode der künstlerischen Betätigung hervor. Zeichnen und Aquarellmalerei werden nicht nur bei den Damen der Aristokratie, sondern auch bei denen der gebildeten Mittelschicht zur beliebten Beschäftigung. In den 1820er und 1830er Jahren beginnen in den Journalen immer häufiger Werke von Dichterinnen und Schriftstellerinnen zu erscheinen: Sinaida Wolkonskaja (1789–1862), die »Königin der Musen«, die als Schriftstellerin, Komponistin, Musikerin und Gastgeberin eines der führenden Moskauer Salons in den 1820er Jahren von sich reden machte, und die Dichterin und Übersetzerin Karolina Pawlowa (1807–1893), die Marina Zwetajewa neben Bettina von Arnim, Marija Baschkirzewa und Anna Achmatowa später als ihre Freundin bezeichnen wird.

Elisabeth-Louise Vigée-Lebrun: Selbstporträt

Die erste Generation professioneller Künstlerinnen wird erst einige Jahrzehnte später auf die Bühne des kulturellen Lebens treten.

Der russische Sieg über die Armee Napoleons im Jahr 1812 führte zu einer Stärkung des Nationalbewusstseins. Bei den fortschrittlichen Kräften des Landes, besonders unter den jungen Offizieren, entstand die Hoffnung auf Demokratisierung des Zarenreiches, Abschaffung der Leibeigenschaft und den Wandel des Russischen Reiches in eine moderne Staatsmacht. Im Dezember 1825 versuchten junge Verschwörer eine militärische Erhebung gegen zaristische Selbstherrschaft und Leibeigenschaft, doch der Aufstand wurde von der Staatsgewalt grausam unterdrückt. Fünf der Dekabristen wurden hingerichtet, viele andere zur Zwangsarbeit nach Sibirien verbannt. Berühmt wurden die elf Dekabristenfrauen, jene belesenen jungen Damen mit traurig-nachdenklichem

Blick, die ihren Männern in die Verbannung folgten und sich in der sibirischen Ödnis mit Gründungen von Krankenhäusern, Schulen und Bibliotheken verdient machten.

Der Kampf um die Aufhebung der Leibeigenschaft und die Verbesserung der Situation der unterdrückten Bauern, den die aufgeklärte Intelligenzija führte, ging einher mit Diskussionen um die Veränderung der Situation der Frau. Auch im 19. Jahrhundert waren Frauen aller Schichten in Russland politisch rechtlos, ebenso waren ihre bürgerlichen Rechte im Vergleich zu denen des Mannes sehr beschränkt. Die Abhängigkeit der Frau vom Mann und ihre ihm untergeordnete Stellung waren gesetzlich verankert und wurden durch die Autorität der Kirche gestützt. So besaß eine verheiratete Frau keinen eigenen Pass und hatte nicht das Recht, ohne Erlaubnis ihres Gatten die Stadtgrenze zu überschreiten. Eine Ehescheidung war nur unter strengsten Bedingungen möglich und wurde nur in seltenen Fällen vollzogen. »An Händen und Füßen gefesselt durch den Despotismus barbarischer Sitten und Gebräuche ... vor der Verheiratung Sklavinnen der Eltern, danach Besitztum des Mannes«, charakterisiert der Publizist Wisarjon Belinski (1811–1848) die Lage der Frau in Russland.[5]

Mitte des 19. Jahrhunderts begann die russische Gesellschaft, sich ernsthaft mit der »Frauenfrage« zu befassen, sie wurde gleichzeitig mit der Forderung nach Aufhebung der Leibeigenschaft auf die Tagesordnung gestellt und erhielt so eine besondere Schärfe. In den Kreisen der liberalen russischen Intelligenzija schien es unmöglich, die Aufhebung der Leibeigenschaft zu fordern, an der rechtlosen Situation der Frau jedoch nichts ändern zu wollen. Die bekanntesten Kräfte der fortschrittlichen russischen Gesellschaft waren leidenschaftliche und aktive Verfechter der Emanzipation der Frau, so der Publizist Michail Michailow, der Chirurg Nikolai Pirogow, die Schriftsteller Nikolai Dobroljubow und Nikolai Tschernyschewski. Doch auch in Russland war das Lager der Gegner der Frauenemanzipation groß und einflussreich.

Der Roman *Was tun?* (1863), in dem Tschernyschewski die Geschichte der Tochter eines kleinbürgerlichen Petersburger Beamten erzählt, die sich von ihren Fesseln befreit und eine Nähwerkstatt für Arbeiterinnen gründet, wird von vielen Frauen als Anleitung zum Handeln begriffen. Nach dem Vorbild Vera Pawlownas, der Heldin des Romans, wird die Scheinehe zur Garantie von Freiheit und Selbstbestimmung. Man lebt häufig in Dreierbeziehungen, und die befreiten Frauen organisieren Werkstätten für ihre Geschlechtsgenossinnen aus den niederen Schichten.

Viele Vertreter der 1860er und 1870er Generation widmeten sich dem Ideal des Dienstes an der Gesellschaft und der Verpflichtung dem Volk gegenüber, es der Dunkelheit zu entreißen. Unter den Volkstümlern, die sich mit Enthusiasmus aufmachten, die Lebensbedingungen und Bildungsmöglichkeiten der Landbevölkerung zu verbessern, waren nicht wenige Frauen, überwiegend Lehrerinnen und Ärztinnen. Auch unter den Mitgliedern der revolutionären Untergrund-Organisationen sind zahlreiche Frauen zu finden. So Vera Sasulitsch, die durch ihren Anschlag auf Trepow, den Stadtkommandanten Petersburgs, und den sensationellen Freispruch im darauf folgenden Prozess berühmt wurde. Trepow hatte einen in Untersuchungshaft befindlichen Studenten nur deshalb aufs grausamste verprügeln lassen, weil dieser seine Kopfbedeckung in Anwesenheit des Stadtkommandanten aufbehalten hatte.

Die Debatten um die Frauenfrage werden von den Frauen als Aufruf zum Kampf verstanden. In den 1860er Jahren entsteht die russische Frauenbewegung. Durch Industrialisierung, Urbanisierung und Verarmung der Gutsbesitzer und des Landadels nach Abschaffung der Leibeigenschaft wird es für immer mehr Frauen zur Notwendigkeit, Arbeit anzunehmen. In diesem Zusammenhang wird der Anspruch auf Bildung für Frauen, nach dem Recht auf Zugang zu den höheren Bildungsstätten immer lauter artikuliert. Diese Forderung wird die wichtigste Losung im Kampf der russ ischen Frauenrechtlerinnen wie Anna Filosofowa, Nadeshda Stasowa und anderen. Der positive Ausgang dieser Auseinandersetzung ist in vielerlei Hinsicht zurückzuführen auf die Unterstützung durch die russische Intelligenzija und auf die »Atmosphäre des Frühlings« der 1860er Jahre – jener Epoche der russischen Geschichte, in der endlich die Leibeigenschaft aufgehoben und andere liberale Neuerungen eingeführt worden waren.

Die Ergebnisse des Einsatzes für die Bildung der Frau sind bekannt. Natalja Korsini wurde erste Gasthörerin der Universität, ihr folgten viele andere. Als Frauen das Recht, Universitäten zu besuchen, verwehrt wurde – obwohl viele Liberale sich dafür aussprachen – und ihnen im Jahr 1862 für einige Zeit gar untersagt wurde, Vorlesungen zu hören, gingen viele der wissensdurstigen jungen Damen an die Schweizer Universitäten. So erhielt Sofija Kowalewskaja, die erste Professorin der Mathematik, ihre Ausbildung im Ausland. Die flüchtigen jungen Frauen wurden von den Kommilitonen unterstützt. Oft gab ihnen eine Scheinehe die Freiheit, nach der sie strebten.

Die russische Regierung, erschrocken vor der Gefahr der Verbreitung des westlichen Radikalismus, sah sich gezwungen nachzugeben. In den 1870er Jahren wurden in einigen Städten höhere Kurse für junge Frauen eröffnet. Die bekanntesten waren die *Bestushewski-Kurse* in Sankt Petersburg, die 1878 den Frauen die Möglichkeit zur höheren Bildung eröffneten.[6] Die *Kursistin* – in bescheidener, nachlässiger, dunkler Kleidung mit weißem Kragen, ohne Schmuck, dafür aber mit einem Stapel Bücher unter dem Arm, geschäftig, zielstrebig an den Vorübergehenden vorbeieilend, wie auf dem gleichnamigen Gemälde Nikolai Jaroschenkos festgehalten – wurde zum Merkmal der Epoche.

In der zweiten Hälfte des 19. Jahrhunderts erhalten die Frauen Russlands auch immer bessere Möglichkeiten zur Ausbildung als Künstlerin. Zwei Jahre nach der Gründung der Petersburger *Zeichenschule für Freie Zuhörer* wird 1842 dort die erste Frauenklasse eröffnet. Seit den 1870er Jahren können Frauen an der Moskauer *Lehranstalt für Malerei, Bildhauerei und Architektur* studieren[7] und seit 1893 ist ihnen das Studium an der Petersburger *Kaiserlichen Akademie der Künste* offiziell gestattet. Im Gegensatz zu den meisten Kunstschulen Westeuropas erfolgt die Ausbildung der Kunststudentinnen – auch das Aktzeichnen – hier gemeinsam mit den männlichen Kommilitonen. Die deutschen Kunstakademien nehmen, mit wenigen Ausnahmen, erst seit 1919 Studierende weiblichen Geschlechts auf. Für den vierzig Jahre lang bis 1915 amtierenden Direktor der Berliner Akademie, Anton von Werner, ist gerade die Existenz der Aktstudien eines der Hauptargumente gegen die Aufnahme von Frauen.[8] Eine solide künstlerische Ausbildung erhalten junge Damen auch an privaten Kunstschulen, die häufig von Frauen gegründet werden.

Jekaterina Nikolajewna Chilkowa: Frauenabteilung der Petersburger Zeichenschule für Freie Zuhörer (1855)

Zahlreiche junge Künstlerinnen brechen auf, ihre Fertigkeiten im damaligen Mekka der modernen Kunst, in Paris, zu vollenden. Und auch für junge Dichterinnen ist die französische Hauptstadt von magnetischer Anziehungskraft. Voller neuer Ideen und Eindrücke nach Hause zurückgekehrt, nehmen die jungen Damen teil am kulturellen Leben Russlands und sind aus den Literaturzirkeln und Künstlergruppierungen bald nicht mehr wegzudenken.

In rechtlicher Hinsicht jedoch ändert sich auch zu Beginn des 20. Jahrhunderts nicht viel an der Lage der Frau: »Sowohl Alexander III. (reg. 1881–1894) als auch Nikolaus II. (reg. 1894–1917) ließen sich von Mythen altrussischer Autokratenherrschaft aus der Zeit vor Peter dem Großen inspirieren, während die Projektion häuslichen Lebens als Em-

Valentin Serow: Elisaweta Mamontowa (1887)

blem öffentlicher Tugenden ihren ironischen Höhepunkt im viktorianischen Idyll von Nikolaus und Alexandra erreichte, als die Autokratie bereits ihrem endgültigen Zerfall entgegentaumelte.«[9]

In den Kreisen der liberalen russischen Intelligenzija jedoch hielt man um die Jahrhundertwende das bürgerliche Ideal der Familie, welches der Frau ausschließlich die Rolle der »Bewahrerin der Familie«, der fürsorglichen Hausfrau, Ehefrau und Mutter zuweist, für egoistisch und begrenzt. Ohne die Rolle der Familie und deren Unterstützung bei der Förderung der Talente junger Frauen bei ihrem Streben nach Bildung und Selbstverwirklichung zu betrachten, ist das rätselhaft scheinende Phänomen der russischen Künstlerin nicht zu verstehen.[10] Dies belegen Memoiren, Tagebücher und Briefe der Künstlerinnen. »Man glaubt bei uns so sehr an mich«, schreibt Marija Baschkirzewa (1858–1884) in ihrem Tagebuch, »daß niemand erstaunt wäre, wenn ich ein Bild malte, von der Größe des *Floß der Medusa*, oder wenn mir ein Orden der Ehrenlegion verliehen würde.« Die Familie sah in Heirat und Ehe nicht die einzige Bestimmung für die Tochter. Die Malerin Margarita Sabaschnikowa (1882–1973) und die Tänzerin Tamara Karsawina (1885–1978) erinnern sich, dass ihre Mütter Ausbildung und Beruf ihrer Töchter für überaus wichtig erachteten, da sie Unabhängigkeit garantierten.

Jedoch gab es im Leben der Künstlerinnen auch Momente des Zweifels und der Unsicherheit, die hervorgerufen wurden von den Vorurteilen in der Gesellschaft in Bezug auf künstlerische Selbstständigkeit und dem vermeintlichen Unvermögen zur Innovation im künstlerischen Schaffen von Frauen. Die Biographie Marianne Werefkins, einer der herausragendsten Vertreterinnen der Künstlergruppe *Der Blaue Reiter*, zeugt vom ständigen Versuch, diese quälende Unsicherheit zu überwinden. Ihr Lehrer Ilja Repin macht die Künstlerin im Jahr 1891 mit Aleksei Jawlensky, einem jungen Leutnant und Studenten der *Akademie der Künste*, bekannt. Werefkin beschließt, sich ganz der Entwicklung des Talents dieses jungen Künstlers zu widmen und gibt ihre eigene Malerei für lange Jahre auf. »Ich suchte die andere Hälfte meiner selbst. In Jawlensky meinte ich sie zu erschaffen, zu erziehen. Ich stieß auf Begrenzung, und heute sinken mir die Hände. Ich bin Frau, bin bar jeder Schöpfung. Ich kann alles verstehen und kann nichts schaffen.«[11] Viele Jahre später erst beginnt Werefkin wieder zu malen. Ihr 1910 entstandenes Selbstporträt mit glühenden Augen bezeugt den Prozess ihrer Selbstfindung: Ihr Antlitz strahlt die schöne und zugleich tragische Begabung des Wissens aus, deren Preis die Einsamkeit ist.[12]

In der Entwicklung der Kunst des Silbernen Zeitalters spielten gebildete und hochbegabte Förderinnen und Mäzenatinnen, die im Zentrum der vielen Salons und Zirkel standen, so Sinaida Gippius, Lidija Sinowjewa-Annibal, Elisaweta Mamontowa oder Fürstin Marija Tenischewa, eine wichtige Rolle. Unter dem Einfluss der damals verbreiteten slawophilen Ideen stehend, trugen Elisaweta Mamontowa und Marija Tenischewa zur Erhaltung der russischen Volkskunst und zur Wiederbelebung des bäuerlichen Kunsthandwerks bei und förderten so die Verbreitung des damals modernen neorussischen Stils.

Abramzewo, das bei Moskau gelegene Landgut Elisaweta Mamontowas (1847–1908) und ihres Ehemanns Sawwa, einem Eisenbahnmagnaten und Mäzenaten, wurde zu einer der größten Künstlerkolonien Russlands und zog die Größen der Literatur, Kunst und Architektur an. In den 1880er Jahren gründete Mamontowa in Abramzewo eine Tischlerei, in der Bauern aus den umliegenden Dörfern unter Leitung und nach von den traditionellen Mustern ausgehenden Entwürfen der Künstlerin Jelena Polenowa moderne Möbel und Haushaltsgegenstände fertigten. Nicht nur in Russland, sondern auch in Westeuropa und Amerika waren die dort hergestellten Objekte überaus beliebt.

Wie Abramzewo wurde auch Talaschkino, das Landgut der Fürstin Tenischewa (1867–1928) in der Nähe von Smolensk, zu einer wichtigen Künstlerkolonie. Tenischewa war nicht nur eine selbstlose Mäzenatin, die unter anderem die Zeitschrift der Künstlergruppe *Mir iskusstwa (Welt der Kunst)* finanziell unterstützte, sondern selbst auch eine begabte Malerin, die eine alte Technik der Emailmalerei für sich neu entdeckte. Die Aufklärung des Volkes war jedoch für viele Jahre eine ihrer wichtigsten Tätigkeiten. »Es war irgendwie peinlich, in unserem so kultivierten Talaschkino mit allen Annehmlichkeiten zu leben und allem Dreck, aller Unwissenheit und undurchdringlicher Dunkelheit um uns herum gegenüber gleichgültig zu sein.«[13] Tenischewa gründete in Talaschkino eine Landwirtschaftsschule, an der die Schüler auch in Kunst und Gesang unterrichtet wurden. Später entstand an der Schule auch ein Theater und ein Balalajka-Orchester, die von den Schülern organisiert worden waren. Schließlich entstanden Werkstätten für Schnitzarbeit, Keramik und Stickerei. Eine Nichte des Gatten der Gräfin Tenischewa beschreibt die Situation an der Schule: »Alles war auf das Künstlerische und Geistige und gleichzeitig auf die praktische Ausbildung der Landjugend ausgerichtet.«[14]

1882 wurde auf Initiative der Landschaftsmalerin Pelageja Kuriar (1850–1899) und der Fürstin Imeretinskaja in Petersburg der erste Künstlerische Damen-Zirkel als Vereinigung von Künstlerinnen und sich für die Kunst interessierenden Damen des Hochadels gegründet. Da den jungen Damen schon bald das Studium an den Kunstakademien möglich war und sie sich mehr und mehr im Kunstbetrieb etablieren konnten, war die Rolle, die dieser Zirkel im kulturellen Leben spielte, sehr viel geringer als die vergleichbarer Vereinigungen von Künstlerinnen in Westeuropa. Später hielten es die »ersten Damen« der russischen Kunst und Literatur gänzlich für überflüssig, eigene Künstlerinnenvereinigungen zu gründen. In der Regel distanzierten sie sich von der Frauenbewegung und rechtfertigten dies wie die Graphikerin Anna Ostroumowa-Lebedewa damit, »dass ich die Verteidigung der Rechte der Frauen durch meine Arbeit und meinen Erfolg verwirkliche. Dadurch beweise ich am besten das Recht der Frauen auf Gleichberechtigung.«[15] Der großen Mehrheit der Vertreterinnen der russischen künstlerischen Intelligenzija schien die Ver-

Valentin Serow, Elena Polenowa, Mark Antokolski, Elisaweta Mamontowa, Pawel Spiro, Ilja Ostrouchow und Sawwa Mamontow in Abramzewo (1880er Jahre)

bindung mit der Frauenbewegung eng und beschränkt. Hier steht die Meinung von Sinaida Gippius stellvertretend für viele. Am 19. März 1917 beobachtet sie aus ihrem Fenster eine große Demonstration von Frauenrechtlerinnen: »Perowskaja und eben jene Vera Figner, aber nicht nur diese, haben sich nicht mit der Frauenfrage, sondern gleichberechtigt mit den Männern mit allgemein menschlichen Fragen beschäftigt. Und sie waren tatsächlich gleichberechtigt als Menschen. Als ob man, wenn man nur fragt, die Gleichberechtigung erhalten könne. Das ist ungefähr so, als ob man den Zaren um die ›Revolution‹ bittet und erwartet, er gebe sie einem einfach so in die Hände. Nein, die Frauen müssen,

Fürstin Marija Tenischewa in Talaschkino (1908)

um die Gleichberechtigung zu erhalten, tatsächlich auch gleich mit den Männern sein.«[16]

Durch das selbstbewusste Eindringen von Frauen in die Wissenschaften, Literatur und Kunst entsteht das Ideal einer »neuen Frau«, die unabhängig und frei ist und traditionellen gesellschaftlichen Normen keine Beachtung schenkt. Während die Frauen der vorhergehenden Generationen ihre Aufgabe vor allem im Dienst an der Familie oder dem Volk, in der Selbstaufgabe sehen, streben die neuen Frauen nach Selbstverwirklichung. In der Hingabe an die Kunst sehen sie eine Möglichkeit, Glück zu erlangen.[17] Das Bild von der neuen Frau wird bald die Seiten der Boulevardliteratur beherrschen und weite Leserinnenkreise beschäftigen. Eine der beliebtesten Schriftstellerinnen jener Zeit, Anastasija Werbizkaja (1861–1928), erklärt die Idee ihres in sechs Fortsetzungsbänden verfassten Bestsellerromans *Schlüssel zum Glück* (1909–1913): »Frauen, stellt nicht die Liebe ins Zentrum Eures Lebens, sonst geht Ihr bankrott, wenn die Liebe Euch verlässt. Widmet Euch der Wissenschaft, der Kunst, dem Künstlerischen, der tätigen Liebe zur Menschheit und jagt nicht nur dem eigenen kleinen Glück nach.«[18]

Das Bild der neuen Frau, der selbstbewussten und selbstbestimmten Persönlichkeit, deren Interesse immer mehr über die engen Grenzen der

Familie, des Haushaltes und der Liebe hinausgehen, fand seine Verkörperung in den Schriftstellerinnen und Künstlerinnen des ausgehenden 19. und beginnenden 20. Jahrhunderts. Der Inbegriff des Bildes der neuen Frau waren die »Amazonen der Avantgarde«: Natalja Gontscharowa, Alexandra Exter, Ljubow Popowa, Olga Rosanowa, Warwara Stepanowa, Nadeshda Udalzowa und andere. Die Avantgarde, laute und bewusste Provokation der Spießbürger, begleitet von Skandalen und lautstarken Diskussionen, die bisweilen in Schlägereien endeten, revolutionierte die alten Vorstellungen von den Grenzen der Kunst. In den Reihen der Avantgardisten kämpften erstaunlich viele Frauen gleichberechtigt um die Innovation in der Kunst. »Der Triumph der russischen Avantgarde«, schreibt John E. Bowlt, »wäre ohne die ... Frauen undenkbar gewesen«.[19] Beeindruckend ist die Vielfalt ihrer Interessen und Tätigkeitsfelder: Malerei, Theater, Buchillustrationen, Design und Modedesign, theoretische Arbeiten zur Kunst, organisatorische und pädagogische Arbeiten. Sich auf eine Kunstform zu spezialisieren sei »langweilig«, so die Künstlerin Olga Rosanowa.

Doch war der Eintritt der russischen Künstlerin ins 20. Jahrhundert bei weitem nicht immer nur Idylle. Wurden viele in ihrem Lebensweg von Verwandten und Künstlerfreunden auch unterstützt, begegneten Kritik und Publikum ihren Werken nicht immer mit Begeisterung. Für viele sollte die Frau weiterhin ein Beispiel für Unschuld, hingebungsvolle Liebe und Aufopferung darstellen und ihre Kunst spezifisch weiblich – intim, fein und zart – sein. Die Überschreitung allgemein anerkannter Normen durch die Frau rief bei der Kritik besondere Empörung und Verurteilung hervor. Die vom Dichter Benedikt Liwschiz geprägte Bezeichnung der Künstlerinnen der Avantgarde als »Amazonen« ist also nicht nur Ausdruck von Verehrung, sondern auch einer unbewussten männlichen Angst vor den furchtlosen Kämpferinnen auf dem Feld der Kunst.[20]

Wie auch immer Kollegen, Publikum und Kritik den Schriftstellerinnen und Künstlerinnen gegenübertraten – mit Begeisterung und Lob oder Abneigung und Empörung –, der Triumph des russischen Silbernen Zeitalters wäre ohne ihren Beitrag undenkbar gewesen. »Es war ein richtiger Ausbruch von Talenten, großen Gesten, schönen Erscheinungen, ein

Wetterleuchten in der Finsternis der Epoche der Selbstherrschaft«, schreibt der Kunsthistoriker Szymon Bojko über den großen Beitrag der Frauen zur russischen Kultur.[21]

Mythos Petersburg

Petersburg, diese von ihren Bewohnern und den Russen insgesamt geschmähte Stadt, diese ›gesichtslose‹ ›Kasernenstadt‹, die ›nichts Nationales an sich hat‹, hat eine ganz eigene Seele.
(Alexandre Benois)

»Ich lieb dich, Peters Werk, vor allen«, mit diesen Versen besingt Alexander Puschkin in seinem Poem *Der Eherne Reiter* (1833) das »Bild so streng und schlank« der in Stein gebauten Utopie Peters des Großen – Sankt Petersburg.

Am 16. Mai 1703 legte Zar Peter I. den Grundstein zum ersten Bauwerk der nach dem Wächter der Himmelstore, dem heiligen Petrus, benannten Stadt. Das im zwanzig Jahre währenden Krieg gegen die Schweden eroberte Gebiet an der Newa bot dem Herrscher die Möglichkeit, seine beiden größten Träume Wirklichkeit werden zu lassen – endlich sollte Russland den ersehnten Hafen erhalten und der Modernisierung des rückständigen Russischen Reiches mit einer modernen Stadt ein Gesicht gegeben werden. Die Stadt ist ein Sinnbild für die Bestrebungen Peters I., ein »Fenster nach Europa« aufzustoßen. Der von den Naturwissenschaften faszinierte »Zar und Zimmermann« lernte auf langen Reisen durch Westeuropa die Errungenschaften der modernen Technik kennen und führte diese mit aller Macht in seiner Heimat ein. Berühmt sind die Berichte darüber, wie er nach der Rückkehr von einer Auslandsreise den ihn empfangenden Würdenträgern eigenhändig die Bärte abschnitt. Die Maßnahmen, denen zufolge sich Offiziere, Beamte, Höflinge und Einwohner der Städte der Bärte zu entledigen hatten, sind ebenso wie der Kampf gegen die moskowitische Kleidung Symbol für die Auseinandersetzung zwischen den Anhängern des modernen Fortschritts und den Verteidigern altrussischer Überlieferung.

Keine zehn Jahre nach der Grundsteinlegung der buchstäblich aus dem Boden gestampften Stadt, deren Erbauung in den Sümpfen des Newadeltas Tausende zum Opfer fielen, wird St. Petersburg zur Hauptstadt Russlands erhoben. Die Untertanen des Zaren jedoch zeigen sich der neuen Hauptstadt nicht geneigt und müssen zur Umsiedlung in das unwirtliche Gebiet gezwungen werden. In einer Zeit, in der die alte Residenzstadt der Zaren, Moskau, aus Holzhäusern besteht, darf in Petersburg nur in Stein gebaut werden. Die Stadt wächst mit rasanter Geschwindigkeit unter Beteiligung italienischer und französischer Architekten sowie deutscher Handwerksmeister. Bis ins 20. Jahrhundert hinein wird die westlich elegante Schwester Moskaus nicht als Tochter Kiews, der »Mutter der russischen Städte«, akzeptiert werden, und doch bleibt St. Petersburg bis zum Ende des alten Russlands, mit einer kurzen Unterbrechung von 1728 bis 1732, die Hauptstadt des Zarenreiches.

Die in unwirtlicher Gegend den Naturgewalten abgetrotzte Stadt mit ihrer unwirklichen Atmosphäre, den langen dunklen Tagen im Winter und den weißen Nächten im Sommer, ist von einem Mythos umweht. Existiert sie eigentlich wirklich? »Wie dem auch sei, Petersburg scheint uns nicht nur, sondern erscheint auch – auf den Landkarten: in Gestalt zweier ineinander sitzender Kreise mit einem schwarzen Punkt im Zentrum; und aus genau diesem mathematischen Punkt, der keine Dimension hat, kündet es energisch davon, daß es existiert«, so Andrej Belyj im Prolog zu seinem Roman *Petersburg*.[22]

Den Bewohnern scheint die Stadt fremd und feindlich. Mit grausamer Regelmäßigkeit tritt die Newa über ihre in Granit gehauene Uferbefestigung und sucht die Stadt mit Überschwemmungen heim. Der Lobgesang Alexander Puschkins in *Der Eherne Reiter* wird unvermittelt zur Tragödie, die Natur, derer sich der Mensch bemächtigte, schlägt zurück, die Gewalten des Flusses reißen die Braut des kleinen Beamten Jewgeni mit sich in den Tod. Voller Wut klagt Jewgeni den Gründer der Stadt an, der ohne Rücksicht auf die Menschen seine Stadt in Sumpf und Ödnis setzte. Voller Wahnsinn wird ihm das von Katharina II. beim Bildhauer Falconet in Auftrag gegebene Standbild Peters des Großen, *Der Eherne Reiter*, plötzlich lebendig, und die donnernden Hufe des Rosses treiben den armen Jewgeni durch die menschenleeren Straßen der Stadt. Als der Morgen kommt, findet man Jewgeni tot, die Stadt aber hat ihr Gleichgewicht wiedergefunden.

Mit seiner Beschreibung der Stadt als schicksalhaftem Ort, imposant und bedrohlich, legt Puschkin den Grundstein zum Mythos Petersburg.

Auch bei Nikolai Gogol ist Petersburg eine Stadt »mit doppelter Existenz« und Gogol schafft »das Bild einer Stadt der bedrückenden Prosa und der entrückenden Phantastik«.[23]

Alexandre Benois: Frontispiz für Puschkins »Der Eherne Reiter« (1905)

In seinen *Petersburger Novellen* (1835–1842) berichtet der Meister des Grotesken von den kleinen Beamten, die sich den Absurditäten phantastischer Welten ausgeliefert sehen, so in *Die Nase* der Kollegienassessor Kowaljow, der eines Morgens sein Spiegelbild ohne die vertraute Nase erblickt, die sich nun als hochgestellter Staatsbediensteter durch Petersburg bewegt, oder Akaki Akakijewitsch, den Gogol in *Der Mantel* über den Verlust des vom Munde abgesparten Kleidungsstückes, das sein ganzer Stolz war, verzweifeln lässt. Das Symbol der auf dem Reißbrett entworfenen Stadt, der Prachtboulevard Newski Prospekt, der sich als kilometerlange Hauptschlagader durch das Stadtzentrum zieht, ist die Hauptfigur der gleichnamigen Erzählung Gogols, in der alles eher Traum denn Wirklichkeit ist: »Was für eine rasche Phantasmagorie sich auf ihm nur im Laufe eines Tages vollzieht.«

Bei Fjodor Dostojewski wird das Trugbild dann zur »düstersten Stadt der Welt«. Das Schicksal der Helden seiner in Petersburg spielenden Erzählungen und Romane ist geprägt von dem Gefühl des Unbehaustseins in dieser »abstraktesten Stadt der Welt«. Das Petersburg Dostojewskis ist Chiffre für eine Epoche, in der sich die Stadt in einen Moloch verwandelt. »Petersburg bleibt wie von der Idee seines Gründers, die nicht in der Wirklichkeit realisiert wurde, abgetrennt. Der wundermächtige Bauherr verzauberte die finnischen Sümpfe, und es entstand über ihnen eine Luftspiegelung, in der sich die lebendige menschliche Seele in ein leidendes Gespenst verwandelt, sie wird ebenso ausgedacht und abstrakt.«[24]

In Andrej Belyjs nach der »Hauptstadt des russischen Reiches Petersburg, oder Sankt-Petersburg, oder Piter« benannten Roman *Petersburg* trifft der Leser die Geschöpfe des Mythos Petersburg wieder. Belyj zitiert Puschkin, verweist auf Gogol und Dostojewski, bezieht sich auf die Philosophie Solowjows, Kants und Nietzsches. Petersburg ist in diesem symbolistischen Roman wie seit Anbeginn seiner Existenz Schauplatz der geistigen und politischen Spannung zwischen Westen und Osten. Erschienen 1913/1914, steht Belyjs *Petersburg* auch für das Epochenende. 1914 wird der Name der Stadt russifiziert, und für die nächsten zehn Jahre heißt sie Petrograd. Nach der Revolution des Ranges der Hauptstadt enthoben, wird die Metropole für Jahrzehnte den Namen Lenins tragen. Belyjs Dreiklang »Petersburg, oder Sankt-Petersburg, oder Piter (was dasselbe ist)« wird zu Petersburg-Petrograd-Leningrad (was nicht mehr dasselbe ist) und erst nach dem Ende der »Diktatur des Proletariats« wird die Stadt wieder ihren alten Namen zurückerhalten: Sankt Petersburg.

Die Rebellion der Schönen Dame

Und der silberne Mond schien
klar über dem Silbernen Zeitalter.
(Anna Achmatowa)

Erst zu ihrem 200. Geburtstag wird der als ›Venedig des Nordens‹ gerühmten Stadt die ihr gebührende Anerkennung zuteil: In der Epoche der russischen Moderne wird Petersburg zur Kulturmetropole, zum »nordosteuropäischen Eckpfeiler im Beziehungssystem der europäischen Städte und Hauptstädte«.[25] Im europäischen Kontext entwickelt sich das kulturelle Leben der Stadt. Der Geist von Décadence und Fin de siècle ist spürbar: Freiheitsdrang, lockere Moral, freie Liebe und Homosexualität sind die Leitmotive in den Salons und Zirkeln dieser »aufregendsten Geisterstadt der Welt« mit ihrer phantastischen Atmosphäre.

Die als Silbernes Zeitalter bezeichnete Epoche des ausgehenden 19. und beginnenden 20. Jahrhunderts, die russische Renaissance des 20. Jahrhunderts, ist eine Zeit des Höhenfluges der russischen Kultur. Die Protagonisten auf der Bühne des kulturellen Lebens der gestrengen Hauptstadt sehen sich in der Tradition des Goldenen Zeitalters der russischen Literatur, das mit dem Namen Alexander Puschkins verbunden ist, der schon zu Lebzeiten Legende war – Rebell mit dem Nimbus des genialen Poeten. Wie im Goldenen Zeitalter der Romantik steht auch der Dichter des Silbernen Zeitalters in der ethischen Verantwortung, das Wahre, Schöne und Gute zu verkünden. Der Poet wird zum Propheten einer neuen Zeit.

Symbolismus, Akmeismus, Futurismus, Imaginismus – eine Vielzahl von Ismen entsteht im Silbernen Zeitalter, dessen Quellen in der russischen ebenso wie in der westeuropäischen Literatur und Philosophie liegen. Der Ästhetizismus der französischen Décadence, die Philosophie Kants, Schopenhauers, Nietzsches und die konzeptionellen Ideen Richard Wagners sind gleichermaßen im Diskurs der russischen Moderne präsent wie die soziale Utopie Nikolai Tschernyschewskis und die Sophiologie Wladimir Solowjows. Wichtige Spezifika, die man gemeinhin mit der

Petersburg um 1900

Avantgarde verbindet, haben ihren Ursprung im Silbernen Zeitalter. So sind die Utopie der Schaffung des »neuen Menschen« und die Überführung von Kunst in Leben zentrale Elemente der symbolistischen Theorien, die in Petersburg als einem »Laboratorium der Moderne« gelebt werden.

Zum Propheten des neuen Zeitalters wird der Religionsphilosoph Wladimir Solowjow. Schon der Titel seiner im Jahr 1874 an der Petersburger Universität eingereichten Arbeit zur Erlangung des Magistergrades ist programmatisch: *Die Krise der westlichen Philosophie. Gegen den Positivismus.* Später wird Solowjows Konzept der moralischen Bedeutung des Eros der symbolistischen Philosophie den Weg weisen. Während es bei Dostojewski hieß, »das Schöne wird die Welt erretten«, so heißt es bei Solowjow, »die Liebe wird die Welt erretten«. In Solowjows Theorie von der *Bedeutung der Liebe* erscheint die Sophia als Mittlerin zwischen der göttlichen und der materiellen Welt. Von Alexander Blok in den Gedichten über die Schöne Dame besungen, wird die Sophia Inbild des Strebens und der Sehnsucht nach göttlicher Wahrheit.

Den Dichtern des »Ewigweiblichen« scheint die rätselhafte Figur der Sophia jedoch durchaus nicht eindeutig, sie repräsentiert die göttliche Weisheit ebenso wie die sündige Verführung. Das Böse in der Welt erkläre sich, so Solowjow, durch den Sündenfall der Sophia. Von der irdischen Sündhaftigkeit soll nun der ergebene »Ritter und Mönch« die als Weltseele idealisierte Frauenfigur erlösen. »Jeder echte Künstler ist wahrhaftig ein Ritter der Schönen Dame«, so der Philosoph Sergei Bulgakow.[26] Und wie der Dichter den Sinn seines Schaffens in der Befreiung der von bösen irdischen Mächten verzauberten Schönen Dame sieht, ist ohne sie weder der Ritter noch das künstlerische Werk denkbar. Die schöpferische Energie ist eine geschlechtliche, wie Nikolai Berdjajew ausführt, und die sublimierte geschlechtliche Leidenschaft könne die Quelle schöpferischer Inspiration und Entfaltung sein. Folgerichtig wird der Frau die Rolle der Muse des Künstlers zugewiesen: »Dante zu sein, ist eine hohe Berufung, doch eine nicht weniger hohe Berufung ist es, Beatrice zu sein; Beatrice ist Dante in der Größe ihrer Berufung ebenbürtig, sie ist zur Erreichung des hohen Ziels des Lebens ebenso wichtig wie Dante.«[27]

Doch die in der Tradition der emanzipierten, modernen Frauen Russlands stehenden Frauen des Silbernen Zeitalters wollen sich mit der ihnen zugeteilten Rolle nicht begnügen und erheben ihre Stimme. Die traditionellen Konzepte von Weiblichkeit und Männlichkeit, das Verhältnis der Geschlechter zueinander werden hinterfragt, das eigene, weibliche Begehren zum Thema. Der »Kunsttext« erschafft einen »Lebenstext« und es entsteht ein Lebenskunstwerk, das alle Bereiche des Lebens erfasst. Die Schöne Dame rebelliert.

Schriftstellerinnen und die Petersburger Salons

Sinaida Gippius, »Madonna der Décadence«

Ich ertrage die Demütigen und Unglücklichen nicht.
(Sinaida Gippius)

»Meine Erfahrung zeigt mir, dass der Umgang mit Frauen sich bei mir gänzlich anders gestaltete als jener mit Männern, ... mit Frauen war es für mich einfach *uninteressant*. Es interessiert mich einfach nicht, was sie denken und sagen, und wie sie es denken und sagen.«[1]

Dies hält Sinaida Nikolajewna Gippius (1869–1945) gut ein Jahrzehnt vor ihrem Tod im Tagebuch fest. Seit 1920 in der Emigration und in stetigem Kampf gegen das »Reich des Antichrist«, welches die Sowjetunion für sie verkörpert, ist die »Großmutter der Décadence«, wie sie sich selbst in ihren letzten Lebensjahren nennt, immer noch gut für frevelhafte und provokative Äußerungen. Ihre oft radikalen Ansichten hat sie nie hinter vorgehaltener Hand formuliert, sie liebte das Streitgespräch und die Polemik und spätestens die Veröffentlichung der beiden Gedichte *Lied* und *Widmung* im Jahr 1895 hatte Gippius in das Bewusstsein der breiten Petersburger Öffentlichkeit katapultiert. Die junge Dichterin bricht hier in Form und Inhalt mit der klassischen Literatur. Und sie pflegt eine Form der Selbstinszenierung, die die Gefühle ihrer Zeitgenossen aufwühlt – kurz: Ihre Person ist, wenn nicht »Ohrfeige«, so doch zumindest ein gehöriger Affront für den öffentlichen Geschmack.

Seit ihrer Jugend schreibt Gippius, wie es einer jungen Dame aus gutem Hause ansteht, ein geheimes Tagebuch und Gedichte: »Gedichte schrieb ich alle möglichen, die scherzhaften trug ich vor, die ernsthaften versteckte oder vernichtete ich.«[2] In jenen Jahren, als sie von ihren jugendlichen Freunden nur die »Dichterin« genannt wurde, lernt sie im Sommer den um ein paar Jahre älteren Dmitri Sergejewitsch Mereshkowski (1865–1941) kennen. Auch er ist ein Dichter, hat gerade seinen ersten Lyrikband veröffentlicht. Seine Gedichte gefallen ihr nicht, wie auch ihn die ihren nicht sonderlich beeindrucken: »Mereshkowski und ich stritten viel über Literatur, ja zerstritten uns sogar darüber«, berichtet sie in ihrer *Autobiographischen Notiz.*[3] Und doch sind sie voneinander angetan, haben sich zwei verwandte Seelen getroffen. Und »als ob es schon lange entschieden sei, dass wir einander heiraten, und dass dies gut sei«, heiraten die beiden – sie hatte gerade ihren neunzehnten Geburtstag gefeiert, er war vierundzwanzig – nur wenige Monate später und bleiben die nächsten 52 Jahre zusammen, ohne sich auch nur für einen Tag zu trennen.

Nach der Hochzeit nimmt das Paar eine Wohnung in St. Petersburg. Mereshkowski führt seine Frau in die Salons und Zirkel ein, in denen die Intelligenzija die neuesten geistigen und literarischen Entwicklungen debattiert, und bald schon ist ihr Name auch in der Hauptstadt ein Begriff, steht sie im Zentrum des dortigen kulturellen Lebens, wird zu dessen »ungekrönter Königin«.[4]

Das Leben in Petersburg um die Wende vom 19. zum 20. Jahrhundert findet in einer kulturellen »Treibhausatmosphäre« statt. Die zunächst nur ästhetische Revolution kündigt sich an, neue Ideen werden geboren, der Anbruch des Silbernen Zeitalters steht bevor. »Die Literatur Anfang des 20. Jahrhunderts brach mit allen ethischen Traditionen der Literatur des 19. Jahrhunderts«, so der Philosoph Nikolai Berdjajew über jene Zeit des kulturellen Aufbruchs.[5] Die kulturelle Elite Russlands ist auf der Suche nach einer eigenen Position in Kunst und Literatur. In Auseinandersetzung mit der westeuropäischen Moderne entsteht die russische Spielart des Symbolismus als geistige und literarische Bewegung, die die Trennung zwischen Kunst und Leben aufzuheben und das »Lebenskunstwerk« zu schaffen sucht. »In jenen Jahren und unter jenen Menschen«, schreibt der Dichter Wladislaw Chodassewitsch, »wurde die ›Begabung zu schreiben‹ und die ›Begabung zu leben‹ gleichermaßen bewertet.«[6]

In diese Atmosphäre tauchen Gippius und Mereshkowski ganz ein. Sie besuchen alle literarischen Veranstaltungen jener Jahre, die hermetisch geschlossene Vereinigung des *Shakespeare-Zirkels*, bei dessen Abenden Gippius zum ersten Mal den Namen Nietzsche hört, ebenso wie den Salon der Mäzenin und Sammlerin russischer Kunst, der Baronesse von Gildebrandt, der einer ihrer liebsten Orte wird.

Binnen kurzem wird die Wohnung des Ehepaars Mereshkowski selbst zu einem der wichtigsten Salons, zur Oase der neuen Bewegung des Symbolismus. Die Mereshkowskis hatten sich im bekannten »Haus Murusi« am Liteiny Prospekt niedergelassen, dessen architektonische Gestaltung bei der Erbauung Mitte der 1870er Jahre für Aufsehen gesorgt hatte. Im Auftrag des Bauherrn Alexander Dmitrijewitsch Murusi war es ganz im mauretanischen Stil gehalten und mit einer Vielzahl von Säulen, Bögen und Ornamenten geschmückt. Hier lebten sie bis 1912, erst in der vierten, später in der zweiten, zum Schluss in der ersten Etage. Der »Abstieg« im Hause ist Symbol des gesellschaftlichen Aufstieges – je niedriger die Wohnung gelegen, desto höher ihr Prestige.

»Die kleine Wohnung war sehr schön«, erinnert sich Gippius an die erste Bleibe des Ehepaars. »Es war ja so angenehm, sich plötzlich in ganz neuer, reinlicher und glänzender Umgebung wiederzufinden. Mein Schlafzimmer war sehr schmal, aus ihm führte eine Tür nur in mein etwas größeres Kabinett (oder meinen Salon), von dort kam man in das gegenüber gelegene Speisezimmer, dann über den Korridor ins Zimmer von Dmitri Sergejewitsch, das war alles. Es gab kein eigenes Badezimmer, dies war in der Küche, hinter einem Vorhang. Mir gefielen die großen Fenster. Ich hatte Teppiche und ein türkisches Sofa. Und ich erinnere mich an die Lampe auf meinem Schreibtisch, in Form einer Eule, mit gelben Augen. Es war warm, behaglich, in jedem Zimmer knisterte ein Ofen. ... Alles war neu, unbekannt – angenehm.«[7]

Schon die ersten Auftritte der Gippius auf der Bühne des literarischen Lebens bestimmen die öffentliche Wahrnehmung ihrer Person. Nicht genug, dass sie in ihren Gedichten, die frei sind von jeglichen Eigenschaften der »weiblichen Poesie«, ein maskulines lyrisches Ich wählt und ihre literaturkritischen Essays unter dem Pseudonym Anton Kraini – »Anton der Extreme« – veröffentlicht, inszeniert sie sich und ihre Persönlichkeit in aufreizender Weise. Und so sind Legenden, Gerüchte und Missverständnisse ganz selbstverständliche Folge ihres öffentlichen Auftretens.

Nach der Veröffentlichung der Gedichte *Lied* und *Widmung* haftet ihr eine Reputation an, die Gefallsucht und gekünstelte Überspanntheit der Dichterin vermutet. In den Kreisen der russischen Moderne jedoch finden

Sinaida Gippius (1890er Jahre)

ihre »sehr neuartigen« Gedichte anerkennende Beachtung. In den Gedichten nimmt sie sich wie niemand vor ihr rhythmische Freiheiten und arbeitet auf innovative Art mit Wiederholungen und Asymmetrie des Verses, wie es erst später von Alexander Blok (1880–1921) und Nikolai Gumiljow (1886–1921), dem Begründer des Akmeismus und Ehemann

Anna Achmatowas, in den Gesetzeskanon der russischen Lyrik aufgenommen werden sollte. Die leitmotivischen Themen ihrer Lyrik sind die Unerreichbarkeit der Liebe und das gleichzeitige Streben nach ihr, Verlust des Sinns des Lebens und das unwiderrufliche Elend des menschlichen Daseins. Ihr paradoxer Aufschrei im Gedicht *Lied* (1893), »Ich will das, was es nicht gibt auf Erden«, und ihr lästerliches Bekenntnis »Doch ich liebe mich selbst wie Gott – Die Liebe wird meine Seele erretten« in der *Widmung* (1894) erschüttern und befremden die Leser.

Vor allem aber sind die Zeitgenossen von der Schönheit der Gippius berückt. Ihre Erscheinung wird als »eine Melodie, die aus einer Wolke französischen Parfums herausklingt«, beschrieben,[8] die Poesie ihrer Person ist förmlich mit Händen zu greifen, so der Literaturkritiker Akim Wolynski (1861–1926) in seinem in den 1920er Jahren verfassten Essay *Die Sylphide*: »Gippius war schlechthin nicht nur Dichterin von Beruf. Sie selbst war durch und durch poetisch. Sie kleidete sich ein wenig herausfordend, ja bisweilen sogar grell. Und doch war sie, was ihre Toilette betrifft, von großer phantastischer Anmut. Der Kult der Schönheit verließ sie weder in ihren Gedanken noch im Leben.«[9] Ihre Schönheit vergleicht man mit der einer Meerjungfrau; von ihrem Dichterkollegen und Freund Alexander Blok stammt die Metapher der »grünäugigen Najade«, und der Publizist Pjotr Perzow zeichnet ein an Botticelli erinnerndes Bild: »Ein hochgewachsenes, schlankes Wesen mit langen, goldfarbenen Haaren und den smaragdfarbenen Augen einer Meerjungfrau ... lenkte sie alle Aufmerksamkeit auf sich.«[10]

Und doch liegt in ihrer Person und Schönheit eine Ambivalenz, die die Umwelt verstört. »Ein seltsames Geschöpf, gleichsam von einem anderen Planeten. Bisweilen schien sie unwirklich, wie es oft geschieht bei einer sehr großen Schönheit oder unermesslicher Hässlichkeit«, urteilt ihr Sekretär der Jahre in der Emigration, Wladimir Slobin.[11] So gar nicht will sie in das althergebrachte Bild der jungen Dame der russischen Intelligenzija passen, die, hochgebildet zwar, belesen und in verschiedenen Sprachen wie selbstverständlich zu Hause, von ihren Dichterkollegen eben doch vor allem in der Rolle der Muse, der »Schönen Dame« oder »Unbekannten« gesehen wird. Und nicht nur, dass sie ihre eigenen Ansichten hat, sie vertritt diese auch mit Verve und Witz und meistens nicht eben diplomatisch. Sie hasst Mittelmaß und Plattheit und vor ihr kann nur bestehen, wer furchtlos den von ihr geworfenen Fehdehandschuh aufnimmt und sich im Duell mit ihr bewährt. Einem solchen Examen unterzieht sie jeden Neuankömmling in ihrem Kreise. Symbol dafür ist ihre Lorgnette, mit der sie den Neuankömmling mikroskopiert wie ein Insekt. »Den spitzen Ellenbogen hochschnellend, führte sie unaufhörlich die goldene Lorgnette vor ihre kurzsichtigen Augen und betrachtete durch sie hindurch mit zusammengekniffenen Augen die Menschen wie kleine Käfer, wobei sie sich dabei keineswegs darum kümmerte, ob ihnen dies angenehm war oder nicht.« Ihre spitze Zunge ist geradezu sprichwörtlich: Wer in ihren Augen nicht besteht, bekommt dies durch beißenden Spott zu spüren. »Von der glänzenden Sinaida ging ein eisiger Lufthauch aus ... Sie war sehr schön. ... Das Lächeln verschwand so gut wie nie von ihrem Gesicht, doch es stand ihr nicht. Es schien immer, als ob sich aus diesem grell geschminkten Mund, dünn wie ein Strich, sogleich ein giftiges, böses Wort herauswindet.«[12]

Sinaida Gippius wird zur gefürchteten Kritikerin, die in ihren literaturkritischen Essays in den einschlägigen Zeitschriften jener Jahre ohne übertriebene Rücksichtnahme ihre Ansichten über die Werke ihrer Kollegen formuliert: Konstantin Balmont kann sie nicht ertragen, von Wjatscheslaw Iwanow und seinem Neoheidentum grenzt sie sich ab, Inokenti Annenski erkennt sie in keiner Weise an, von der gesamten »futuristischen« Dichtung will sie nichts hören.

Sie erfindet einen ganz eigenen Stil der Literaturkritik, der frei von Klischees und gleichsam ein Gespräch mit dem Leser ist. Das Werk des jungen Maxim Gorki, dessen realistische Schilderungen der sozialen Zustände im zaristischen Russland der Bewegung des Symbolismus diametral gegenüberstand, beurteilt sie besonders vernichtend, der Schriftsteller wird einer ihrer Lieblingsfeinde. Gippius sieht in Gorki den Vorgeschmack einer proletarischen Literatur und Kultur, und bemitleidet ihn als einen Schreiberling, dessen Gefühle zu Literatur und Kultur von der »Schönen Dame« des Symbolismus nicht beantwortet werden. In seinen Erzählungen sei der Mensch frei von allem, was ihm einst eigen war: »Von der Liebe, der Moral, von Besitz und Wissen, von der Schönheit, Pflicht und Familie, von allem ... Was aber bleibt nach allen diesen Befreiungen? Nicht Mensch. Ein Tier? Nicht einmal ein Tier.«[13]

Sinaida Gippius (um 1900)

Gippius wird zu einer Autorität, an die sich junge Dichter hoffnungsvoll wenden, doch auch mit ihnen geht sie nicht gerade zimperlich um. So berichtet die Witwe des heute weltberühmten Ossip Mandelstam, Nadeshda Mandelstam, in ihren Erinnerungen, wie der junge, noch unbekannte Ossip Gippius mit einigen seiner Gedichte aufsuchte. Mandelstam drang nicht bis zu jenem sagenumwobenen Sofa vor, auf dem Gippius in ihrem Salon in malerischer Pose liegend die Auserwählten empfing, denn sie fertigte ihn schon an der Tür mit den kurzen Worten ab, wenn er gute Gedichte schreibe, würde sie beizeiten davon erfahren, vorerst sei es noch zu früh, sich mit ihm auseinanderzusetzen, da man ja nicht wissen könne, ob etwas dabei herauskäme. Als Gippius bald darauf die Gedichte Mandelstams las, begann sie sich für den begabten jungen Mann zu interessieren. Sie hatte die Stärke, ihren Irrtum einzugestehen und trug ihm von verschiedenen Seiten Einladungen zu Gesprächen an, doch Mandelstam war zu stolz, sich nach der erlittenen Schmähung noch einmal zu ihr zu begeben. So blieb es bei diesem einzigen Treffen der beiden an der Türschwelle zur Wohnung der berüchtigten »Dame mit der Lorgnette«.[14]

Und obwohl ihr der Ruf der unerbittlichen Kritikerin anhängt, fördert sie junge Talente wie den unter dem Pseudonym Andrej Belyj in die Weltliteratur eingegangenen Boris Bugajew und Alexander Blok. Andrej Belyj zeichnet in seinen Lebenserinnerungen auch eines der schönsten Porträts der Gippius: »Sinaida Gippius ist gleichsam eine Wespe von menschlichem Wuchs, fast wie das Gerippe der ›Verführerin‹ (aus der Feder Audrey Beardsleys); eine Kugel zusammengefasster roter Haare (offen getragen reichen sie bis zum Boden) bedeckte ein sehr kleines und etwas schiefes Gesicht; Puder und Blitzen der Lorgnette, in die sie das grüne Auge steckte; mit der geschliffenen Kette spielend, bohrte sie ihren Blick in mich, die Flamme der Lippen zusammenpressend, rieselte der Puder von ihr hinab; vor der Stirn, wie ein blitzendes Auge, hing ein Stein: an einem schwarzen Band; am busenlosen Busen polterte ein schwarzes Kreuz; und die Schnalle an den Schuhen schlug Funken; Bein über Bein; die Schleife ihres anliegenden weißen Kleides hatte sie zurückgeworfen; die Anmut ihres knöchernen, beckenlosen Gerippes gemahnte an die Gläubige, die die Kommunion empfängt, und geschickt den Satan betört.«[15]

Gippius spielt mit den Geschlechterrollen, viele denken bei ihrem Anblick an ein androgynes Zwitterwesen. In der Zeit ihrer ersten Auftritte auf der Bühne der Literatur trägt sie, ungeachtet der Ehe mit Mereshkowski, als Zeichen ihrer Unberührtheit ihr Haar als langen Zopf und bisweilen eine Flechte im Haar und kleidet sich in jungfräuliches Weiß, da, wie sie dem Dichterfreund Waleri Brjussow berichtet, ihre Haut keine andere Farbe vertrage.[16]

»Sie war damals im dreißigsten Jahr, doch wirkte sie, sehr fein und zierlich, viel jünger«, beschreibt Sergei Makowski seinen ersten Eindruck von ihr. »Nicht sehr hochgewachsen, schmalhüftig, ohne Andeutung eines Busens, mit miniaturhaften Füßen ... War sie schön? O, zweifellos. ›Welch berückender Jüngling!‹ dachte man, als man sie das erste Mal erblickte. Ein kleiner, stolz erhobener Kopf, große graugrüne Augen, leicht zusammengekniffen, ein leidenschaftlich gezeichneter Mund mit emporgezogenen Mundwinkeln, und eine ganz und gar wohlgestaltete Erscheinung ließen an einen androgynen Knaben denken. Dazu volles, sich zart wellendes, bronzefarbenes Haar, das sie zu einem langen Zopf zusammenband ... Und auch wie sie sich kleidete, entsprach weder den Gebräuchen der schreibenden Kreise noch denen der ›Gesellschaft‹ – sehr auf eigene Art, mit deutlichem Bemühen, aufzufallen. Die Kleider, die sie trug, waren von ›eigener‹ Kreation, mal sie umhüllend wie eine Schlangenhaut, mal mit Rüschen und Volants, sie liebte Ketten, Gewinde und luftige Tücher. Muß auch noch an die berühmte Lorgnette erinnert werden? ... Und erst die ›Maske‹! Als ihr der Zopf zu eintönig war, dachte sie sich eine Frisur aus, die ihr einen fast lachhaft zerzausten Anblick verlieh: in alle Richtungen auseinanderfliegende Locken; darüber hinaus gab es eine Zeit, in der sie das Haar rot färbte und sich übertrieben schminkte (›wohlerzogene‹ Damen im damaligen Rußland enthielten sich der Maquillage).«[17]

Der obligatorische Hinweis auf den rot geschminkten, flammenden Mund der Gippius steht für die Männer mordende Femme fatale, deren blutrünstige Wollust zahlreiche Opfer findet, und man sieht ein durchaus widersprüchliches Bild vor sich: jenes der enthaltsamen Asketin, die den sinnlichen Freuden abhold ist und zugleich das der dekadenten Liebesgöttin. Gippius spielt die Rolle des weiblichen Dandy, wie ihn Léon Bakst in seinem Porträt aus dem Jahr 1905 festhielt. Durch ihren höchst individuellen Habitus, mit dem sie jenseits aller Konventionen weibliche und männliche Verhaltensstereotypen in Frage stellt, entsteht eine »sexuelle Anarchie«, die zusammen mit ihrem Spiel der traditionellen Auffassung von Geschlecht zu mancherlei Missverständnissen geführt hat. In einem mit *Weibliches über Nichtweibliches* überschriebenen Artikel konnte man im Mai 1913 die Einschätzung lesen, »... dass die fehlende Weiblichkeit ihr [Gippius] nicht von Anfang an eigen war, dass sie ein Ergebnis ständiger Arbeit an sich selbst ist, dass sie sich, mit ihrem starken Streben nach Höherem, auf ihrer ständigen heldenhaften Suche mit dem ihr eigenen unerbittlichen Asketismus von ihrer eigenen Weiblichkeit losgesagt hat wie von einer unbrauchbaren Schwäche, wie von einer Beeinträchtigung auf ihrem schweren Weg der Erhöhung.«[18]

Mitrich: Karikatur von Sinaida Gippius (1907)

Ihr Privatleben und ihre Sexualität waren häufig Gegenstand des Gesprächs. So berichtet ein gewisser Sergei Kablukow, kein geringerer als der Sekretär der Petersburger *Religionsphilosophischen Gesellschaft*, in seinem Tagebuch, Sinaida Nikolajewna sei sehr unglücklich darüber, dass sie eine Frau sei, was der Grund dafür sei, dass sie ihre Gedichte aus männlicher Sicht schreibe und als Kritikerin männliche Pseudonyme wähle. Und er vermutet eine »lesbosische Neigung«, welche ihre Abneigung gegenüber männlicher Zärtlichkeit begründe.[19] Ferner liest man an anderen Stellen von einer »androgynen Veranlagung« (was immer dies sein mag), von der »physiologischen« Unvollkommenheit ihrer Weiblichkeit, ja gar davon, Gippius sei, ebenso wie Gertrude Stein, ein Hermaphrodit, wie Nina Berberova glauben machen will.[20] So kann es gehen, wenn man meint, »sich den Prinzipien der einfachen Sterblichen nicht unterordnen zu müssen ...«[21]

Gippius' Auffassung von Geschlecht ist geprägt von den philosophischen Überlegungen Rosanows und Solowjows, in welchen die Androgynie für das utopische Ideal der Transformation zunächst des einzelnen Menschen und schließlich der gesamten Gesellschaft steht. In ihrem von Otto Weininger beeinflussten Essay *Die Arithmetik der Liebe* legt Gippius ihren Standpunkt dar, demzufolge die Androgynie eine grundlegende Eigenschaft des Menschen sei:

»Der reale Mensch ist niemals nur Mann oder nur Frau. Beide Elemente, das männliche und das weibliche, existieren gleichzeitig in ihm. Doch auch das folgende, das ich besonders unterstreiche, ist festzuhalten: In jedem realen Menschen *überwiegt* eines dieser beiden Elemente, männlich oder weiblich. Der Mensch ist folglich entweder ein *männlich-weibliches* oder ein *weiblich-männliches* Wesen; wobei die Zusammensetzung beider Elemente in jedem ganz persönlicher Art, das heißt als Persönlichkeit einzigartig und unwiederholbar ist. Darin liegt auch das Potential der individuellen Liebe.

Tatsächlich: wären die Menschen Träger nur eines Elementes – diese des männlichen, jene des weiblichen –, dann zöge ein jedes Männliche gleichermaßen das ihm entgegengesetzte gänzlich Weibliche an (und umgekehrt). Für den Mann wären alle Frauen gleich, sind sie doch alle gleichermaßen Trägerinnen des Weiblichen, nach dem das Männliche strebt. Dann könnte auf der Welt nicht nur die individuelle Liebe nicht entstehen, sondern es existierte auch kein Begriff von ihr.

Sie existiert jedoch durchaus, und, wie oft auch die Hoffnung darauf, sie als die wirkliche zu erkennen, auch getrogen haben mag, bleibt der Mensch ihr bis zum Ende treu.«[22]

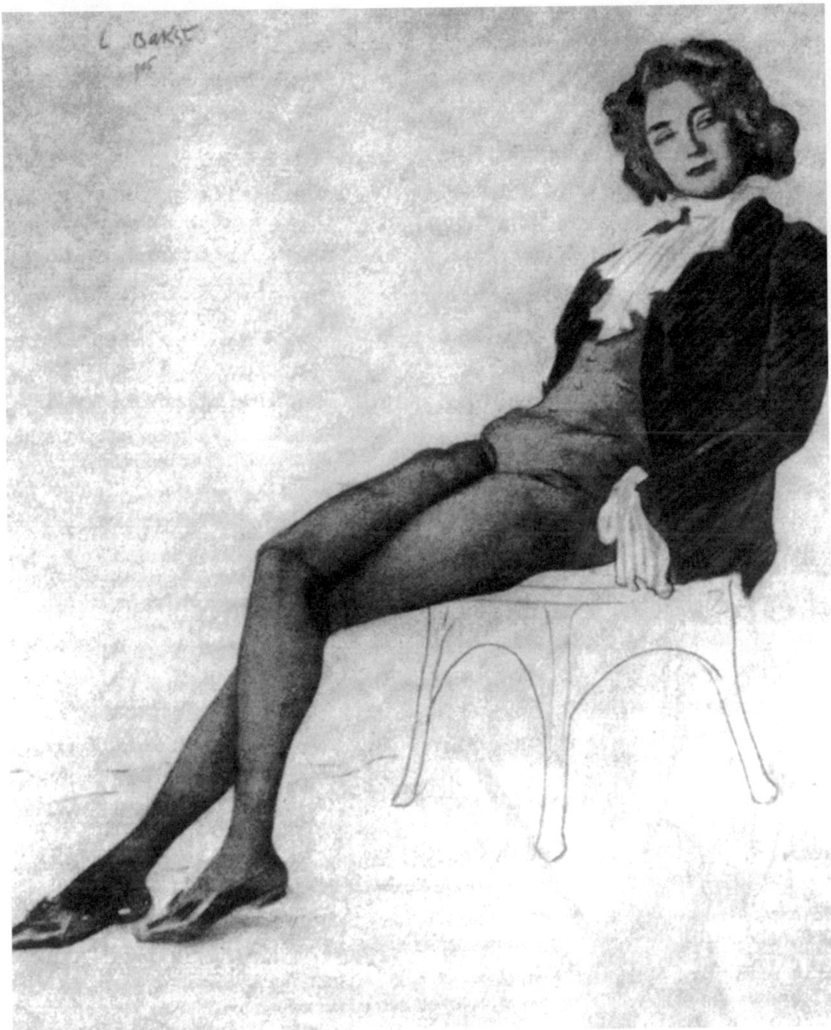

Léon Bakst: Bildnis Sinaida Gippius (1906)

Die individuelle Liebe Zweier sei nun insofern möglich, als jedes menschliche, männlich-weibliche Wesen ein entsprechend entgegengesetztes weiblich-männliches Wesen finden könne und der Eros als Brücke die Verbindung zwischen den beiden Individuen herstelle.

Und obwohl Gippius die Moralisten, welche die Homosexualität vom sittlichen Standpunkt aus verdammen, leidenschaftlich verurteilt, passt die gleichgeschlechtliche Liebe nicht in ihr Konzept von Geschlecht: »Ich bitte, die althergebrachten Auffassungen des Wortes ›normal‹ zu vergessen. *Vom Standpunkt der individuellen Liebe* sind gleichermaßen *unnormal*: sowohl der Mann, der sagt, er liebe die *Männer* (im Plural) als auch jener, der bekräftigt, er liebe die *Frauen* (ebenso im Plural). Und doch sind sie beide, auf ihre Art, normal; für ihre Norm sind sie typisch. Langsam aber sicher verwischt sich bei den Sodomiten sowohl die Persönlichkeit als auch – mit ihr zusammen – die *Androgynie*: es zieht sie nur das *Männliche* an, das *Weibliche* (selbst in ihnen selbst) stößt sie ab. Wie auch die Sodomitin ausschließlich das *Weibliche* anzieht und das männliche Element ihr *verhasst* ist.«[23]

Über die in jenen Jahren bisweilen zur Schau gestellte Homosexualität äußert sich Gippius auch in ihrem *Tagebuch über die Liebe* anlässlich eines Aufenthalts bei dem deutschen Photographen Wilhelm von Gloeden im italienischen Taormina im Sommer des Jahres 1899. Von Gloeden inszenierte in den Ruinen der griechischen Tempel Aktstudien nach antikem Vorbild mit eindeutig homoerotischem Anklang und seine Kunstphotographie stieß in den Kreisen des wilhelminischen Bürgertums auf breites Interesse. »O, Taormina, Taormina, weiße und himmelblaue Stadt der lächerlichsten aller Lieben – der Päderastie!«, so Sinaida Gippius. »Ich spreche natürlich nur von der äußeren Form. Jedem Menschen steht es gut und ganz natürlich an, jeglichen Menschen zu lieben. Die Liebe zwischen Männern *kann* unendlich schön sein, göttlich, wie jede andere Form der Liebe. Mich zieht es gleichermaßen zu allen göttlichen Wesen hin, wenn es mich denn zieht. Ich meine die Spezialisierung und den Akt ... Die Päderasten sind sehr zufrieden mit sich und ihrer vertrockneten Schale und halten sich für besonders fein und neuartig! Die Armen! ... Taormina ... berückender Duft der Blüten, sengende Luft der Nacht, seltsamer Himmel mit verdrehtem Mond, samtiges Säuseln des fernen Meeres.«

Die androgyne Schönheit eines dort anwesenden Jünglings jedoch wirkt auf Gippius überaus anziehend: »Es gefällt mir hier die Täuschung des Möglichen, wie eine Anspielung auf die Zweigeschlechtlichkeit: erscheint sowohl Frau als auch Mann. Das ist mir ganz ungeheuer nahe.«[24] Denn dies entspricht so sehr der eigenen geschlechtlichen Identität, die Gippius folgendermaßen beschreibt: »Ich strebe nicht nach ausschließlicher Weiblichkeit, ebenso wie ich nicht nach ausschließlicher Männlichkeit strebe. Zu jeder Zeit ist irgendjemand beleidigt und unzufrieden mit mir; mit Frauen ist mein weiblicher Teil aktiv, mit Männern mein männlicher! In meinen Gedanken, meinen Wünschen, in meinem Geiste bin ich eher Mann, in meinem Körper bin ich eher Frau.«[25]

Die Öffentlichkeit reagiert auf diese ungewöhnliche Art des Selbstverständnisses und der Selbstinszenierung mit Unverständnis. Man heftet Gippius Etiketten wie »Teufelin«, »Satanin«, »Hexe«, »Sylphide« an, ihre Person wird Thema von Karikaturen und Spottgedichten, wie jenes von Wladimir Solowew:

Ich bin die junge Teuflin,
Ich bin ein Dämon.
Ich lebe ganz für das Interesse
Der Körper.
Verstecke unter dem Rock die Hufe
Und den Schweif...
Sieht jemand mit Arglist auf sie –
So ist er ein Strolch.

Gippius ist eine Erscheinung voller Widersprüche, wahrgenommen als ein Mensch von »schlangenhafter Kälte«, gelingt es ihr doch, jene, die ihr strenges Examen bestehen, zu überraschen, indem sie ihnen plötzlich völlig verwandelt als eine ganz andere Person gegenübertritt. Ein wenig schüchtern gar, scheint die Rolle der »Madonna der Décadence« ein Schutzschild, hinter dem sie sich versteckt »... mit Ironie, Grillen, Intrigen, Manieriertheit vor dem wahren Leben um sie herum und in ihr selbst«, wie Nina Berberova vermutet.[26] Der Philosoph Pawel Florenski ist einer derer, die sich von Gippius' Inszenierung nicht täuschen lassen: »Obwohl ich sie nur ein paar Stunden sah, habe ich doch viel von ihr verstanden, vor allem dies, dass sie unermeßlich viel besser ist, als sie zu sein scheint. Ich weiß, dass, wenn ich sie nur in Gesellschaft gesehen hätte, dies zu manchem Ärger und Mißverständnis hätte führen können ... Als ich sie aber in kleinem Kreise sah, wurde klar, dass letztlich das, was geeignet ist, Ärger hervorzurufen, das Resultat der bekannten inneren Reinheit ist – die äußerliche Gebrochenheit ist eine Erscheinung der inneren Angst, falsch zu sein ... und ich weiß nur zu gut, dass es Menschen gibt, die aus Angst vor Belanglosigkeiten die Maske des Unnatürlichen anlegen – solcher Art Unnatürliches, welches die wahre Natur der Persönlichkeit nicht entstellt, sondern sie lediglich verbirgt.«[27]

Und auch jener Andrej Belyj, der nach dem ersten Treffen durchaus nicht sonderlich angetan war von der spöttischen »Sinaida der Großartigen«, der ganz benommen war von den ihm sinnlos scheinenden Phrasen des Gesprächs, vom Blitzen der Lorgnette, auf den die Atmosphäre jenes ersten Abends mit ihr wirkte »wie ein ausgemachtes Abrakadabra«, dem scheinen wollte, er werde in dieser Gesellschaft »aus dem Stand in den Galopp« gerissen, so schwindelte ihm, macht schon wenig später die Bekanntschaft einer ganz anderen Sinaida Gippius: »Eine einfache, fast lustige Klugheit, wo ist nur die Gepuderte, Großartige mit dem Stein auf der Stirn? ... Die Besucherin, in schwarzem Rock und einfacher Bluse (weiß mit schwarzem Karo), mit dem Kreuz bescheiden in einem schwarzen Halsschmuck versteckt, mit der Lorgnette, die nun keine Lichtbögen in die Luft zeichnete, nicht wie in Ohnmacht auf das Sofa gehaucht, sondern bescheiden dasitzend; und das Gesicht – ungepudert – war von einem rosafarbenen Teint an den Wangen; sie lächelte lebhaft, suchte zu gefallen; und ... ging sehr zartfühlend mit mir um; hielt sich gar gerader noch als eine befangene Gymnasiastin aus der tiefsten Provinz, die dort in der hintersten Ecke jedoch viel gelesen und nachgedacht hat; und nun die ›ihren‹ getroffen hat und an ihrem Verstand und lebhafter Beobachtungsgabe teilhaben ließ; ein solcher Stil stand ihr besser zu Gesicht, als der Stil der ›Satanin‹. Später, wenn ich Sinaida Nikolajewna betrachtete, stieß ich immer wieder auf dieses Bild: das Bild der scheuen Gymnasiastin.«[28]

Von den meisten als bedrohliche Verführerin, als blasphemische Dichterin wahrgenommen – und von Gippius selbst wird dieser Eindruck durch ihr öffentliches Auftreten ja durchaus unterstützt – ist sie doch eine tief-

Sinaida Gippius (1913)

religiöse Denkerin, die auf der Suche nach einer neuen Form der individuellen Liebe ist, die spirituell, allumfassend und Beginn eines neuen Zeitalters ist.

Kaum war die Bewegung der Décadence, mit der Gippius aufs engste verbunden ist, in Russland geboren, wendet sie, die als deren Verkörperung gesehen wird, sich auch schon von ihr ab. In ihrer 1914 veröffentlichten *Autobiographischen Notiz* gibt sie an, die Décadence habe sie nicht beeinflusst und bezeichnet die neue Bewegung als »egoistisch und bar jeder religiösen Offenbarung«. »Aber hier kann man nicht leben. Alles ist perfekt. Ich kann hier nicht sterben. Der Tod würde die Ästhetik stören«, kritisiert sie in ihrem *Literarischen Tagebuch* die im Kreis der Décadence herrschende Atmosphäre der allgegenwärtigen Schönheit.[29] »Die Petersburger Décadence besteht aus hochempfindlichen, verächtlichen Snobs, Ästheten der reinsten Sorte«, urteilt sie unter dem Pseudonym Anton Kraini in der seit 1903 von ihr und Mereshkowski herausgegebenen Zeitschrift *Nowy Put (Neuer Weg)*, die den Kreis der Themen der neuen geistigen und literarischen Bewegung erweitert und zum Sprachrohr der theologisch und religionsphilosophisch orientierten Strömung des Symbolismus wird.

Die geistige und literarische Suche Gippius' gilt dem »neuen Menschen« – so der Titel ihres 1896 veröffentlichten ersten Prosabandes –, der, frei von Egoismus und Egozentrik, nach der Neugestaltung des Lebens strebt. Ihre ungewöhnliche und für die Umwelt so befremdliche Ehe mit Dmitri Mereshkowski ist ein erster Schritt auf der Suche nach Gemeinschaft der neuen Menschen. Gippius und Mereshkowski sehen ihre Art der Verbindung ganz bewusst in Opposition zur herkömmlichen Auffassung von Ehe und stellen ihren Standpunkt zur öffentlichen Diskussion. Schon ihre Hochzeit wirkt wie ein Symbol für eine Verbindung, die nicht auf erotischer, sondern vor allem auf intellektueller Anziehung begründet ist. »Wie wenig ähnelte unsere Hochzeit jener, die Tolstoj in *Anna Karenina* beschreibt.« In ihrer Biographie über *Dmitri Mereshkowski* berichtet Gippius über den Beginn dieser spirituellen Partnerschaft. Die Hochzeit verläuft ganz unprätentiös, nach der bescheidenen Zeremonie setzte man das Leben fort, als wäre nichts Besonderes geschehen: »Dieser Tag verging ebenso wie der vorhergegangene: Dmitri Sergejewitsch und ich setzten unsere Lektüre des am Vortag begonnenen

Buches in meinem Zimmer fort, dann nahmen wir das Mittagessen ein. Dmitri Sergejewitsch kehrte recht früh in sein Hotel zurück und ich ging zu Bett und vergaß völlig, dass ich verheiratet war.«[30]

Der durch die Selbstinszenierung Gippius' zur Schau getragene asexuelle Charakter ihres Liebesbundes steht in der Tradition der »russischen Feministen« der 1860er Jahre, die geprägt waren von der »Atmosphäre des Frühlings« nach der Aufhebung der Leibeigenschaft im Februar 1861. In jenen Jahren des Enthusiasmus und der Euphorie war auch die Frauenfrage auf die Tagesordnung geschrieben worden, denn innerhalb der liberalen russischen Intelligenzija schien es unmöglich, nach der Verbesserung der Situation der Leibeigenen an der rechtlosen Lage der Frau nichts ändern zu wollen. Philosophen und Schriftsteller von Rang wie Dobroljubow und Tschernyschewski, waren leidenschaftliche und aktive Verfechter der Emanzipation der Frau. Tschernyschewski entwarf in seinem 1863 veröffentlichten Roman *Was tun?* ein neues Modell von Liebe und Ehe, in dem deren Funktion nicht auf die Reproduktion beschränkt und eine neue Ethik von Moral und Sexualität des »neuen Menschen« entworfen wird.

Auf diesen radikalen Standpunkt Tschernyschewskis rekurrieren Gippius und Mereshkowski, »die ganz bewusst entschieden, dass sie keine Kinder brauchen – sie waren sich selbst genug«, wie der Dichter Fjodor Sologub schreibt.[31]

In Entsprechung zur symbolistischen Philosophie, deren utopisches Ideal ein Verschwinden des körperlichen Aktes als Überwindung des Gegensatzes von Körper und Geist voraussetzt, durch die Unsterblichkeit erreicht und Reproduktion des Menschen mithin entbehrlich wird, sieht Gippius in der herkömmlichen Ehe den Tod der individuellen Persönlichkeit und erweitert so den Standpunkt Tschernyschewskis um die mystische Komponente des Symbolismus.

Natürlich liegt Sinaida Gippius nichts ferner, als nach der Vermählung mit Mereshkowski die Rolle der traditionellen Schriftstellergattin zu übernehmen, sondern sie sieht sich von Beginn an als gleichberechtigte Partnerin. Zwar übernimmt ihr Mann in der ersten Zeit die Rolle des geistigen Lehrers ihrer »symbolistischen Initiation«, doch bald schon emanzipiert Gippius sich von seinem Einfluss und entwickelt eigene

Ideen. »Sie schafften es, jeder die eigene Persönlichkeit zu bewahren, sich dem Einfluss des anderen nicht zu ergeben. Sie waren ein ›ideales Paar‹, jedoch auf ihre Art ... Sie ergänzten einander und jeder von ihnen blieb doch ganz er selbst«, so die Dichterin und einstige Lieblingsschülerin Nikolai Gumiljows, Irina Odojewzewa, in ihrer Autobiographie.[32]

Dmitri Mereshkowski ist einer der Wegbereiter der Ideen des Symbolismus in Russland. Anfang der 1890er Jahre wird er zu einem der Wortführer der neuen Bewegung, der es als seine wichtigste Aufgabe ansieht, die Ideen der westeuropäischen Moderne nach Russland zu bringen. Seit Beginn des 20. Jahrhunderts ist Mereshkowski eine in Russland ebenso wie in Westeuropa anerkannte geistige Autorität. Andrej Belyj, der im Dezember 1901 die Bekanntschaft der Mereshkowskis machte, nannte ihn den »russischen Luther«, und literaturkritische und philosophische Essays über Tolstoj und Dostojewski fesselten das Interesse Rainer Maria Rilkes, der mit Lou Andreas-Salomé in den Jahren 1899 und 1900 zwei Russlandreisen unternahm und sich in intensiven Studien mit der russischen Literatur auseinandersetzte. Und auch Sigmund Freud nimmt in seiner Abhandlung über Leonardo da Vinci Bezug auf die Schriften Mereshkowskis, die sich im zweiten Teil der Trilogie *Christus und Antichrist* im Roman *Die auferstandenen Götter* dem Universalgenie der italienischen Renaissance widmen.

Sinaida Gippius steht ihrem Mann jedoch in keiner Hinsicht nach, dem Eindruck der Zeitgenossen zufolge obliegt gar »die führende männliche Rolle in ihrer Verbindung nicht ihm, sondern ihr«.[33] »Sinaida Nikolajewna ist sowohl als Dichterin als auch als Autorin von Prosa sehr viel begabter als Mereshkowski. Viele der Ideen, die so charakteristisch scheinen für Mereshkowski, sind vom Geiste Sinaida Nikolajewnas, Dmitri Sergejewitsch obliegt nur deren Entwicklung und Erläuterung.« So beurteilt Wjatscheslaw Iwanow das Verhältnis der beiden.[34] Gippius ist also nicht fanatische Anhängerin der Ideen ihres Mannes, sondern vielmehr dessen Ideengeberin, die Dmitri Mereshkowski »ganz offenbar bei der Mission, den Satan zu betören, an einer rosafarbenen Leine führt«, wie Andrej Belyj es scheinen will.[35] In der nach dem Tode ihres Mannes verfassten Biographie über *Dmitri Mereshkowski* nimmt sie – wenn auch mit einer gewissen Bescheidenheit, die man bei ihr so gar nicht vermuten mag –

Dmitri Mereshkowski (1913)

Stellung zur Frage der Urheberschaft ihrer beider philosophischen Ideenwelt: »Es geschah mir irgendwie, dass ich die Ideen vor Dmitri Sergejewitsch hatte. Ich sprach sie aus, bevor sie ihm über den Weg liefen. In den meisten Fällen griff er sie sofort auf (da sie ja tatsächlich auch die seinen waren), und bei ihm standen sie sofort in ganzer Blüte, nahmen Gestalt an, meine Rolle aber war mit eben jenem Soufflieren beendet und anschließend folgte ich ihm.«[36]

Auf Dritte wirkte das Paar bisweilen eigentümlich: »Einen seltsamen Eindruck machte dieses Paar: äußerlich passten sie keineswegs zusammen. Er – von kleinem Wuchs, mit schmalen, gebeugten Schultern, in einem altmodischen Gehrock. Schwarze, tief liegende Augen brannten unruhig mit dem Feuer des biblischen Propheten. Diese Ähnlichkeit wurde unterstrichen von dem leicht ergrauten, nicht gestutzten Bart und jenem leichten Kreischen, in welchem die Worte strömten, wenn Dmitri Sergejewitsch verärgert war. Er gebärdete sich mit dem unanfechtbaren Gefühl der Überlegenheit und warf mit Zitaten, bald aus der Bibel, bald von heidnischen Philosophen um sich. Und neben ihm – Sinaida Nikolajewna Gippius. Verführerisch, elegant, besonders«, erinnert sich die Schwägerin des Dichters Waleri Brjussow daran, wie die beiden bei einem Besuch in Moskau auf sie wirkten.[37]

Die Wirkung, die das Duo erzielte, ist auch jener unerbittlichen Offenheit geschuldet, mit der beide empfindliche Wahrheiten, gegen jegliche Konventionen verstoßend, freimütig aussprachen. So berichtet Waleri Brjussow in seinem Tagebuch von einem von falscher Höflichkeit völlig freien Verhalten der Gastgeberin bei seinem ersten Besuch bei den Mereshkowskis: »Zunächst bewirtete Sinaida Gippius uns im dunklen, verdreckten Wohn- und Esszimmer mit Tee. Liebenswürdig zu sein, bemühte sie sich nicht, und begann, mir kleine Unverschämtheiten zu sagen. Ich zahlte mit gleicher Münze zurück und weiß, dass zwei, drei Schläge gut saßen.« Beim folgenden Gegenbesuch der beiden in Moskau war man ganz erleichtert, einmal einen schönen Abend ohne die beiden verbringen zu können: »Und man sagt, der Abend war so schön, da Mereshkowski nicht dabei war. Der terrorisiert sonst immer die gesamte Gesellschaft.«[38] Mit ihrem von der Umwelt oftmals als anstößig empfundenen Verhalten stehen die Mereshkowskis ganz in der Tradition der sokratischen Schule der Kyniker, auf die unser Wort »zynisch« zurückgeht und die mit Derbheit und Schamlosigkeit ihren Mitbürgern ins Gewissen redeten und ihre Wahrheiten verkündeten. Ebenso wie Gippius die Rolle der »Hexe« spielte, pflegte auch ihr Gatte die Selbstinszenierung, und zwar in der Rolle als »Narr in Christo«, der die einzigen Wahrheiten ausspricht – auch wenn diese von der Zuhörerschaft nicht immer verstanden werden.

Untrennbar mit der symbolistischen Idee der »Lebenskunst« verbunden ist die Auffassung vom Salon, in dem die symbolistische Inszenierung der Persönlichkeit mit aller damit verbundenen Mythenbildung zu einem alle Lebensbereiche umfassenden Gesamtkunstwerk wird. Die Kunst wird ins Leben überführt und das Leben wird zur Kunst. Der Salon ist nicht allein Debattierclub der russischen Intelligenzija, sondern wichtiges Element der symbolistischen Utopie, hier soll die neue Kultur und Gesellschaft entstehen. »Hier, bei den Mereshkowskis, wurde Kultur erschaffen«, beschreibt Andrej Belyj die Atmosphäre im Salon der Mereshkowskis, wo »ein richtiger Handel mit neuen Ideen, aus denen alle schöpften«, getrieben wurde.[39]

Der Salon des Ehepaars Mereshkowski lebt von der Persönlichkeit der Dame des Hauses. Während Mereshkowski als Mensch der Bücher seine Ideen in zurückgezogenen Studien erarbeitet und sogar als jemand beschrieben wird, der unfähig ist zur Kommunikation – »er hörte niemandem zu und bemerkte die anderen Menschen nicht«, charakterisiert Nikolai Berdjajew ihn –, sind für Gippius Gespräch und Austausch mit anderen Lebenselixier. Sie erkennt die Ideen durch die Menschen und die Menschen durch die Ideen.

Während der Gastgeber früh zu Bett zu gehen pflegt, verbringt Gippius die Nächte in langen Gesprächen mit einzelnen Auserwählten, zu denen, nachdem er die »Aufnahmeprüfung« der Gippius bestanden hatte, auch Brjussow gehört: »Und wir redeten mit Sinaida zu dritt (mit Perzow) bis vier Uhr am Morgen. Ich wurde auseinandergenommen und analysiert. Sie deklamierte ihre Parodien – sehr nett. Wir sprachen über Aufrichtigkeit. Sinaida sagte: ›Wenn man sagt, ich sei eine der Décadence abhanden gekommene Christin, dass ich in einem weißen Kleide zum Abendmahl mit Christus dem Herrn fahre – so ist dies die Wahrheit. Wenn man sagt, dass ich aufrichtig sei – so ist dies die Wahrheit.‹ In Parodien ist sie gezeichnet unter dem Namen Gizita, ›ehemals Décadence, nunmehr Neochristin‹«, berichtet er in seinem Tagebuch.[40] Und auch Andrej Belyj kommt in den Genuss, die Nacht mit Frau Gippius zu verbringen: »Das Gespräch mit ihr ist, als ob Heu zum Trocknen aufgeworfen würde: ein Werfen von Aphorismen in die Kohlen des Kamins. ... Mit spitzen Worten warf sie sich auf mich, mit dem wie Edelstein funkelnden Feuer der hellen Augen; statt Wangen, Nase, Stirn – Haare, schief-blutiger Mund und zwei Räder – nicht Augen.« Und ein wenig später: »In nicht sehr verantwortungsvollen Gesprächen war sie interessant, in nicht sehr verantwortungsvollen Gesprächen entspannte ich mit ihr von der schweren Anspannung, mit Mereshkowski langsam auf dem Feuer gedünstet zu werden. Sie, ›Mensch der Nacht‹, benutzte mich, nachdem sie mich ins Wohnzimmer gerufen hatte; wir plauderten; sie beplauderte mich; und schrieb scherzhafte Pirouetten, meine und ihre Bekannten zerlegend; sie behielt mich bei sich bis drei oder vier Uhr in der Nacht: unter dem Saphirrauch der Papirossa, in Rauchfetzen eingehüllt (sie war es, die mich das Rauchen gelehrt hatte); und bisweilen rhetorisierten wir über die Empfindung von Farben: Was ist ›Rot‹, was ist ›Purpur‹! Gelegentlich ergab sie sich der Mystik der Zahlen: Was ist eins, zwei, drei, vier? Worin liegt die Sünde des Körpers? Worin – ihre Heiligkeit?«

Andrej Belyj (1905)

Mereshkowski, der in seinem nebenan gelegenen Schlafzimmer die verdiente Nachtruhe nicht finden kann, interveniert verschiedentlich und fleht seine Frau, an, sie möge den jungen Freund endlich entlassen. Und auch die »gar zu unernsten Themen«, die seine Gattin in jenen nächtlichen Gesprächen erörtert, heißt er nicht gut. »Sinaida Nikolajewna peitschte mich zu Spottbildern; ich war nur selten scharfzüngig – von mir selbst aus: Von fremder Schärfe aber hatte ich Höhenflüge des Absurden; und Gippius, die meine damalige Schwäche kannte, reizte mich mit einem belustigenden Thema; ihre gehässige Unterlippe vorgeschoben entließ den Rauch, der von ihr aufstieg, mit den Wimpern scheppernd und sich einfältig stellend ... Wie eine wilde Katze krallt Sinaida Nikolajewna sich fest ...«[41]

Es verwundert nicht, dass ein solch harmloser Zeitvertreib eines jungen Mannes mit der verruchten Femme fatale außerhalb der Vorstellungskraft der Zeitgenossen lag, und so machten bald Gerüchte von ausschweifenden Orgien im Hause der Mereshkowskis die Runde, die jedoch wohl nur in der wilden Phantasie des Durchschnittsbürgers stattfanden, der so gar nicht verstehen konnte, was die »freie Liebe« in Gippius' Verständnis sein mochte.

Den Abenden bei den Mereshkowskis lag eine magische Atmosphäre inne, die dem Alltäglichen ganz entgegengesetzt war. Mehr und mehr nahm der engere Kreis um das Paar nach der Abwendung Gippius' und Mereshkowskis von der Décadence und der immer intensiveren Beschäftigung mit philosophischen und religiösen Inhalten fast den Charakter einer Sekte an. »In der Atmosphäre des Salons der Mereshkowskis lag etwas Übermenschliches in der Luft, eine irgendwie ungesunde Magie, die vermutlich auch kleinen Gruppen von Sekten eigen ist, Sekten irrationalen und nichtchristlichen Charakters«, schreibt Nikolai Berdjajew, einer der wichtigsten philosophischen Denker des Symbolismus, der sich nach einer kurzen Phase intensiver Nähe vor allem zu Gippius unversöhnlich mit den beiden entzweite und ihren religionsphilosophischen Positionen überaus kritisch gegenüberstand. »Die Mereshkowskis hatten immer die Tendenz, ihre eigene kleine Kirche zu gründen, und konnten es nicht ertragen, wenn einer, auf den sie diesbezüglich gehofft hatten, sich von ihnen entfernte und ihre Ideen kritisierte. Sie hatten eine sektiererische Liebe zur Macht. Um sie herum war eine gewisse Atmosphäre von Klüngelei«, so noch einmal der »in derselben Stadt und doch in verschiedenen Welten« lebende Berdjajew.[42]

Für die Idee eines »neuen religiösen Bewusstseins« sollen im Kleinen wie im Großen Mitstreiter gefunden werden, und so organisieren Gippius und Mereshkowski gemeinsam mit anderen Anhängern Anfang des 20. Jahrhunderts die *Religionsphilosophischen Versammlungen*. Gippius ist die Initiatorin zu diesen Versammlungen und die gesamte Zeit über die einzige Frau, die in diesem Kreis der Philosophen aktiv an der Vortragstätigkeit und den Diskussionen beteiligt ist. Die erste Versammlung findet am 29. November 1901 statt und binnen kurzem sind die Sitzungen dieser neuen philosophischen Gemeinschaft zu einer wichtigen Institution der Petersburger Intelligenzija geworden, die religiöse, philosophische und kulturelle Fragen debattiert. Alexandre Benois berichtet dem an allen Fragen des russischen Geisteslebens interessierten Rainer Maria Rilke über die neue philosophische Bewegung, die ganz und gar nichts »Klerikales« sei: »Die Mitglieder dieser Gesellschaft vereint das einzige Ziel: die herangereiften religiösen Fragen zu klären und dabei unser geistiges Leben zu formen, zu ordnen (im höheren Sinne).«[43]

Natürlich beobachtete die Obrigkeit des zaristischen Russland die Betätigung der *Religionsphilosophischen Gesellschaft* mit größtem Argwohn. In Zeiten, in denen die Selbstherrschaft des Zaren mehr und mehr der Kritik liberaler bürgerlicher und adliger Intellektueller ausgesetzt war und das autokratische Regime seit der Gründung der Sozialrevolutionären Partei im Jahr 1902 durch terroristische Attentate in seinen Grundfesten bedroht war, hatten die Agenten der Geheimpolizei des Zaren und die Zensurbehörden alle Hände voll zu tun, um die bestehende Ordnung vor den Umstürzlern zu schützen. Am Vorabend des als »Blutsonntag« in die Geschichte eingegangenen Massakers an Demonstranten vor dem Petersburger Winterpalais und des darauf folgenden revolutionären Umsturzversuchs im Februar 1905 sah die Staatsmacht in jedem noch so ehrenhaften Versuch der gesellschaftlichen Erneuerung eine Gefährdung des Status quo. So wurden die religionsphilosophischen Versammlungen, deren Ziel zweifellos nicht die von der Regierung befürchtete gesellschaftliche Revolution war, schon knapp anderthalb Jahre später am 5. April 1903 von den Behörden verboten.

Ohne Zweifel stand man auch der Kritik an den politischen Zuständen aufgeschlossen gegenüber, doch waren die Bestrebungen der symbolistischen Bewegung ganz auf das Individuum und die Beziehungen der Menschen gerichtet. Erst durch die Veränderung des einzelnen Menschen könne nach dieser Auffassung eine neue, ideale Gemeinschaft entstehen.

Die Gemeinschaft der »neuen Menschen« in Gippius' Vision sollte frei sein von Hierarchien in den Beziehungen der Menschen untereinander. Die höchsten Werte des menschlichen Lebens in ihrer Konzeption sind

Freiheit, Gleichberechtigung und Liebe. In ihrem *Tagebuch über die Liebe* mit dem Titel *Contes d'amour*, das sie in den Jahren 1893–1904 unregelmäßig führte, legt Gippius ihre Idee von der Metaphysik der Liebe dar. Sie strebt nach einer neuen Form der Liebe, in welcher der Widerspruch zwischen Geist und Körper aufgelöst wird. Liebe und Sinneslust könne sie nur akzeptieren, »wenn es möglich sei, sie in eine neue, andere Art der Liebe und ebenso in eine neue unendliche Sinneslust zu verwandeln.«[44] In *Contes d'amour* legt sie Zeugnis ab von einer Suche nach der vollkommenen Liebe, die – wie sie selbst weiß – unerfüllt bleiben muss, und berichtet von ihren Liebschaften zu jungen Männern, die sie betört und verstört. Die Opfer ihres weiblichen Charmes waren zahlreich, und doch blieben die Affären das, was man »platonisch« zu nennen pflegt, denn die sublime Leidenschaft, nicht deren Verwirklichung, war das Ziel ihres Strebens.

In Gippius' »Metaphysik der Liebe« ist die Liebe der Weg zu einer neuen Religion, zum Reich des »Dritten Testaments«, in welchem keine Trennung zwischen unlösbaren Antithesen wie Geschlecht – Askese, Individuum – Gemeinschaft, Sklaverei – Freiheit, Religion – Atheismus, Hass – Liebe mehr existieren wird. »Wen ich liebe, den liebe ich für Gott«, so Gippius 1904 in *Wahrheit oder Glück*. Auf dem Weg von der »alten Verliebtheit« zur neuen »heiligen Liebe«, zum »neuen religiösen Bewusstsein«, wählt Gippius zunächst den Weg der Askese, später jedoch ändert sie ihre Auffassung von der körperlichen Liebe und sieht in ihr, wenn sie denn aus der wahren Liebe entspringe, den Weg, Körper, Seele und Geist zu einer Einheit zu verbinden.

Gippius' Idee von der Ankunft des »Dritten Testaments« steht im Zusammenhang mit ihrer Zahlenmystik, in welcher sie eine Dreieinigkeit von Mensch – Liebe – Gemeinschaft, eine »Einheit dreier in einem«, entwirft. Für ihre Ideen sucht sie Mitstreiter, sie schreibt Briefe und führt Streitgespräche mit vielen, doch ihre Vorstellungen treffen bei den meisten ihrer Zeitgenossen auf Unverständnis. Sie versucht nun, ihre Konzeption von dem, was sie »das Wichtigste« nennt, in einem zentralen Kreis zu verwirklichen. Ihre Wahl fällt auf den Cousin und ehemaligen Geliebten Sergei Diaghilews, Dmitri Filosofow (1872–1940), den sie um die Jahrhundertwende im Kreis der Zeitschrift *Mir iskusstwa (Welt der*

Kunst) kennen gelernt hatte und in dem sie einen Verbündeten sah und sehen wollte. »Groß, schlank, bemerkenswert schön – er ist, so scheint es, ganz, bis in die Fingerspitzen seiner dinstinguierten Hände hinein, geboren, um als Ästhet zu leben bis ans Ende seiner Tage. Seine großspurigen Manieren waren ganz und gar nicht ähnlich denen Diaghilews; selbst in ihnen war sein launischer, eigensinniger, wenig aktiver Charakter und bisweilen eine gewisse Überheblichkeit spürbar. Doch er war sehr tief, zu allem Unglück seiner selbst jedoch fortwährend unsicher, und geneigt, seine Fähigkeiten in jeglichem Bereich zu schmälern«, beschreibt Gippius jenen Mann, mit dem sie und Mereshkowski eine fast zwanzig Jahre währende »platonische« Ménage à trois lebten.[45]

In ihrem Tagebuch *Über das Vergangene* schildert sie die Geschichte ihres Liebesdreiecks, das sie als Nukleus der neuen Religion betrachtet. Oft kommen ihre eigenen Ängste und Zweifel und die der anderen beiden zur Sprache. Und doch ist man bereit, das Wagnis einzugehen, und in einer eigens erdachten rituellen Zeremonie zwischen Abendmahl und Vermählung wird ihr Dreierbund 1901 besiegelt. Das Ritual beginnt nach Mitternacht. Gippius schildert die Vorbereitungen, die sie gemeinsam mit Mereshkowski trifft, und das Warten auf Filosofow: »Meine Seele war vor Erwartung kalt und starr. Als ich erwachte, dachte ich, er werde nicht kommen. Ja, dass es ihm unmöglich sei zu kommen. Und dass es besser sei, wenn er nicht käme. Doch er kam, so wie es besprochen war. Es war zwanzig nach eins. In das Zimmer, in dem ich wartete. Ich löschte das Licht und sagte Dmitri Sergejewitsch Bescheid ... Alle waren wir ganz aufgelöst, verschreckt, kalt und schämten uns voreinander – ich dachte schon, das sei nun alles. Doch in all dem war auch etwas anderes ... Wir setzten uns, und Dmitri Sergejewitsch sagte: ›Gehen wir ein letztes Mal in uns, vielleicht sollten wir es besser nicht tun.‹ Doch es war schon ganz gleich, wenn auch einer von uns so gefühlt hätte, hätte er wirklich die Kraft gehabt, noch zu gehen?«

Die Ringe, die sie trugen, wurden als Symbole des Vergangenen abgelegt. Gippius selbst trug sieben Eheringe von verheirateten Verehrern an einer Halskette, »... und nicht ein zufälliger war unter ihnen, alle waren sie Sinnbild meiner leiblichen und geistigen Verbindungen außerhalb von Gott.«

Dmitri Filosofow (1913)

Nach gemeinsamen Gebeten wird Brot gebrochen, sich gegenseitig der Kelch mit dem Wein gereicht und bei Sonnenaufgang tauschen sie untereinander die Kreuze, die sie vor dem Ritus einander angelegt hatten: »Wir nahmen die Kreuze ab, mischten sie und legten sie einander wieder an, so dass keiner wusste, wer wessen Kreuz trägt. Zu dieser Zeit wurde es hell, es war kein klarer Tag, sondern trübe, grau, regnerisch. Und doch war es hell.«[46]

So beginnt der Selbstversuch dreier Menschen, der sie für die nächsten Jahre fest aneinander bindet. Auf der Suche nach dem Ideal des »neuen religiösen Bewusstseins« versuchen sie, das allzu menschliche Element in sich zu überwinden und selbst zu den »neuen Menschen« zu werden. Gippius steht in diesem »Triumvirat« zwischen zwei Dmitris, die ihr gleichermaßen und doch jeder auf seine Weise nahestehen. »Ich liebe Dmitri Sergejewitsch – Sie wissen besser als andere, wie sehr – ohne ihn könnte ich nicht zwei Tage leben, ich brauche ihn so wie die Luft zum Atmen ... Doch das ist nicht alles. Es existiert ein Feuer, das für mich vorstellbar ist – und das mein Herz braucht, ein brennender Glaube in eine menschliche Seele, die mir nahe ist – da sie der reinen Schönheit nahe ist, der reinen Liebe, dem reinen Leben – allem, dem ich mich auf immer verschrieben habe«, erklärt sie in einem Brief an den Dichter und Freund Nikolai Minski die Gefühle, die sie bewegen.[47]

Viel ist über diesen Aufsehen erregenden Dreierbund und über Gippius' Verhältnis zu Filosofow, dieser »seltsamen Liebe zwischen einer Frau, die Männer nicht akzeptiert und einem Mann, der Frauen nicht akzeptiert«, spekuliert worden. Jeder neue Erklärungsversuch, jede neue Interpretation führt unweigerlich zu neuen Missverständnissen, und so soll dem hier nichts weiter hinzugefügt werden. Die Lebenskünstlerin Sinaida Gippius mit der »Schwäche zur ironischen Mystifikation« hat ganze Arbeit geleistet, so dass jeder Versuch, das Rätsel dieser Mystifikation zu ergründen, als aussichtsloses Unterfangen erscheint.

Der Rest der Lebensgeschichte ist schnell erzählt: Nachdem sie große Hoffnungen in die Februar-Revolution 1917 gesetzt hatten, begann mit der Machtübernahme durch die Bolschewiki für Mereshkowski, Gippius und Filosofow das »Reich der Dunkelheit«, dem sie in einer Dezembernacht im Jahr 1919 entkamen. »Wir fahren bei Sonnenaufgang in eine weiße öde Schneelandschaft hinein – in das Unbekannte ... An der polnischen Grenze: ›Wer sind Sie?‹ ›Russische Flüchtlinge.‹ ›Woher?‹ ›Aus Petrograd.‹ ›Wohin?‹ ›Nach Warschau.‹«[48]

Nach einjährigem Aufenthalt in Polen, wo sie vereint gegen die Sowjetmacht kämpfen, trennen sich die Wege der drei für immer: Filosofow bleibt in Warschau, wo er 1940 stirbt, ohne Gippius und Mereshkowski je wiedergesehen zu haben. Den Verlust ihres Freundes wird Gippius nie verwinden können. Das Ehepaar Mereshkowski reist weiter nach Paris, wo es die nächsten Jahre in der Hoffnung auf die »Auferstehung Russlands« verbringt. Auch hier führt Gippius einen Salon, in dem sie erbittert gegen die Sowjetmacht agitiert und sich viele Feinde macht. Die Abscheu, die Gippius gegen die Bolschewiki empfand, wurde von der anderen Seite durchaus erwidert, man sieht in ihr das »Petersburger gnädige Fräulein«, bei der sich »hinter der dekadent-mystisch-erotisch-christlichen Hülle eine buchstäbliche, besitzergreifende Hexe verbirgt.«[49] »Sie sind käuflich und widerwärtig wie jedes konterrevolutionäre Stück Dreck«, wirft Sergei Jessenin ihr in einem offenen Brief entgegen.[50]

Nach dem Tod Mereshkowskis im Jahr 1941 völlig versteinert, war Gippius' letzter Freund eine wilde, namenlose Katze. Sinaida Gippius stirbt am 9. September 1945 in Paris. Die so sehnlich erwartete Befreiung Russlands hat sie nicht mehr erlebt.

Der »Turm«

Die »Mittwochabende« bei Lidija Sinowjewa-Annibal und Wjatscheslaw Iwanow

Alles will ich! Alles, alles von der Liebe!
(Lidija Sinowjewa-Annibal)

1907 wird das kulturelle Leben St. Petersburgs und Russlands durch eine Sensation erschüttert: Die Erzählung *Dreiunddreißig Ungeheuer* von Lidija Sinowjewa-Annibal, zunächst von der Zensur nicht zur Veröffentlichung freigegeben, erscheint. Die in Form eines fiktiven Tagebuches verfasste Erzählung ruft eine Welle der Empörung bei den Rezensenten hervor: Das erste Mal wird hier in der russischen Literatur die Liebe zweier Frauen zueinander beschrieben.

Der Miniaturroman ist die zweite Buchveröffentlichung einer Autorin, die – exzentrisch, emotional und eigenwillig – sich über die Normen ihrer Zeit hinwegsetzte, viele beeindruckte und doch zurückschrecken ließ und in der künstlerischen Boheme St. Petersburgs zu Beginn des 20. Jahrhunderts ein Paradiesvogel war.

Um die Jours fixes, die sie und ihr Ehemann Wjatscheslaw Iwanow in ihrer Wohnung, dem *Turm* (russ.: *Baschnja*), abhielten und die jeder, der etwas auf sich hielt, besuchte, ranken sich Legenden, ebenso wie um die Persönlichkeit dieser leidenschaftlichen Frau, die viel zu früh und unerwartet im Jahr der skandalösen Veröffentlichung starb und, da sie spät angefangen hatte zu schreiben, kein sehr umfangreiches Werk hinterlassen hat. Nach ihrem Tod gerieten Lidija Sinowjewa-Annibal und ihr Werk in Vergessenheit, in der Sowjetunion galt sie als »bürgerlich-dekadent« und es musste fast ein Jahrhundert vergehen, bis ihr literarisches Werk in Russland wieder erscheinen konnte.

1866, das genaue Datum ist unbekannt, wird auf dem Landsitz einer wohlhabenden und einflussreichen, dem Zarenhof nahestehenden Familie die Tochter Lidija geboren. Ihr Vater Dmitri Sinowjew entstammt einem serbischen Fürstengeschlecht, die Mutter, eine geborene Baronesse Weimarn, jenem Geschlecht des Abessiniers Gannibal, auf das auch Alexander Puschkin seine Abstammung zurückführte.

Nicht zu haltende Wildheit, unsagbare Lebenskraft waren Lidija Sinowjewa-Annibal seit frühester Kindheit eigen. Das Gymnasium in St. Petersburg, die Diakonissenschule in Deutschland, wo die Herren Pastoren und die Schwestern von ihr als dem »russischen Teufel« sprechen, müssen für sie, die das Lesen nicht liebte, die nur eines – leben, leben, leben – wollte, nicht enden wollende Qual, nicht zu ertragender Zwang gewesen sein. Von beiden Schulen wird sie verwiesen, und so bleibt den Eltern schließlich nichts anderes übrig, als einen Hauslehrer für die Tochter zu engagieren.

Es kommt, wie es kommen muss: Lidija, die siebzehnjährige, wilde, unbändige Tochter aus gutem Hause, verliebt sich in ihren jungen Lehrer Konstantin Semjonowitsch Schwarsalon, der mit seinen flammenden Reden von einer gerechten Welt für alle Menschen Eindruck auf sie gemacht hat. Von den Eltern erpresst sie die Zustimmung zur Heirat.

Erst Jahre später erkennt Lidija, mittlerweile Mutter dreier Kinder, dass der einstige Hauslehrer sie in allem betrogen hat: Die Reden von der sozialistischen Idee waren für ihn nur leere Worte; er, der bekommen hatte, was er wollte, Lidija und die Mitgift, vergnügt sich mit anderen Frauen. Sie verlässt ihn und reist mit den Kindern in die Schweiz und nach Italien, wo sie, die verzweifelt ist und das Leben nicht mehr liebt, zu sich zu finden hofft.

»Das Jahr verlief ruhig. Plötzlich jedoch erhob sich ein Sturm: Im Sommer 1893 kreuzte den Weg Wjatscheslaw Iwanows Lidija Sinowjewa.«[1] In Rom begegnen sie sich zum ersten Mal: Wjatscheslaw Iwanow, der dort nach dem Studium bei Theodor Mommsen in Berlin an seiner Dissertation über die Steuerpolitik im alten Rom arbeitet, und Lidija Dmitrijewna Sinowjewa, die nach der Trennung von ihrem ersten Ehemann, dessen Namen sie damals noch trug, nach Italien gereist war, um in Florenz Musik und Gesang zu studieren. Schon beim ersten Treffen beeindruckte Lidija Wjatscheslaw tief. Lange Spaziergänge und Gespräche knüpften ein erstes Band.

Bald kehrt Lidija für ein Jahr nach Russland zurück. Zu einer zweiten Begegnung kommt es erst im September 1894 in Florenz, wo Iwanow mit Frau und Tochter mittlerweile lebt. Lidija und Wjatscheslaw sehen sich regelmäßig, die Gefühle füreinander werden immer intensiver und leidenschaftlicher, geraten schließlich ganz außer Kontrolle. Und sie sind bestimmt von Zweifeln und Schuldgefühlen, schließlich sind beide ja zu dieser Zeit noch in erster Ehe verheiratet. Iwanow flieht kurze Zeit später nach Rom, lässt seine Ehefrau und Lidija in Florenz zurück.

Am 18. Januar 1895 schreibt Lidija einen ersten Brief an Iwanow nach Rom, dem sie als Pfand ihrer Liebe eine goldene Locke und zwei Efeublätter beilegt. Die Symbolik des Efeus, bei den alten Griechen als Sinnbild für Freundschaft und Treue dem Brautpaar bei der Hochzeit überreicht, spricht von der Tiefe ihrer Gefühle. »Ich weiß nur eines: Wenn ich die Liebe, die in mir ist, nicht durch Selbstmord auslösche, werde ich die Deine sein, was auch immer geschehen möge – wenn Du mich nimmst, natürlich. ... Das Schlimmste jedoch ist, dass mein Gewissen schweigt, und Du verstehst, was dies heißt. Es heißt, dass ich das Gute vom Bösen nicht mehr unterscheiden kann, dass ich von wahrhafter Liebe erfüllt bin«, schreibt sie am 27. Februar 1895.[2]

Iwanow antwortet: »O Lidija! Ich weiß, wie sehr ich vor Dir schuldig bin – durch meine Liebe, meine Leidenschaft, meine Zärtlichkeiten und Briefe ... Es gab einen Augenblick, in dem mir schien, dass ich Dir so vieles genommen habe, dass ich meinerseits Dir nichts mehr versagen kann.« Und er bekennt: »Diese allumfassende Liebe, die Du von mir erwartest, kann ich Dir nicht geben ... Wir lieben auf unterschiedliche Weise« – dies hat Lidija unterstrichen und ein großes »JA« an den Rand geschrieben – »und ich denke, dass unsere Liebe, in den Grenzen, die wir selbst ihr auferlegt haben, verbleibend, Dir nur Leiden und Schmach bringen kann.«[3]

Konstantin Schwarsalon, Lidija Sinowjewa-Annibals erster Ehemann, willigt zunächst nicht in die Scheidung ein, es kommt zum Prozess, der sich über mehrere Jahre hinzieht. Während dieser Zeit halten sich Lidija Sinowjewa-Annibal und Wjatscheslaw Iwanow nur selten in Russland auf. »Alles will ich! Alles, alles von der Liebe!« lässt Lidija Sinowjewa-Annibal in dem 1904 veröffentlichten Drama *Ringe* die Protagonistin Aglaja sagen. Die Worte können auch Programm sein für den Mut und

Lidija Sinowjewa-Annibal (1893)

das Selbstbewusstsein, mit dem Lidija Sinowjewa-Annibal sich über alle bürgerlichen Moralvorstellungen hinwegsetzt und mit Wjatscheslaw Iwanow zusammenlebt. Zunächst im »italienischen Exil«, dann in Frankreich, wo 1896 in Paris, noch vor der offiziellen Scheidung von Schwarsalon 1899, die gemeinsame Tochter Lidija zur Welt kommt, und in der Schweiz. Nach ihrer Heirat beziehen Lidija Sinowjewa-Annibal und Wjatscheslaw Iwanow im Jahr 1900 die Villa Java in Chatelain bei Genf, die für die nächsten fünf Jahre ihr Domizil wird. Erst 1905, zwei Jahre vor dem frühen Tod Sinowjewa-Annibals, nimmt das Ehepaar seinen Wohnsitz wieder in Russland und eine neue Epoche in ihrem Leben beginnt. Ihr Quartier in St. Petersburg wird eine Wohnung mit rundem Erkerzimmer.

»Wir leben hoch oben in einem runden Turm über dem Taurischen Park und seinem Schwanensee. Jenseits des Parkes, jenseits der Newa ist das phantastische Petersburg bis zu den entlegensten Wäldern zu sehen. In der Dämmerstunde ... krachen die Kanonen ... und der vom Meer her wehende Wind, der die gelben Blätter im Park aufwirbelt, stöhnt und klopft an den Turm.«[4]

Bei ihrer Rückkehr nach Russland sind Lidija Sinowjewa-Annibal und Wjatscheslaw Iwanow dem literarischen Publikum dort keine Unbekannten mehr. Während einiger kurzer Aufenthalte in St. Petersburg und Moskau hatten sie die Bekanntschaft mit den führenden Denkern des Symbolismus gemacht. Iwanow hatte eine Reihe von philosophischen Aufsätzen in den Zeitschriften der russischen Symbolisten veröffentlicht, 1903 war in St. Petersburg sein Gedichtband *Leitsterne* erschienen, und auch von Sinowjewa-Annibal wurden einige literarische Etüden, Porträts und das 1903 verfasste Drama *Ringe* publiziert. Ihre ersten Veröffentlichungen gab sie unter dem Namen Lidija Schwarsalon heraus, bis sie als »nom de guerre« den Namen ihres Vorfahren Annibal, jenes sagenumwobenen »Mohren Peters des Großen«, wählte.

Ihre Wohnung am Taurischen Park, der *Turm*, wird schon bald pulsierendes Zentrum des literarischen Lebens in St. Petersburg, ein Laboratorium der Kultur. Hier treffen sich an den berühmt gewordenen *Mittwochabenden* Dichter, Literaten, Philosophen, die den »neuen« Strömungen in Literatur und Kunst nahe stehen. Vorträge werden gehalten und man diskutiert neue Ideen und Ideale. Die Jours fixes, die in der platonischen Tradition des Symposiums abgehalten werden, beginnen spät am Abend und dauern bis tief in die Nacht. In dem halbrunden Erkerzimmer, in dem die Versammlungen stattfinden, war der Tisch an die Wand gerückt worden, man sitzt auf dem Boden, die ganze Wohnung ist von Kerzenlicht erleuchtet. In Lidijas Zimmer, ganz in Orange gehalten, liegen entlang der Wände Matratzen auf dem Boden, darauf Kissen in den verschiedensten Farben; sonst befindet sich außer dem bunt bemalten Holzgefäß, in dem sie ihre Manuskripte aufbewahrt, nichts in diesem Raum.

»Diese Nächte dauerten lange, manchmal sehr lange; ich erinnere mich an einen Sonnenaufgang auf dem Dach des Hauses, auf das wir unter Iwanows Führung hinaufstiegen: unter uns lag der taufrische Park und im Dunst der roten Morgensonne das gerade erwachende Petersburg, nur wenige Laute drangen hinauf, und oben sprach Blok mit seiner ruhigen gesammelten Stimme seine *Unbekannte.* Ich glaube, dies war damals die Premiere des unsterblichen Gedichts. Es war alles russisch und doch auch ganz unrussisch transzendent, ganz wie das heilige unheilige St. Petersburg, diese aufregendste Geisterstadt der Welt. Die *Mittwochabende* bei Iwanow, Sternstunden des Geistes, waren europäische Sternstunden, in denen sich der Genius Rußland dem Werben der alten Welt aufschloß.« So beschreibt der Übersetzer und Dichter Johannes von Guenther eine der legendären Versammlungen im *Turm.*[5]

Lidija Sinowjewa-Annibal war die »Seele« der Jours fixes, die es vermochte, eine besondere schöpferische Atmosphäre zu schaffen, in der die Abende verliefen. Sie war »von ganz anderer Natur als Wjatscheslaw Iwanow, sie war dionysischer, wilder, heftiger, ihrem Temperament nach revolutionärer, elementarer, beständig vorwärts- und aufwärts strebend.«[6] Und auch ihre Erscheinung war imposant: »Ihre Gestalt glich den Sibyllengestalten von Michelangelo, die Haltung ihres Kopfes hatte etwas Löwenartiges ... Aber das Eigentümlichste an ihr waren ihre Farben: die Haare blond, ins Rosa schimmernd, die Haut aber dunkel, was das Weiße ihrer grauen Augen sehr leuchtend machte. ... Lidija trug auch im Alltag eine Tunika und drapierte ihre mächtigen, schönen Arme mit einer Toga. Die Zusammenstellung der Farben war sehr gewagt.«[7]

Wjatscheslaw »der Großartige«, wie Iwanow halb scherzhaft genannt wurde, Dichter von hohem Pathos und einer der herausragendsten Denker seiner Zeit, ist bald schon der Hohepriester einer neuen Religion. Sein Weltbild ist beeinflusst von Nietzsches Philosophie und von dem russischen Religionsphilosophen Fjodor Solowjow, der mit seiner Schrift *Die Bedeutung der Liebe* das für den religiösen Symbolismus wichtigste Werk über die Liebe seit Platon verfasst hat. Der Kern von Iwanows Philo-

Konstantin Somow:
Wjatscheslaw Iwanow (1906)

sophie ist die Erfahrung der Liebe, die eine mystische Dimension erhält. Der Eros wird zum Wesentlichen allen menschlichen Seins, »Ethik und Ästhetik vereinen sich zur Erotik« und alles aus dem Eros Geborene erhält den Rang des Heiligen. Das Göttliche war für Iwanow jeglicher Leidenschaft eigen, das Streben nach Leidenschaft also Streben zu Gott.

Die Bestimmung der Frau in diesem philosophischen Kontext ist die der Muse, sie ist nicht Künstlerin, sondern die Kraft, die männliches Schaffen und Kunst inspiriert. Und auch Iwanows Sicht Sinowjewa-Annibals ist von diesem Muster bestimmt. In Lidija Sinowjewa-Annibal sieht Wjatscheslaw Iwanow das dionysische Prinzip verkörpert und seine Wahrnehmung ihrer Liebe zueinander ist mit seinen philosophischen Ideen aufs engste verknüpft. Durch sie fühlt er sich den dionysischen Kräften des Universums nahe, denen er sich vor der Bekanntschaft mit ihr nur vom akademischen, intellektuellen Standpunkt aus nähern kann.

Ein wichtiger Aspekt des Symbolismus ist die Sicht der geistigen Ideale nicht ausschließlich als intellektuelle Denkmodelle, sondern als tiefe und umfassende Lebenswahrheit, die nicht nur in der Theorie verkündet, sondern auch im realen Leben umgesetzt werden sollen. Damals wird der Neologismus *Lebenskunstwerk* geprägt. »Die Symbolisten wollten den Schriftsteller nicht vom Menschen, die literarische Biographie nicht von der persönlichen trennen. Der Symbolismus wollte nicht ausschließlich literarische Schule oder künstlerische Strömung sein. Er versuchte immer, Methode zu werden, die Leben und Kunst vereint, und darin war seine tiefe und vielleicht nicht zu realisierende Wahrheit, jedoch bestimmte das Streben nach dieser Wahrheit seine gesamte Geschichte. Es gab eine ganze Reihe von Versuchen, bisweilen sogar wahrhaft heroische, zu dieser Vereinigung von Leben und Kunst zu gelangen. ... Der Symbolismus suchte beständig den Genius in seiner Mitte, der es vermochte, Leben und Kunst zu einem Ganzen vereinigen. Wir wissen heute, dass dieser Genius nicht gefunden, die Formel nicht entdeckt wurde. Das alles führte dazu, dass die Geschichte des Symbolismus zu einer Geschichte der zerstörten Leben geworden ist.«[8]

Lidija Sinowjewa-Annibal und Wjatscheslaw Iwanow unternehmen den heroischen Versuch, Leben und Kunst zu vereinigen. Sie sind auf der Suche nach neuen, lebendigen Beziehungen zwischen den Menschen. Sie suchen eine neue Geistigkeit, die Fleisch und Blut werden soll, suchen Menschen für eine neue, zukünftige Gemeinde. Ausdruck dieser Suche sind die Jours fixes an den *Mittwochabenden*. Seit der Rückkehr Sinowjewa-Annibals und Iwanows nach St. Petersburg ist noch kein Jahr vergangen. Der *Turm* mit seinen *Mittwochabenden* ist bereits zu einer Institution geworden, man geht hin, um auch dort gewesen zu sein, um mitreden zu können. Im ersten halben Jahr gehören auch Sinaida Gippius und Dmitri Mereshkowski zu den Besuchern des *Turms*. Nach den politischen Ereignissen im Dezember 1905 jedoch verlässt das Ehepaar Mereshkowski Russland im Februar 1906 und kehrt erst im Juli 1908 wieder nach Petersburg zurück. In der Zeit der Abwesenheit von Sinaida Gippius fällt Sinowjewa-Annibal die Rolle der Femme fatale der künstlerischen Boheme zu. Doch während Sinaida Gippius mit ihrem Salon für den Beginn der neuen literarischen Bewegung des Symbolismus steht, verkörpert Lidija Sinowjewa-Annibal mit dem *Turm* das Ende der symbolistischen Epoche, beginnt im *Turm* die Abwendung vom Symbolismus. Der Akmeismus wird geboren.

Während zum Salon der Gippius nur Auserwählte Zutritt hatten, ist im *Turm* mit seiner überaus freizügigen Atmosphäre jeder willkommen. An manchen Abenden drängen sich mehr als fünfzig Besucher in der Wohnung. Die Versammlungen entfernen sich jedoch mehr und mehr von dem, was die Gastgeber ursprünglich gewollt hatten, die traditionellen Formen setzen sich durch, die Abende bekommen so bisweilen einen universitären und akademischen Charakter, der ganz besonders Lidija Sinowjewa-Annibal missfällt. In einem Brief vom 19. Januar 1906 beschreibt sie die Rebellion gegen diese Entwicklung: »Es begann – Oh weh! – Gabrilowitsch zu sprechen und sogar vorzulesen ... Über Philosophie und Religion, bei Adam angefangen, und über noch anderes mehr u.s.w. Rebellion! Rebellion! Ich trete in das Vorzimmer ... man sagt mir: ›Was soll das, Lidija Dmitrijewna, so geht das nicht. Was wir wollen, ist ein lebendiger Austausch von Meinungen, nicht Vorlesungen.‹ ›Widerwärtig! Was sollen wir tun?‹ ... ›Lasst uns rebellieren. Nehmen wir ihm die Zuhörer weg!‹ Ich gehe zur Tür, rufe flüsternd herbei, winke mit roten Armen. Einer nach dem anderen kommt heraus. Das Vorzimmer füllt sich. Auch Wjatscheslaw springt herbei, tadelt uns, doch wir rebellieren, ohne nachzugeben. ... Endlich schlage ich vor, eine parallele, doch poetische Versammlung abzuhalten. Wir schließen uns im Schlafzimmer Wjatscheslaws ein, in dem eine schwach leuchtende gelbe Laterne hängt und sein Bett steht, das mit einem persischen Schal zugedeckt ist. Zunächst setzten wir, die Frauen, uns auf das Bett, dann, als ich etwa 15 Rebellierende männlichen Geschlechtes erblickte, die ohne Sitzplätze waren ..., sprang ich auf und setzte mich nach Türkenart auf den Boden. Es bildete sich ein Kreis auf dem Boden und die Versammlung begann. Doch alles: ›Nicht so wie bei ihnen!‹, also ohne Vorsitzenden u.s.w. ... Mit der Zeit hatten die Mystiker und Metaphysiker drüben keine Zuhörer mehr, und ... kamen später selbst begeistert zu uns, an unseren halbdunklen Ort der Zuflucht, herüber.«[9]

Sogar die zaristischen Sicherheitsbehörden hatten ihr Interesse an den Versammlungen schon spüren lassen, sie vermuteten wohl revolutionäre Umtriebe und hielten dies für Anlass genug, am Abend des 28. Dezember 1905 eine polizeiliche Durchsuchung der Wohnung und aller Anwesenden vorzunehmen. Die Besucher wurden bis spät in die Nacht festgehalten und befragt, die Mutter des jungen Dichters Max

Lidija Sinowjewa-Annibals und Wjatschcslaw Iwanows »Turm«

Woloschin wurde sogar kurze Zeit in Untersuchungshaft genommen. Natürlich verlief die Durchsuchung für die Behörden ergebnislos. Dieser Zirkel wollte mit seinen Ideen nicht den Staat, sondern das individuelle Ich revolutionieren, ein für die herrschende Ordnung ungefährliches, für die Beteiligten selbst jedoch umso gefährlicheres Unterfangen.

Im April 1906, in der Nacht nach einer der langen Versammlungen, beschließt ein enger Kreis von Eingeweihten, die ursprünglich gewollte Form des Symposiums wiederaufzunehmen. »Wir haben uns verschworen und werden eine persische, hafizische Schenke gründen: sehr intim, sehr kühn, in Kostümen, auf Teppichen liegend, philosophisch, künstlerisch und erotisch.«[10] Eine kleine Gruppe – der Dichter und Komponist Michail Kusmin, der Musikkritiker Walter Nuwel, der Maler Konstantin

Somow und der junge Dichter Sergei Gorodezki– beschließt, sich zu den »Hafiz-Abendmahlen« zu treffen. Lidija Sinowjewa-Annibal war die einzige Frau, der die Teilnahme an diesen Versammlungen gestattet war.

Die »Hafiz-Abendmahle« sind ein neuer Schritt auf dem Weg, eine ideale »Spiritualität der Gemeinschaft«, in der die Grenzen der individuellen Liebe Zweier aufgehoben sind, zu erreichen. Dieser Zirkel der »Brüder im Geiste« huldigte, wie ihr Namenspatron, der persische Dichter Hafiz, der Liebe, dem Wein, der Schönheit der Natur und verspottete die Heuchler und Philister. St. Petersburg wird zu Petrobagdad, einer Märchenstadt, in der Wünsche wahr werden können. Bei den Abendmahlen trägt man Kostüme und nennt sich bei anderen Namen. Lidija Sinowjewa-Annibal ist Diotima, die Künderin göttlicher Wahrheiten, Hohepriesterin einer neuen Liebeslehre. Und Diotima ist, bei Hölderlin, die Geliebte des Hyperion, dessen Namen Wjatscheslaw Iwanow in dieser Zeit trägt.

Lidija Sinowjewa-Annibal ist entflammt für die Idee, solche Abende ausschließlich für Frauen ins Leben zu rufen. Im Juli 1906 schreibt sie in einem Brief: »Wir werden uns kleiden, werden neu gefertigte Werke darbringen und, mag sein, verschiedene Themen erörtern. Wir werden schön sein und glücklich miteinander.«[11] Diese Treffen nannte sie »Fiaz«, hergeleitet von dem Griechischen »thiasos«, eine Gruppe von Menschen, die tanzend und singend ihrem Gott, dem Dionysos, huldigen.

Das Zusammenleben Sinowjewa-Annibals und Iwanows hat in diesen Monaten einen Tiefpunkt erreicht. Ihre leidenschaftliche Liebe zueinander, die sie so lange glücklich sein ließ, obwohl (oder weil?) sie alle gesellschaftlichen Normen brach, scheint in eine Krise zu geraten; sie streiten sich oft und heftig, Lidija scheint hin- und hergerissen zwischen ihrer Liebe zu Wjatscheslaw und dem Wunsch nach Freiheit und Emanzipation von ihm. Wjatscheslaw Iwanow entwickelt in dieser Zeit, als die Liebe ihnen aus den Händen zu gleiten scheint, eine neue Idee, ein neues Ideal. Es scheint ihm möglich, dass zwei Menschen, die durch ihre Liebe ganz eins geworden sind – wie Lidija und er – einen Dritten in ihre Gemeinschaft aufnehmen; diese »Verbindung Dreier« ist der Anfang der neuen Menschengemeinschaft, in der der Mensch frei ist von Egoismus und Eifersucht und seine Liebe nicht mehr ausschließlich an eine einzige Person gebunden ist. Lidija Sinowjewa-Annibal und Wjatscheslaw Iwanow entscheiden sich, den Versuch zu unternehmen, das Ideal von der »Verbindung Dreier« Wirklichkeit werden zu lassen. Der junge Dichter Sergei Gorodezki wird Iwanows Protegé, dieser unterrichtet ihn in Griechisch und Verslehre und weiht ihn in die Geheimnisse des Dionysos-Kultes ein – ein Lehrer-Schüler-Verhältnis platonischer Prägung. Mitte Juni 1906 reist Lidija zu ihren Kindern in die Schweiz und erhält dort 16 Briefe von Iwanow aus St. Petersburg, in dem er ihr sein Verhältnis zu seinem Schüler schildert. Noch kein Monat ist seit der Abreise Lidijas vergangen, als Iwanow ihr am 8. Juli 1906 schreibt: »Er war betörend und ich glücklich. Ich weiß nicht, ob dieses Spiel Selbstbetrug ist, Wiederholung etwas schon einmal Dagewesenen ... – doch ich war die ganze Zeit glücklich und erfüllt von dem Beben der Verliebtheit, wie damals am Anfang in Florenz...«[12] Lidija versteht sofort, was »Florenz« bedeutet: Es ist die Metapher für den Beginn der Liebe zwischen ihr und Wjatscheslaw. »Florenz hat den schwach schwelenden Funken der Liebe, den Du bei unserem ersten Treffen entzündet hast, zum Brennen gebracht ...«, schrieb Lidija damals, am 12. Juni 1895, in einem Brief an Wjatscheslaw.[13]

Lidija, die während ihres Aufenthaltes in der Schweiz erkannt zu haben scheint, dass ihre Liebe zu Iwanow ihr das Wichtigste auf der Welt ist, die »alles, alles von der Liebe« will, bemerkt die Gefahr. Sie spürt die Gefahr, durch den Versuch, Leben und Kunst zu vereinigen, das Leben zu zerstören. Noch vor ihrer Abreise hatte sie in einer Diskussion mit Wjatscheslaw erklärt, Leben und Kunst seien unvereinbare Gegensätze.

Die Idee des Opfers, das auf dem der neuen Liebeslehre errichteten Altar dargebracht werden muss, ist während dieser Zeit mehr als je in Lidijas Denken und Fühlen präsent. Das Opfer der individuellen Liebe Zweier, mit dem das Ideal der neuen, allumfassenden Liebe erreicht wird. Dieses Opfer ist heilig, denn es erhebt den Menschen über das eigene Ich.

In der Schweiz schreibt Lidija Sinowjewa-Annibal die Erzählung *Dreiunddreißig Ungeheuer*, die sie Wjatscheslaw Iwanow widmet. Sie beschreibt in Form eines fiktiven Tagebuchs die Liebe der Schauspielerin Vera zu ihrer jungen Geliebten. Vera ist erfüllt von der Idee, ihre Geliebte, welche die vollendete Schönheit verkörpert, den Menschen geben zu wollen. Diese Idee wird realisiert in dem Versuch, die Schönheit der

Maximilian Woloschin in Koktebel (1911)

jungen Frau in Porträts der Künstlergruppe der *Dreiunddreißig Maler* für die Ewigkeit festzuhalten. Nachdem das Experiment begonnen ist, befindet sich Vera in einem Zustand vollkommener Glückseligkeit. Bald jedoch muss sie, die eifersüchtig über jede Bewegung ihrer jungen Freundin wacht und jeden ihrer Gedanken zu erhaschen sucht, erkennen, dass ihre Geliebte für sie verloren ist, dass der Versuch, durch das Opfer eine vollkommenere Form der Liebe zu erreichen, gescheitert ist. Sie setzt ihrem Leben aus Verzweiflung ein Ende.

Als die Erzählung im Mai 1907 veröffentlicht wird, ist der Skandal perfekt. Zunächst durch die Zensur wegen des Vorwurfs der »Unsittlichkeit« verboten, war die konservative Kritik über das Buch empört. Die Moralisten erheben ihre Stimmen und verurteilen die Autorin und ihr Werk. So schreibt zum Beispiel Nowopolin in seinem Buch *Das pornographische Element in der russischen Literatur*, das um 1908 erschien, die Erzählung sei eine »Propagierung geschlechtlicher Verirrungen«, in der die »Hymne der lesbischen Liebe in hysterischen Aufschreien zweier zweifellos kranker junger Frauen besungen« werde.[14]

In ähnlicher Weise, jedoch nicht so sehr auf das Thema der Erzählung fixiert, das als Modethema der Décadence abgetan wird, äußern sich Andrej Belyj und die Schriftstellerin Sinaida Gippius, beide für ihre scharfe Zunge bekannt. In seiner 1907 erschienenen Rezension schreibt Belyj, den Stil Sinowjewa-Annibals ironisch imitierend: »Ja, obwohl Frau Sinowjewa-Annibal bemüht, bemüht war, das Thema und seine literarische Form zu gestalten, ist es doch schwer, oh wie schwer, dieses kleine Büchlein zu bewältigen, ohne der Verführung zu erliegen, es zur Seite zu legen, noch bevor man das weitere Schicksal der pikanten Heldin der Erzählung erfahren hat. Weder Thema noch Form können die Langeweile vertreiben, die den Leser von der ersten Seite an erfasst und zum Schlafe einlädt. Das Thema ist die lesbische Liebe. Die Form – hier bitte: ›ihre Augen, die dunkler geworden waren, wie tiefblau-purpurne Weintrauben, waren u n b e d i n g t.‹ ›Unbedingte Augen‹ – wie gefällt Ihnen das?«[15]

Während Belyj vor allem den Leser der Erzählung zu bedauern scheint, bedauert Sinaida Gippius die Autorin selbst. Unter ihrem Pseudonym Anton Kraini schreibt sie: »Selbst ein Moralist spürt hier keine Unsittlichkeit ..., denn Frau Sinowjewa-Annibal tut ihm einfach nur leid. Warum nur musste sie all dies schreiben? Gott weiß, dass sie keine dumme, eine sehr schöne und einfache Frau ist, die nicht einmal schlecht schreiben kann, auf jeden Fall besser als in den *Ungeheuern*, die eigentlich gar nicht geschrieben sind.«[16] Tatsächlich ist die sprachliche Form der Erzählung, ebenso wie die Autorin, sehr eigen und eigenwillig, die von Belyj angeführte Metapher »ihre Augen waren unbedingt« für einen Blick, der keinen Widerspruch duldet, verdeutlicht dies sehr gut.

Die einzige Interpretation, die den philosophischen Hintergrund erläutert, vor dem die Erzählung gelesen werden muss, liefert, und dies ist kaum verwunderlich, Wjatscheslaw Iwanow, dem die Erzählung ja auch gewidmet ist. Er stellt sie in seinem Vorwort zu der Erzählung, das er 1918 verfasst hat – er arbeitete damals an einer postumen Werkausgabe Sinowjewa-Annibals, die dann doch nicht erschienen ist – in die Tradition der platonischen Lehre des Eros. »Eros ..., der in den edelsten Seelen wohnt und das Prinzip ihres geistigen Wuchses ist, wendet sich zuerst zu den schönen Körpern, dann zu den schönen Seelen, endlich – zu den ewigen Urbildern oder Ideen der von unseren Sinnen unerfassbaren Wesen, die geeint das Sein selbst, die Idee der Ideen offenbaren.«[17]

Iwanow sieht Veras Schuld darin, dass sie in ihrer Liebe auf der ersten Stufe der Annäherung an das Ideal, nämlich auf der Stufe der körperlichen Liebe, verharrt. Doch so nahe Iwanow der Erzählung in seiner Interpretation auch kommen mag, übersieht er doch den unmittelbaren Bezug zu seiner eigenen Biographie. Die Erzählung kann auch als hellsichtige Warnung Lidijas gelesen werden, als Warnung vor der Tragödie, zu der die Experimente auch im eigenen Leben führen können. Es ist, als ob sie, die erkannt hat, dass sie an dem Opfer, zu dem sie noch immer bereit ist, zerbrechen kann, sagen wolle: »Lass uns aufhören, bevor es zu spät ist.«

Doch zurück nach Petrobagdad, in das Lidija Sinowjewa-Annibal nach einem zweimonatigen Aufenthalt bei ihren Kindern in der Schweiz am 21. August 1906 zurückkehrt. Am Bahnhof wird sie von Iwanow und Gorodezki, dessen Anwesenheit sie nicht eben freut, empfangen. Die nächsten Monate sind für Lidija geprägt von Verzweiflung, die sie versucht, Iwanow nicht spüren zu lassen. In einem Brief an Gorodezki vom 27. Oktober 1906 beschreibt sie ihre Gefühle: »So taubstumm habe ich noch nie empfunden. Ich schreibe Ihnen, denn eine Schwindel erregende Verzweiflung (und eine solche Verzweiflung kenne ich nicht) schreit in mir, dass ein Wort gefunden werden muss, ein solches Wort, das das Taubstumme zu zerreißen vermag und Ihnen mein wahres Gesicht zeigt. Das sogar mir selbst verborgen ist. Werde ich es durch Sie verstehen? Ich habe mich selbst verloren, und dies ist so Furcht erregend und wortlos-taub. ... Ich liebe Sie, vermutlich, im einfachsten Sinne dieses Wortes, doch mit einer solch blutenden Weisheit, die Blinde Entsagung zu nennen pflegen. So unbewusst, elementar liebe ich niemals, so gegen die eigene Billigung. Denn, erstens: Ich bin alt und Sie sind jung ... und, zweitens, liebt er wild uns beide, ich aber liebe Wjatscheslaw, wie ich ihn immer geliebt habe, mit jeder Faser meines Körpers ... Ich schreibe dies und denke: wozu? Werde ich nicht alles zugrunde richten?«

Der Brief endet zunächst mit einer Manifestation des eigenen Ich: »Ich lebe für mich selbst, nicht für andere. Nicht für Wjatscheslaw und nicht für Sie.« Doch in einem mit »Diotima« unterschriebenen Postskriptum fordert sie Gorodezkis Vertrauen in ihre Liebe: »Glauben Sie noch einmal an mich. Ich bin Diotima. Ich vermag Ihr Leben beschützend in liebende Hände zu nehmen, ohne dass Sie Ihre Freiheit, Ihre Kunst oder Ihr Herz verlören.«[18] Es scheint, als ob sie, nachdem sie alles Leid niedergeschrieben hatte, doch bereit ist, das Experiment weiterzuführen. Doch die Weiterführung des Experimentes ist verbunden mit einer Entfremdung von sich selbst – es ist Diotima, und nicht Lidija selbst, die Gorodezki beschwört.

Lidija fühlt und weiß, dass zwischen Iwanow und Gorodezki etwas ist, das zwischen ihr und Iwanow nicht (mehr) besteht, von dem sie ausgeschlossen ist. Iwanow hatte ihr ja selbst in einem der Briefe in die Schweiz geschrieben: »Unsere Leidenschaft war nicht einfach das, was die Liebe zwischen Mann und Frau ist, sie war die Liebe zweier Genies ...«.[19] Und sie weiß und fühlt, dass die Eifersucht, die sie zwar abstreitet, sie nennt das Gefühl »Neid«, aber doch empfindet, bei Wjatscheslaw nicht auf Verständnis hoffen kann.

Etwa drei Monate nach Lidijas Rückkehr nach St. Petersburg erkennen Wjatscheslaw und sie, dass der Versuch, die »Verbindung Dreier« zu leben, gescheitert ist. Gorodezki, ein junger Mann von zweiundzwanzig Jahren, scheint von Iwanows Ansprüchen einigermaßen überfordert gewesen zu sein und kann ihm nicht geben, was dieser von ihm erwartet. Doch das Experiment soll noch einmal gewagt werden, Lidija ist noch einmal bereit, das Opfer der Entsagung darzubringen. In einem im November 1906 an Wjatscheslaw geschriebenen Brief beschreibt sie ihre

»über alles heiligen Tränen« die sie über »höchste Verzweiflung und reichsten Reichtum« weint.

Zur selben Zeit nimmt ein junges Ehepaar, der Dichter Max Woloschin und die Malerin Margarita Sabaschnikowa-Woloschina, seinen Wohnsitz im selben Haus wie Sinowjewa-Annibal und Iwanow. Die junge Margarita wird auserwählt, die Dritte zu sein. Sie, die ganz Begeisterung für das ungewöhnliche Leben Sinowjewa-Annibals und Iwanows ist, kann noch nicht ermessen, was von ihr erwartet wird: »Bei meinem ersten Besuch empfand ich nur das außerordentlich intensive, für mich noch geheimnisvolle Leben der beiden. Sie brachten etwas Neues aus ihrer Gemeinsamkeit, sie wollten etwas vorleben, eine Idee, die leidenschaftlich erfasst war. ›Was ist es?‹ fragte ich mich.«[20]

Einige Zeit später, als Margarita zu verstehen beginnt, als sie erkennt, dass Lidija in ihrem Opfer die einzige Möglichkeit sah, »auf allen Wegen die Gefährtin ihres Mannes zu bleiben«, versucht sie sich zurückzuziehen: »Ich fühlte mich so erfüllt und getragen durch die beglückende Freundschaft mit Lidija und Wjatscheslaw, mit denen ich mich ganz einig zu sein glaubte. Bald wurde es mir klar, daß Wjatscheslaw mich liebte. Ich sagte es Lidija und fügte hinzu: ›Ich muß gehen.‹ Sie aber, für die diese Tatsache längst eine Selbstverständlichkeit war, erwiderte mir: ›Du bist in unser Leben gekommen und gehörst zu uns. Würdest du gehen, so bliebe zwischen uns etwas Totes auf immer. Wir beide können dich nicht mehr entbehren.‹«[21]

Es ist Lidija, die auf der Fortführung des Experimentes besteht, denn sie will glauben, dass es gelingen kann: »Das Leben hat die Wurzeln meines Lebensbaumes an der Stelle, an der sich der Stamm der Liebe zweier in die Höhe streckte, beschnitten. Und hat andere Wurzeln gesetzt.«[22]

Im April 1907 erhalten Sinowjewa-Annibal und Wjatscheslaw einen Brief Margaritas aus Moskau, in dem sie ihre Gefühle zu erklären versucht: »Lidija, Einzige, Liebe, du schreibst, der einzige Ausweg sei darin, dass du und Wjatscheslaw für mich zu einem Ganzen verschmelzt, und ich mit ihm für dich. Mein Empfinden für euch ist, da ich euch als ein Ganzes sehe, eine tiefe, zärtliche, freundschaftliche Liebe. Jeder von euch ist mir als Einzelner näher. In den Minuten, in denen ich für Wjatscheslaw eine wahrhaft erotische Liebe verspüre, gibt es für mich nur ihn. ... Wenn ihr zusammen seid, bin ich nicht verliebt und kann mit

Margarita Sabaschnikowa in Koktebel (1907/08)

eurem Leben nicht verschmelzen. ... Diese Zwiespältigkeit ist in mir, und aus ihr entspringt vielleicht die Lüge, mit der ich nicht leben kann.«[23]

Im Juni reisen Sinowjewa-Annibal und Iwanow nach Sagorje, wo sie in einem »großen, sonnigen, von Felddüften durchwehten« Landhaus die Sommermonate verbringen werden. Dort erhalten sie einen weiteren Brief Margaritas, in dem sie schreibt, sie habe nun endlich erkannt, dass ihr nur die Liebe zweier, die Liebe zwischen Lidija und Wjatscheslaw, »heilig« sei. Lidija versucht sie nochmals von der Richtigkeit ihrer Idee zu überzeugen: »Niemand hat das Recht, dem Leben zu entsagen. Das Geschehene ist geschehen ...« und nichts kann mehr ungeschehen gemacht werden. »Er sagt oft: ›Wenn wir doch wieder zu zweit leben könnten.‹ (Wie im Jahr vor Gorodezki und Ihnen). Doch gleich darauf sagt er, dass er tiefste Sehnsucht nach dir empfindet. Und dies ist die Wahrheit. Du

Iwanow und Sinowjewa-Annibal mit Vera in Sagorje (1907)

musst kommen, hierher, geschehe, was geschehen soll. Hier entscheiden wir unser weiteres Schicksal.«[24]

Margarita reiste, auf dem Weg nach Koktebel zu ihrem Ehemann Max Woloschin, tatsächlich zu Sinowjewa-Annibal und Iwanow nach Sagorje. Lidija fand sie ihr gegenüber »zurückhaltender als früher«. Die letzten Worte Lidijas an Margarita waren: »Wollen wir weiterleben und dem Leben vertrauen.«[25]

Tatsächlich sollte sich das Schicksal Lidija Sinowjewa-Annibals auf dem Landsitz in Sagorje entscheiden. In einem nahe gelegenen Dorf war eine Scharlach-Epidemie ausgebrochen und Lidija Sinowjewa-Annibal half bei der Krankenpflege. Sie erkrankte ebenfalls und starb, zweiundvierzigjährig, kurz vor der geplanten Rückkehr nach St. Petersburg innerhalb von sieben Tagen am 22. Oktober 1907.

Mit dem Tod Sinowjewa-Annibals ist die Geschichte der Verbindung Dreier allerdings noch nicht ganz zu Ende. »Lange Jahre waren notwendig, bis sie ganz von uns ging«, schreibt ihre Tochter Lidija in ihren Erinnerungen.[26] Iwanow stilisiert Lidijas Tod zu einem mystischen Ereignis, durch das er sich mit ihr für alle Ewigkeit vermählt. Das Leben aber geht weiter seinen unaufhaltsamen Gang. Iwanow kehrt nach Petersburg zurück und lebt einige Jahre noch im *Turm*, die Jours fixes an den *Mittwochabenden* werden nach Lidijas Tod zunächst nicht mehr weitergeführt, später aber wieder aufgenommen.

Was nun in Petersburg vor sich geht, wird bald in einem handfesten Skandal enden. Schon bei ihrem Besuch in Sagorje, kurz vor Lidijas Tod, hatte Margarita Sabaschnikowa das Gefühl, dass die älteste Tochter Lidijas aus ihrer ersten Ehe mit Konstantin Schwarsalon, die damals kaum achtzehnjährige Vera Konstantinowna Schwarsalon (1891–1920), »dieses blonde, schöne Mädchen«, nun die Dritte im Bunde war.[27] Und auch Lidija schreibt in einem Brief aus Sagorje an den Verleger Sjunnerberg: »Wir verlebten hier einen zwar nicht fruchtbaren, so doch sehr ›tiefen‹ Sommer, der so sehr an unser italienisches Exil erinnert, von dem ich Ihnen erzählte. Und es wird schwer, unseren Terem hier zu verlassen ..., wo wir zuerst zu zweit und nun mit meiner ältesten Tochter leben, mit der uns eine besondere verliebte Freundschaft verbindet.«[28]

Dass eine Beziehung zwischen Iwanow und seiner Stieftochter noch zu Lebzeiten Sinowjewa-Annibals begann, lässt sich auch aus einem Brief Lidijas an ihre Tochter schließen. Der Brief ist in freien Versen verfasst und eine Metapher für die Befürchtungen Sinowjewa-Annibals:
»Mein liebes Mädchen,
Ich werde davon sprechen, was ich die letzten Tage gedacht habe
und was mein ganzes Wesen erfüllt und beunruhigt.
In einem Brief dies darzulegen ist nicht ganz einfach

und ich beginne von weitem, um Dich ganz behutsam
in meine Seele – diesen Schatz und Heilige allen Heiligens –
hineinzuführen,
wohin bis jetzt noch niemand Zugang hatte.
...
Ich zeige Dir den Gott,
den ich verehre.
Du wirst, mein Engel, rein, wie
der Schein ferner und wunderbarer Sterne,
zum Altar gehen.
Wirst gehen und nicht bemerken, wie Deine Hand
den Kelch ergreift.
...
Du nimmst den Kelch, ... hebst ihn an die Lippen,
trinkst ihn leer bis auf den Grund, gierig und schmachtend, bis auf den letzten Tropfen und
Du wirst den Göttern gleich sein oder Du wirst vergiftet sein, ein Jahrhundert lang, und
wirst leben, wie alle, die vom Baum der Erkenntnis
von Gut und Böse aßen.«[29]

Nach Lidijas Tod versucht Iwanow, die Idee der »Verbindung Dreier« durch die mystisch begründete Verbindung zu seiner Stieftochter Vera fortzusetzen. Doch während die Beziehung zu Vera für Iwanow vor allem die Fortsetzung seiner Liebe zu Lidija war – »... ich sehe in ihr das Antlitz und den Widerschein meiner geliebten zweiten Frau, ihrer Mutter, Lidija Dmitrijewna ...«[30] – scheint Vera so sehr zu leiden, dass sie sich in eine Verliebtheit in den (offen homosexuellen) Michail Kusmin flüchtet, der zu jener Zeit bei Iwanow im *Turm* lebt. Ihr Tagebuch ist voller Feindseligkeit ihrer Mutter gegenüber, in deren Sinne zu leben sie sich gezwungen, aber zugleich außerstande sieht, wie ein Eintrag in ihrem Tagebuch vom April 1909 verdeutlicht: »Wie oft begann ich zu denken, wenn ich meine Liebe zu Mutter leidenschaftlich empfand, dass ich sie tatsächlich nicht mehr liebe, dass ich mich selbst nur zu überzeugen suche, dass ich sie liebe und so das dunkle, unbegreifliche Gefühl einer Feindseligkeit ihr gegenüber zu ersticken.«[31]

Als Vera 1912 schwanger wird, können die beiden ihr Verhältnis nicht mehr verbergen. Aus Gründen der gesellschaftlichen Moral sieht sich Iwanow zunächst außerstande, Vera selbst zu heiraten, und bittet deshalb seinen Freund Michail Kusmin um eine Scheinheirat. Dieser lehnt empört ab, bricht mit Iwanow und beginnt öffentlich von »Blutschande« zu reden. Daraufhin wird Kusmin von Veras Bruder Sergei Schwarsalon zum Duell gefordert, dem er sich jedoch nicht stellt. Iwanow und Vera fliehen vor der öffentlichen Schande in die Schweiz, wo Vera ihr Kind zur Welt bringt. Nach Veras Tod im Jahr 1920 wird Iwanow nicht wieder heiraten. Er selbst überlebt Lidija um mehr als vierzig Jahre und stirbt 1949 in Rom.

Verratene Liebe

Cherubina de Gabriak und ihr Spiel mit dem Publikum

Im September 1909 erhält der Herausgeber der in der Literatur des Silbernen Zeitalters tonangebenden Zeitschrift *Apollon*, Sergei Makowski (1878–1962), einen Brief, dem einige Gedichte einer unbekannten Dichterin mit Namen Cherubina de Gabriak beigelegt sind. Der Brief ist in Französisch verfasst und auf einem elegantem Briefbogen mit eindrucksvollem Trauerrand geschrieben. Makowski verfasst auf der Stelle eine sehr schmeichelhafte Antwort, auch in Französisch, in der er die angehende Dichterin bittet, alles, was sie bisher geschrieben habe, an ihn zu schicken. Darauf folgt ein Telefonanruf der Dichterin. »Ihre Stimme war unvergleichlich«, erinnert sich Makowski, »noch nie hatte ich eine solch berückende Stimme gehört. Nicht weniger anziehend war die etwas nachlässige, gehauchte Art des Sprechens.«[1] So beginnt eine der phantastischsten der *Petersburger Erzählungen*, die berühmteste literarische Mystifikation des Silbernen Zeitalters.

Cherubina ist ein »Kind der Liebe« und erblickt in Koktebel das Licht der Welt. Der Dichter und Maler Maximilian Woloschin (1877–1932) hatte das am Ufer des Schwarzen Meeres gelegene Koktebel, das »kimmerische Athen«, »entdeckt« und sich 1903 dort niedergelassen. In jenem öden, freudlosen Land der Kimmerier, das am Eingang des Totenreichs lag, lebten der Legende nach in fernen Zeiten die Amazonen, hier fand Woloschin den einzigen Ort, »an dem es einem Dichter zu leben geziemt«, und baute sein Haus direkt an der Bucht Koktebels. Ganz dem Meer, dem Osten zugewandt, geräumig, bizarr, an ein Schiff erinnernd, wird das Haus mit seinen vielen Zimmern und Treppen bald zum Wallfahrtsort der Künstler und Literaten, hier waren Marina Zwetajewa, Ossip Mandelstam, Nikolai Gumiljow, Aleksei Tolstoj und viele andere zu Gast. Der spielerisch entspannten Atmosphäre des Hauses entsprangen Verliebtheiten und Leidenschaften.

Einige Monate vor dem Erscheinen Cherubina de Gabriaks war der Dichter Nikolai Gumiljow (1886–1921) mit der jungen Autorin Jelisaweta

Dmitrijewa (1887–1928) zu Gast bei Woloschin gewesen.

Sergei Makowski (1909)

»Dem Schicksal gefiel es, uns drei zusammenzuführen: ihn, mich und M.A. [Maximilian Alexandrowitsch Woloschin] – denn die größte Liebe meines Lebens, die unerreichbarste, das war Max. ... Als ich erfuhr, dass M. A. mich liebt, schon sehr lange liebt, stürmte alles in mir zu ihm, und ich verbarg es nicht vor ihm.«[2]

Gumiljow nahm die Niederlage in der Liebe ungerührt hin. Wie Aleksei Tolstoj berichtet, beschäftigte er sich in den verbliebenen Tagen ausgiebig mit der Jagd auf Taranteln, mit denen er Wettrennen veranstaltete. Später schloss er sich in seinem Dachzimmer ein und schrieb das berühmt gewordene Poem *Kapitäne*. Dann entließ er die Spinnen aus ihren Streichholzschachteln und reiste ab.

Woloschin erzählt, dass er und Lilja, wie Dmitrijewa genannt wurde, einige ihrer Gedichte ausgewählt haben, und sie sich mit ihnen aufmachte in die Redaktion des *Apollon*. »Papa Mako, wie wir ihn nannten, war außergewöhnlich aristokratisch und elegant. Ich erinnere mich, dass er sich mit mir darüber beratschlagte, ob man nicht eine Regelung einführen solle, entsprechend derer die Mitarbeiter der Zeitschrift nur im Smoking in der Redaktion erscheinen sollten ... Lilja, bescheiden, wenig elegant und etwas hinkend, konnte seinen Ansprüchen natürlich nicht genügen und ihre Gedichte wurden abgewiesen.«[3] So verfiel Woloschin auf die Idee, für die Dichterin ein besonderes, auffälliges Pseudonym zu erfinden und unter diesem erneut einige Gedichte an den *Apollon* zu schicken. Es ist jedoch nicht überliefert, ob Dmitrijewa zuvor tatsächlich in der Redaktion gewesen ist und ob Makowski sie zu Gesicht bekommen hatte. Durchaus möglich ist aber auch, dass Woloschin a priori davon überzeugt war, dass die bescheidene Lilja den Ansprüchen des Ästheten Makowski nicht genügen würde und so entschied, dass es sich nicht lohne, ihn mit ihren Gedichten zu belästigen. Die widersprüchlichen Erinnerungen derer, die Beteiligte und Zeugen dieser Geschichte waren, die zahlreichen Gerüchte und Halbwahrheiten, die um diese Mystifikation existieren, haben auch um Jelisaweta Dmitrijewa eine Legende entstehen lassen. Die Geschichte von der bescheidenen und wenig anschaulichen Dichterin, die dem Ästheten und Herausgeber Makowski zum Opfer fiel, was Anstoß gewesen sei für das Erscheinen Cherubinas, ist untrennbar mit dieser Legende verbunden.

Woloschin war bekannt als unübertroffener Meister des Spiels und der Mystifikation, die als eine Form des *Lebenskunstwerks* in jenen Jahren überaus populär war. Ein Werk von einer vermeintlich anderen Person verlieh die Möglichkeit, in sich ganz neue schöpferische Qualitäten entdecken zu können. Der Führer der Moskauer Symbolisten, Waleri Brjussow, veröffentlichte einen Gedichtband unter dem Namen einer erdachten Dichterin Nelli, Wladislaw Chodassewitsch wählte für sich das Pseudonym Jelisaweta Maksejewa, um nur zwei zu nennen. Doch in den genannten Fällen ging es um bereits bekannte und anerkannte Autoren. Bei Auflösung des Rätsels drohte ihnen keine Gefahr, im Gegenteil, die Mystifikationen machten sie in den Augen des Publikums nur noch interessanter. Bei Dmitrijewa jedoch lag die Sache anders. Sie ging ein gefährliches Spiel ein, denn das Risiko war, dass das Publikum der jungen Dichterin die Täuschung nicht verzeihen würde. Das reale Antlitz der Dichterin, die realen Züge ihrer Persönlichkeit hinter der Legende zu erkennen, kann die Antwort auf die Frage sein, warum sie sich auf dieses gewagte Experiment einließ. Sollte dies denn tatsächlich ihre einzige Chance gewesen sein, sich dem Publikum vorzustellen, wie Woloschin glauben machen will? Und warum war der plötzlich aus dem Nichts auftauchenden Cherubina ein solcher Erfolg beschert?

»Menschen, die von der Krankheit erzogen wurden, sind ganz besondere«,[4] sagt Dmitrijewa über sich. Sie wuchs als Kind alleine auf, da sie die

Jüngste und oft krank war. Tuberkulose der Knochen und Lungen fesselte das Mädchen lange Jahre ans Bett, manchen Monat lag sie gar ganz ohne Bewusstsein. Von ihrer Krankheit blieb ihr zeit ihres Lebens das schon erwähnte Hinken. Das Spiel mit anderen Kindern ersetzten ihr die Bücher und das »Gespräch« mit deren Helden. Die Erinnerung an ein in den Jahren der Pubertät erfahrenes mystisches Erlebnis weckte in ihr das Interesse für die Geheimwissenschaften.

Im Jahr 1904 tritt Dmitrijewa in das *Pädagogische Institut für Frauen* ein und studiert dort mittelalterliche Geschichte und französische Literatur des Mittelalters. In dieser Zeit entstehen ihre ersten Gedichte. 1907 begibt sie sich zum Studium an der Sorbonne nach Paris, wo sie Nikolai Gumiljow kennen lernt, auch er ein junger Dichter. »Er war noch ganz Junge, blass, ein finsteres Gesicht, eine lispelnde Art zu sprechen, in den Händen hielt er eine kleine Schlange aus blauen Perlen.«[5] Für beide ist dies eine wichtige Begegnung.

Nach Abschluss des Instituts 1908 wird Dmitrijewa Lehrerin der Vorbereitungsklasse eines Mädchengymnasiums. Sie nimmt aktiv am kulturellen Leben Petersburgs teil und ist regelmäßige Besucherin der Versammlungen im *Turm*. Einen großen Einfluss auf die Entwicklung ihrer Persönlichkeit hat ihre Freundschaft mit dem bekannten Dichter Maximilian Woloschin, der zu ihrem Lehrer wird. Im Jahr 1909 begegnet sie in Petersburg zum zweiten Mal Gumiljow, »und da begriffen wir beide sofort mit einer unerbittlichen Gewalt, dass dies ›die Begegnung‹ ist, der wir uns nicht entziehen können. Es war eine junge, klangvolle Leidenschaft.« Sie nannte ihn Gummi, er nannte sie Lilja, was seinen Worten zufolge wie ein ›silbernes Glöckchen‹ klinge. »Wir begannen, uns oft zu treffen und waren jeden Tag zusammen und nur füreinander da. Wir schrieben Gedichte, besuchten den *Turm* und kehrten in der Morgendämmerung der erwachenden Stadt, die im grau-rosafarbenen Licht lag, zurück. Viele Male bat Nikolai Stepanowitsch [Gumiljow] mich, ihn zu heiraten, niemals willigte ich ein; in jener Zeit war ich die Braut eines anderen, war gebunden durch Mitgefühl für die große, mir nicht begreifliche Liebe.«[6]

Die Freundschaft zu Gumiljow gestaltet sich daher nicht einfach. »Nikolai Stepanowitsch füllte mein Leben nicht ganz aus. – Und darüber hinaus: In ihm war ein eiserner Wille, der Wunsch, sogar in der Liebe zu

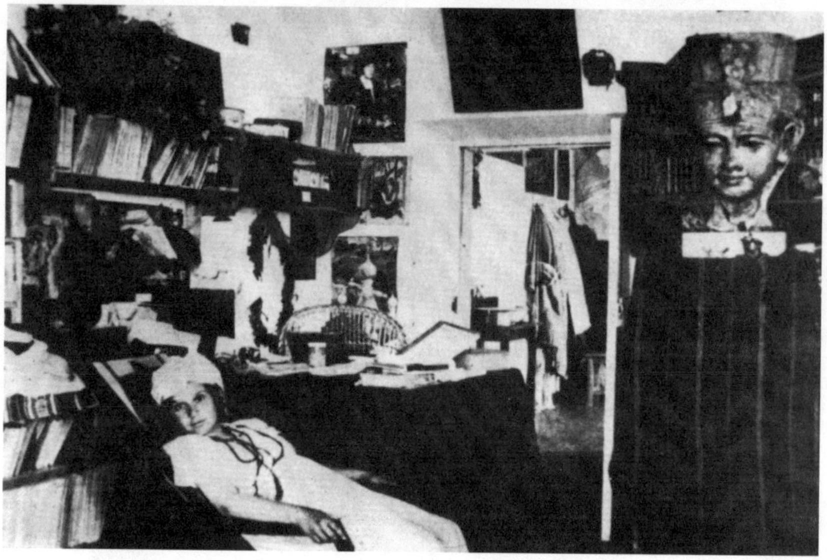

Jelisaweta Dmitrijewa bzw. Cherubina de Gabriak in Koktebel (1909)

unterwerfen, und ich war sehr eigensinnig, wollte ihn quälen. Tatsächlich liebte er mich mehr als ich ihn.« Im Mai reisen die beiden gemeinsam nach Koktebel. »In Koktebel hat sich dann alles verändert«, setzt die Dichterin ihre *Beichte* fort. »Hier begann, weswegen ich ganz besonders schuldig vor Nikolai Stepanowitsch geworden bin.« Woloschin drängte sie, zwischen ihm und seinem Nebenbuhler Gumiljow zu entscheiden. »Die Entscheidung war schon getroffen, doch Nikolai Stepanowitsch blieb trotz allem für mich eine wohlriechende, scharlachrote Nelke. Mir schien die ganze Zeit: Ich will beide, warum mich entscheiden?«[7]

In eben jene Zeit fallen die ersten Bemühungen Dmitrijewas um Veröffentlichung, zunächst als Übersetzerin. Aber auch der Wunsch, Gedichte zu publizieren, wächst in ihr. Zu Beginn des 20. Jahrhunderts tritt eine große Zahl von Dichterinnen vor das Publikum, und damit wächst auch dessen Interesse an Werken von Frauen. Die fortschrittliche Kritik begrüßt diese Entwicklung, es ist eine gute Zeit für junge Dichterinnen. Und doch ist es zweifellos auch so, dass einer Dichterin die Förderung durch eine in der literarischen Welt bereits anerkannte Persönlichkeit den Weg durchaus ebnen konnte, wie bei Sinowjewa-Annibal durch Iwanow und bei Gippius durch Mereshkowski. Nicht zu unterschätzen ist die äußerliche Ausstrahlung, ebenso spielt die Herkunft eine nicht unerhebliche Rolle. Davon handelt zum Beispiel der Aufsatz von Wlas Doroschewitsch aus dem Jahr 1906 mit dem Titel *Die Schriftstellerin. Aus den Erinnerungen eines Lektors*, in dem von einer nicht mehr allzu jungen Schriftstellerin erzählt wird, schlecht gekleidet und von nicht gerade beneidenswertem Äußeren, die nach erfolglosen Versuchen, ihre Gedichte in den Redaktionen unterzubringen, ein gutaussehendes Hausmädchen bat, unter ihrem Namen mit ihren Werken, die zuvor abgelehnt worden waren, in denselben Redaktionen vorstellig zu werden. Die Redakteure nehmen die liebreizende, talentierte junge Dame mit großer Begeisterung auf.

Es ist also nur verständlich, dass die Zeitgenossen der Version Woloschins von der »hässlichen«, »bescheidenen« Lehrerin, die ein Opfer der Willkür des Ästheten Makowski geworden sei, als Anlass für die Geburt der von ihm und Dmitrijewa erdachten Mystifikation nur allzu gern Glauben schenkten. Von dieser Darstellung geht auch Marina Zwetajewa in ihren Betrachtungen über Cherubina aus, die Einzelheiten dieser Legende von dem von ihr vergötterten Max erfahren hatte und diesem ohne Einschränkung glaubte. »Sollte Jelisaweta Iwanowna Dmitrijewa morgen ihre Gedichte drucken und der ganze *Apollon* sich in sie verlieben und sollte sie morgen persönlich auf die Redaktion kommen – so wie sie ist, hinkend, mit Mütze und Muff –, fühlte der ganze *Apollon* sich betrogen und würde sie nicht nur fallenlassen, sondern sie hassen.«[8]

Die übertriebene Hässlichkeit macht einen großen Teil des Mythos um Dmitrijewa aus. Laut Woloschin war sie aufgrund ihrer Gehbehinderung »von Kind auf daran gewöhnt, sich für einen Krüppel zu halten«. Jedoch klingt weder in ihren Erinnerungen, in denen die Eindrücke der Kindheit einen wichtigen Platz einnehmen, noch in ihren Briefen das Thema des Gefühls der Minderwertigkeit aufgrund ihrer körperlichen Behinderung an. Den Photographien nach zu urteilen, war sie nicht unansehnlich, obwohl sie sich auch nicht durch eine besondere Schönheit auszeichnete.

Die Berichte ihrer Zeitgenossen jedoch lassen darauf schließen, dass das Fehlen einer besonderen äußeren Schönheit durch einnehmenden Charme wettgemacht wurde: »Nein, schön war sie nicht, aber sehr apart, und das Fluidum, das von ihr ausging, würde man heute vermutlich als ›sexy‹ bezeichnen. Es lag im Augenaufschlag, im Vibrieren der Nasenflügel, im langsamen Wiegen der runden Schultern, vor allem aber in der Stimme. Man konnte nicht an ihr vorbeisehen«, so erinnert sich der Dichter und Übersetzer Johannes von Guenther an sie, eines der Redaktionsmitglieder des *Apollon*, der für einige Zeit die Vertrauensperson der Dichterin war.[9] Vera Schwarsalon, die Tochter Sinowjewa-Annibals aus erster Ehe, hebt Dmitrijewa aus allen damaligen Besuchern des *Turm* als »wahre Frau« hervor, die es vermögen könne, den Dichter Michail Kusmin zu umgarnen, in den Vera selbst zu jener Zeit verliebt war. In Dmitrijewa waren zwei der führenden Vertreter der literarischen Welt Petersburgs jener Jahre ernsthaft verliebt, Gumiljow und Woloschin, beide besangen sie in ihren Gedichten.

Das Bild von dem bescheidenen »Schulmädchen« will also nicht unbedingt zu ihrer Person passen. Überaus gebildet, beherrschte sie mehrere Sprachen fließend, sorgte selbstständig für ihren Lebensunterhalt, ging, dem Ruf der Liebe folgend, mutig nichteheliche Verhältnisse ein, womit sie die Regeln der öffentlichen Moral brach, und entsprach so in vielem dem Bild von der »neuen Frau«, die den »Schlüssel zum Glück« selbstbewusst in den eigenen Händen hält. »Woher nur kommt dieses Bild der bescheidenen Lehrerin?«, wunderte sich Anna Achmatowa, »Dmitrijewa war bereits in Paris, glänzte in Koktebel, beschäftigte sich mit provençalischer Poesie ...«

Es scheint also, dass der realen Dmitrijewa alle Möglichkeiten für ein erfolgreiches Debüt offen standen. Wie bereits erwähnt, ist die Nachfrage nach weiblichem Schaffen in jenen Jahren groß, darüber hinaus hätten Gumiljow oder Woloschin die Dichterin bei ihren ersten Veröffentlichungen unterstützen können. Beide gehörten der Redaktion des *Apollon* an und besaßen einen nicht geringen Einfluss auf Sergei Makowski. Es ist bekannt, dass Gumiljow angeboten hat, ihre Gedichte in der Redaktion vorzulegen. Doch trotz allem geht Dmitrijewa auf den Vorschlag der Mystifikation ein. Möglicherweise hat Woloschin selbst an die Version geglaubt, dass es der »uneleganten«, »hinkenden« Lilja schwer fallen werde, ihre Gedichte unterzubringen.

Hinter diesen Überlegungen stehen zweifellos noch schwerwiegendere Gründe. Er war der Überzeugung, dass das poetische Werk sich auf Mythenbildung gründe, die dem kindlichen Spiel ähnlich sei: »Für das Spiel ist es unerlässlich, dass durch die Worte ›Lass uns spielen‹ sich die Welt verändert.« Das Spiel »Cherubina« sollte den Mythos in Leben verwandeln. Die Schöpfung erdachter Poeten beschäftigte Woloschin außerordentlich, wobei er die Koautorschaft bei ähnlichen Mystifikationen ausschließlich Frauen anbot. »Denn ebenso wie das weibliche Wesen in der körperlichen Sphäre vom männlichen befruchtet wird, soll das männliche Element im geistigen Bereich vom weiblichen befruchtet werden, um selbst im Schöpferischen hervorzutreten. Hier liegt die Bedeutung der Frau als Muse im Leben eines jeden Künstlers«, führt er aus und bekräftigt damit einen Mythos des Silbernen Zeitalters über die Rolle des weiblichen Elements beim schöpferischen Akt. Die Mystifikation mit einer Frau als Koautorin gibt ihm die Möglichkeit zur Verwirklichung dieser Idee. Als er Dmitrijewa zu diesem gewagten Spiel »verführt«, denkt er nicht eine Minute darüber nach, dass dieses Spiel sich vernichtend auf die weitere Karriere der jungen Dichterin auswirken kann. Zwetajewa erinnert sich, dass Woloschin auch ihr, einige Jahre nach der Mystifikation mit Cherubina, angeboten habe, zusammen gleich mehrere Dichtermystifikationen zu erfinden. Während Dmitrijewa zustimmte, lehnte Zwetajewa ab. Dmitrijewa vertraute Max, dem Lehrer, blind und war von seinen Ideen begeistert. Darüber hinaus schien es ihr verführerisch, sich selbst unter einem ganz anderen lyrischen Ich zu erproben, einen eigenen Mythos zu erschaffen.

Zunächst einmal aber musste ein ausgefallenes Pseudonym für sie gefunden werden. »Gabriak war der in Koktebel gefundene Meeresteufel ... Er war ein von den Wellen abgeschliffenes Stück einer Weinrebe, mit einem Arm, einem Bein, hatte ein Hundegesicht mit gutmütigem Gesichtsausdruck ... Wir kamen auf den Namen ›Gabriach‹. Das war der Dämon, der vor den bösen Geistern beschützt. Eine solche Rolle passte zum gutmütigen Gesicht unseres Teufels.«[10] Im Vornamen Cherubina klingt »Cherubim« an.

Die erdachte Dichterin war also eine recht eklektische Figur. In dem von ihr gezeichneten Bild erkennt man eine ganze Reihe literarischer Personen aus Werken der russischen und westeuropäischen Literatur, die das Interesse der tonangebenden Ästheten fesselte. So tauchte am Horizont des literarischen Petersburg plötzlich die rätselhafte junge Dichterin Cherubina de Gabriak auf, nach allem, was man von ihr hörte, von bezauberndem Aussehen.

»Mit meinem königlichen Traum / wandere ich allein durch die Welt. / Mit meiner Verachtung für das Erdenleben, / mit meiner bitteren Schönheit.«

Man erzählte, sie sei zur Hälfte Französin, entstamme einem alten und wohlhabenden Geschlecht, sei in einem katholischen Kloster in Toledo erzogen worden und stünde kurz vor der Weihe zur Nonne. Nach dem Willen des despotischen Vaters führe sie ein zurückgezogenes Leben, der einzige Ort, den Cherubina besuche, sich auch hier jedoch der Öffentlichkeit nicht zeige, sei die Kirche, in der sie an den Sonntagen singe.

Woloschin kannte Geschmack und Vorlieben seiner Mitbrüder im *Apollon* und alles verlief nach Wunsch. »Uns gelang eine außergewöhnliche Sache – nämlich dem Manne eine solche Frau zu erschaffen, die die Verkörperung seines Ideals war, ihn zugleich jedoch nicht enttäuschen konnte, da diese Frau ein Phantom war.«[11] Später war selbst Makowski gezwungen einzugestehen: »... niemals zuvor, so schien es, hatte eine Frau sich so sehr mit meiner Vorstellung von einer Frau vereinen lassen.«[12]

Die »erschaffene Frau« verkörperte nicht nur den Traum des Ästheten Makowski, sondern zugleich den kollektiven symbolistischen Mythos der Frau. Nicht zufällig ist die Reaktion Wjatscheslaw Iwanows auf die Erscheinung Cherubinas: »Ich schätze die Gedichte Cherubinas sehr. Sie zeugen von großer Begabung. Sollte dies jedoch eine Mystifikation sein, so ist sie genial.«[13]

Cherubina erschien, hinter Schleier und Geheimnis verborgen, ganz wie die *Unbekannte* des Dichters Alexander Blok. Es schien, als ob der Mythos Wirklichkeit werde, als ob sich hinter ihrem dunklen Schleier das Antlitz der »Schönen Dame« verberge, die den Symbolisten als Personifikation des Ewigweiblichen galt. So wird das fast sakrale Entzücken, mit dem die Redaktion des *Apollon* ihre Erscheinung aufnahm, verständlich. »Alle in der Redaktion verliebten sich Hals über Kopf in sie«, erinnert sich Makowski. »Niemand zweifelte an ihrer Aufsehen erregenden Schönheit ... Es darf nicht vergessen werden, dass Cherubina von den *Liedern an die Schöne Dame* Bloks, die unser aller Herzen ergriffen hatten, nur drei, vier Jahre trennten: Die Zeit war durchdrungen von Romantik.«[14] Jeder wollte der Ritter jener nun erschienenen schönen Dame sein, ihr dienen, sie aus der Gefangenschaft, in der der gestrenge Vater sie hielt, befreien. Bald schon redeten nicht nur die Redakteure des *Apollon*, sondern alle Dichter Petersburgs von »der exotischen Schönen«, deren Gedichte nach den Worten Johannes von Guenthers »von einer seltsamen feinen Trauer, die ins Blut griff«, waren.

Maximilian Woloschin in Koktebel (1909)

In Cherubinas Person und Gedichten verwendeten ihre Schöpfer überaus verlockende, exotische Motive und Sujets. Nicht nur ihre seltene Schönheit beeindruckte die Vorstellungskraft, sondern auch ihre romanische und aristokratische Herkunft und nicht zuletzt ihr unermesslicher Reichtum. »Wir haben Cherubina zu einer leidenschaftlichen Katholikin gemacht, da dieses Thema in Petersburg damals noch nicht verwendet worden war«, erklärt Woloschin.[15] In ihren Gedichten erzählt

Cherubina vom Spanien in der Zeit der Inquisition, vom Rittertum, von ihrer Schönheit, bedingungsloser Religiösität und geistigen Seelenschmerzen. Der Heldin ihrer Gedichte gelingt es nicht, den Verführungen durch den Teufel zu widerstehen. Sie liebt Christus mit unrechtmäßig leidenschaftlicher Liebe, sie ist nicht nur die »Schöne Dame« sondern auch die »Schwarze Dame«. In ihrer Person vereinigt sich, ebenso wie im Namen Cherubina de Gabriak, Heiliges und Satanisches. Sie ist eine Engelsteufelin. Da niemand jemals Cherubina zu Gesicht bekommen hatte, war es für die Leser schwierig, zwischen Autorin und lyrischer Heldin zu trennen. War die Dichterin selbst tatsächlich von einer solchen Schönheit? Liebte sie selbst Christus mit einer ganz irdischen Liebe? Diese feine Grenze zwischen der Autorin Cherubina und dem lyrischen Ich ihrer Gedichte, die Schwierigkeit, ihr Geheimnis zu entschlüsseln, machten sie nur noch einzigartiger.

Die Kritiker der Moderne heißen in Cherubina die »Dichterin der Zukunft« willkommen. Die konservative Kritik ist entrüstet. Besonders stören diese in Cherubinas Gedichten ihre »Selbstverliebtheit«, das Fehlen der »weiblichen Bescheidenheit«. Einen solchen Egozentrismus habe sich, so das einstimmige Urteil, bisher nur die Malerin Marija Baschkirzewa erlaubt. Und auch die offene Sinnlichkeit in den Gedichten schockierte sie. »Liebe mich! Ich bin dir in allem nahe. / O, gib meiner Liebeskrankheit nach, / Ich bin wie die Mandel, bitter und tödlich, / Zärtlicher als der Tod, trügerischer und bitterer.«

Doch eben jene Züge Cherubinas, über die die Konservativen sich so empörten, machten sie zur »neuen Dichterin«. In ihr erkannte sich die junge Generation von Dichterinnen wieder, zu deren Idol jene Baschkirzewa geworden war, mit der man sie verglich. Marina Zwetajewa ist entzückt von den Versen Cherubinas: »Ich hasse, wenn mondäne Visagen / Aussehen wie schamlose Orchideen!« und bemerkt dazu: »Das Bild könnte von Achmatowa stammen, der heftige Ton von mir.«[16] Der im konservativen Lager verdammte Egozentrismus ist für die neue Dichterinnengeneration die »zauberhafte Schöpfung des eigenen Ich« und die grenzenlose Leidenschaft wird wahrgenommen als freimütiger Ausdruck eigenen Liebesleides und eigener Wünsche.

Die Telefon- und Briefbeziehung zwischen Cherubina und Makowski dauert an. Makowski bittet um ein Treffen. Die Mitglieder der Redaktion verfolgen ihre Spuren. Dmitrijewa spielt die Rolle derer, die Cherubina von ganzem Herzen hasst, ja sie schreibt gar selbst Parodien auf die Gedichte Cherubinas, die in den literarischen Kreisen großen Erfolg haben. Cherubina wird zu einer »Epoche« im literarischen Leben Petersburgs und zu einer kurzen, glücklichen Epoche im Leben Woloschins und Dmitrijewas.

Inzwischen beginnt in der literarische Welt die Verbreitung von Gerüchten, dass die plötzliche Erscheinung der geheimnisvollen Cherubina nach Mystifikation rieche. Wo versteckt sich diese Cherubina? Und wer ist sie überhaupt? Manch einer verdächtigt Makowski selbst, Initiator dieser Mystifikation zu sein. Für Dmitrijewa selbst wird ihr Geheimnis immer unerträglicher. In den Wogen ihres Erfolges zu baden, war für sie unaussprechlich angenehm und schmeichelte ihrem Selbstbewusstsein, doch die Gespaltenheit ihrer Person und die ständige Kontrolle über sich selbst, aus Angst, sich zu offenbaren, setzten ihr zu. »Lilja, die immer Angst vor Erscheinungen hatte, war bestürzt. Ihr schien ohne Unterlass, dass ihr die lebendige Cherubina über den Weg laufe, die sie um eine Antwort bitte.«[17] Gespaltenheit und Zerrissenheit sind häufige Themen der Gedichte. Dmitrijewa ersehnt die Begegnung mit ihrer Doppelgängerin und fürchtet sie zugleich.

Der Moment, an dem Cherubina entweder sich dem des Wartens müden Publikum zeigen oder auf immer verschwinden musste, rückt näher. Cherubina schickt Makowski ein letztes Gedicht. Es endet mit den Zeilen: »Armer Ritter! Eine Lösung gibt es nicht, / Ich entschwinde unsichtbar in die Ferne ... / Sie hielten in Ihrem Handschuh / Nur den Saum meines Schleiers.«

Doch es gelingt Woloschin und Dmitrijewa nicht, selbst dem Publikum des Rätsels Lösung zu eröffnen. Der Dichter Michail Kusmin kam ihnen zuvor. Laut Johannes von Guenther geschah dies auf folgende Weise: Eines schönen Tages offenbarte Dmitrijewa sich ihrem Vertrauten von Guenther, der, wenn man seinem Bericht Glauben schenken will, ihr Geheimnis für sich behält. Michail Kusmin habe nun von Guenther gegenüber angedeutet, er wisse, dass hinter Cherubina Dmitrijewa stecke. Und von Guenther blieb da nichts anderes übrig, als dies zu bestätigen. Gemeinsam entscheiden sie, Dmitrijewa zu überzeugen, sich Makowski gegenüber zu erkennen zu geben. Doch Kusmin hält sich nicht an die Absprache mit von Guenther und gibt Makowski das Geheimnis preis. Von Guenther schreibt: »Die Fieberkurven dieser auch heute noch unvergessenen Sensation sind von manchen, weil persönliche Motive mitsprachen, nicht ganz richtig aufgezeichnet worden«, und scheint dabei selbst keine Ausnahme zu sein.[18]

Einer anderen Version zufolge war nämlich das Verhalten von Guenthers keineswegs so tadellos, wie er selbst es darstellt, und es wird berichtet, dass er selbst Kusmin gegenüber das ihm anvertraute Geheimnis ausgeplaudert habe. Kusmin habe daraufhin Sergei Makowski die Telefonnummer verraten, die Dmitrijewa als Cherubina für ihre Gespräche mit dem letzteren benutzte. Makowski habe dort angerufen und die so gut bekannte und verehrte Stimme von Cherubina-Dmitrijewa gleich erkannt. »Die Stimme, mit der sie mir antwortete, war die eines zu Tode verwundeten Tieres«, erinnert sich Makowski. »Mit einem Stöhnen quälte sie hervor: ›Sie? Wer hat es Ihnen gesagt?‹«[19] Die Reaktion der Dmitrijewa ist auch dadurch verständlich, dass sie sich während ihrer Telefon- und Briefbeziehung ein wenig in Makowski verliebt hatte.

Die Geschichte Cherubinas ist gleichzeitig die Geschichte der Verbindungen zwischen Jelisaweta Dmitrijewa, Nikolai Gumiljow und Maximilian Woloschin. Das Ende der Mystifikation fällt zusammen mit dem für alle Beteiligten dramatischen Ende ihrer Beziehungen und hat dieses in großem Maße mit bedingt. Wie von Guenther schildert, habe Dmitrijewa ihm, der ein guter Freund Gumiljows war, gestanden, dass sie Gumiljow noch liebe. Von Guenther wollte ihr unbedingt helfen und arrangierte ein Rendezvous Dmitrijewas mit seinem Freund, bei dem Gumiljow seine ehemalige Geliebte in Anwesenheit von Guenthers und ihrer Freundin aufs tiefste verletzt.

Vielleicht aber ereignete sich auch alles so, wie es die Dichterin selbst in ihrer *Beichte* schildert: »Am Montag [den 16. November 1909] suchte mich von Guenther auf und berichtete mir, dass Nikolai Stepanowitsch im *Turm* über mich die wildesten Dinge erzähle. Ich bat Nikolai Stepanowitsch zu Lidija Pawlowna Brjullowa [jene Freundin der Dichterin], zugegen war auch von Guenther. Ich fragte Nikolai Stepanowitsch, ob er tatsächlich so etwas über mich erzähle. Er wiederholte es mir ins Gesicht. Ich verließ das Zimmer.«[20]

Bald darauf fand zwischen Woloschin und Gumiljow ein Duell statt. Glücklicherweise wurde keiner der beiden Rivalen verletzt. Die Zeitungen berichteten von dem »Duell der Dekadenten«, besonders machten sie sich darüber lustig, dass einer der beiden Duellanten eine Galosche im Schnee vergessen hatte. Kurz nach dem Duell reist Gumiljow nach Odessa, zu einer gewissen Anna Gorenko. Im Jahr darauf heiraten die beiden. Jene Anna Gorenko war keine geringere als die später unter dem Namen Anna Achmatowa berühmt gewordene Dichterin.

Jelisaweta Dmitrijewa bzw. Cherubina de Gabriak (1910er Jahre)

Die Offenbarung des Geheimnisses war jedoch nicht das Ende Cherubinas. Das breite Publikum wurde in des Rätsels Lösung noch nicht eingeweiht. Die Redaktion des *Apollon* setzte das Spiel mit dem Publikum fort, als sei nichts geschehen. Gegen Ende des Jahres 1910 erscheint noch einmal eine Auswahl von Gedichten Cherubinas, überaus prunkvoll gestaltet von Jewgeni Lanceray. In derselben Ausgabe ist auch, ganz bescheiden, ohne jegliche aufwendige Gestaltung, das Gedicht *Begegnung* unter dem echten Namen der Dichterin veröffentlicht.

Die Verehrer Cherubinas verziehen Dmitrijewa die Irreführung nicht. Für sie kam sie einem Liebesverrat gleich. Ihre Vergeltung war unerbittlich. Man behauptete, sie sei missgestaltet. Makowski hat dies in seinen Erinnerungen festgeschrieben: »Die Tür öffnete sich langsam, sehr langsam, wie mir schien, und ins Zimmer trat eine stark hinkende, kleinwüchsige, recht korpulente, schwarzhaarige Frau mit einem großen Kopf, einer übermäßig runden Stirn und einem auf gewisse Weise wahrhaft Furcht erregenden Mund, aus dem stoßzahnähnliche Zähne ragten. Sie war ungewöhnlich hässlich. Oder schien es mir nur so im Vergleich mit jenem Bild der Schönheit, dass ich mir in der ganzen Zeit gemacht hatte?«[21] So beschreibt er fünfzig Jahre später in seinen Erinnerungen *Porträts von Zeitgenossen* die erste Begegnung mit Dmitrijewa nach der Auflösung der Mystifikation. Die »Cherubinisten« nahmen Dmitrijewa die Attribute der Unbekannten, als ob sie selbst diese sich unrechtmäßig angeeignet habe. Was blieb, war der missgestaltete, einbeinige Teufel Gabriak.

In ihrer Wut gingen sie sogar noch weiter und versuchten, der »Hochstaplerin« die Autorschaft an den Gedichten Cherubinas abzusprechen. Leichthin äußerte Makowski, die Gedichte Cherubinas habe Woloschin verfasst. Dies wurde zum Gerücht, man war gar der Ansicht, Dmitrijewa selbst sei gar nicht in der Lage gewesen, solch schöne Gedichte zu schreiben. Es kam zu einem langen Streit über die Urheberschaft Dmitrijewas. Polemisch verteidigt Zwetajewa die Dichterin und damit auch die weibliche Autorschaft: »Oft, wenn ich ihren Namen nannte, bekam ich zu hören: ... ›Glauben Sie wirklich an diese Mystifikation? Das hat doch Woloschin geschrieben – unter einem weiblichen, äußerst unpassenden Pseudonym.‹ Es gibt keine gegensätzlicheren Verse als die von Woloschin und von Cherubina. Denn er, der im Leben so weiblich war, war in seiner Dichtung ganz männlich, das heißt Kopf und fünf Sinne, unter denen der Gesichtssinn dominierte. Ein Dichter-Maler und Dichter-Bildhauer, ein Dichter der Kontemplation, keineswegs aber ein Dichter der Seele. Er war ebenso wenig imstande, Cherubinas Gedichte zu schreiben, wie sie seine. Die Tatsache aber, dass sie sich kannten, dass einer von ihnen lange schrieb und veröffentlichte, der andere aber nicht, dass einer ein Mann war, der andere eine Frau, ... erweckte in den Leuten unweigerlich Zweifel an der Koexistenz von Dichter und Dichter, an der Gleichheit von Bekannt und Unbekannt, an der Irrelevanz von Männlich und Weiblich für den poetischen Ausdruck ... und schließlich Zweifel an der Souveränität des göttlichen Talents, das keinerlei Verbesserung, bloß der eigenen Erfahrung bedarf. ›Ich möchte schrecklich gern schreiben wie Cherubina, aber ich kann nicht‹ – so Woloschin über seine vermutete Autorschaft.«[22]

Die Entdeckung der Mystifikation und das Duell der beiden ihr am nächsten stehenden Menschen führten bei Dmitrijewa zu einer schweren seelischen und schöpferischen Krise. »Nach dem Duell war ich krank, fast am Rande des Wahnsinns«, gesteht die Dichterin. Die von der Beleidigung durch Gumiljow zugefügte Verletzung bleibt zeit ihres Lebens gegenwärtig. Das Ende Cherubinas war auch das Ende ihrer Liebesbeziehung zu Woloschin. Am 15. März 1910 schreibt sie in ihrem Abschiedsbrief an ihn: »Ich stehe an einer großen Wegeskreuzung. Ich ging von Dir fort. Ich werde nie mehr Gedichte schreiben ... Max, Du hast in mir für einen Augenblick eine schöpferische Kraft geweckt, mir diese sodann jedoch für immer genommen. So mögen denn meine Gedichte das Symbol meiner Liebe zu Dir sein.«

Dmitrijewa entsagt dem weiteren Weg als Dichterin. Ihr schien damals, dies sei für immer. Doch es gelingt ihr, die Krise zu überwinden. Sie gibt sich der Anthroposophie hin, für die sich zahlreiche ihrer Zeitgenossen wie Andrej Belyj, Maximilian Woloschin, Nikolai Berdjajew interessierten. Dmitrijewa verbringt einige Jahre bei Rudolf Steiner in der Schweiz und in Deutschland, während derer sie sich nur für kurze Besuche in Russland aufhält. 1913 wird sie die erste offizielle Vertreterin der Anthroposophischen Gesellschaft in Russland.

Im Jahr 1915 beginnt sie erneut, Gedichte zu schreiben. Nach der Revolution entdeckt sie ihr Talent als Kinderbuchautorin. Und doch war nach der Offenbarung ihres Pseudonyms jegliches Interesse an ihrem Werk verschwunden. Lange Zeit klebte der Ruf an ihr, eine zweitklassige Autorin zu sein, die es nur durch den Skandal in der literarischen Welt, der mit ihrem Namen verbunden ist, zu einer gewissen Bekanntheit gebracht habe. Für eine kurze Zeit war Dmitrijewa die »Heldin ihres Schicksals« gewesen und hatte aus ihrem Leben ein Poem gemacht. Dies führte sie nicht nur in ihre persönliche Tragödie, sondern kostete sie auch ihre literarische Karriere. Nicht zufällig bezeichnet Johannes von

Guenther das Erscheinen von Cherubina de Gabriak als »gefährliches Symbol für den sterbenden Symbolismus«: »Freilich bildete die damalige Zeit mit ihrer aufgeregten Verspieltheit und ihrer Neigung zur seelischen Maskerade«, so schreibt er, »einen besonders geeigneten Nährboden für solche leicht vergiftenden Orchideen. Menschenfressende Orchideen.«[23]

Das literarische Debüt

der »Königin der russischen Literatur«

Anna Achmatowa

»Die Mittwoch-Abende bei Wjatscheslaw Iwanow waren immer noch eine Art Zentrum des literarischen Lebens. Man forderte die Achmatowa auf, ihre Gedichte dort vorzulesen, und gleich beim zweiten Mal fand in Gegenwart des leicht sauertöpfisch dreinblickenden Gummi [Gumiljow] eine Art Ordensverleihung statt. Nachdem die Dichterin mit spröde zuckender Stimme ein kurzes, sehr schönes Liebesgedicht vorgelesen hatte, erhob sich Wjatscheslaw, ging auf sie zu und küßte ihr nicht ohne Feierlichkeit die Hand. Das bedeutete gewissermaßen den Ritterschlag. Die Anwesenden applaudierten. Es war eines der großen Ereignisse der *Baschnja*. Tags darauf wußten alle von dem nächtlichen Handkuß. Gumiljow faßte sich in der Formel, er habe sie ja bereits vor Jahren entdeckt.« So erinnert sich der Übersetzer Johannes von Guenther an die Geburt der »Königin der russischen Literatur«, an das literarische Debüt Anna Achmatowas (1889–1966) im Jahr 1911.[1]

Die Dichterin selbst, die in ihren *Autobiographischen Skizzen* den Leser warnt, dass zwanzig Prozent aller Memoiren sowieso Fälschung seien, verwahrt sich entschieden gegen diese Darstellung: »Alle, vor allem im Ausland, wollen, dass Wjatscheslaw Iwanow mich entdeckt hat. Wer der Vater dieser Legende ist, weiss ich nicht ... Tatsächlich aber war es so: Nach unserer Rückkehr aus Paris (im Sommer 1910) stellte Nikolai Stepanowitsch Gumiljow mich Wjatscheslaw Iwanow vor. Er fragte mich wirklich, ob ich Gedichte schreibe (wir waren zu dritt im Zimmer) und ich trug vor: ›Und als wir einander verfluchten ...‹ und noch etwas ... und Wjatscheslaw Iwanow verkündete sehr gleichgültig und ironisch: ›Welch reine Romantik!‹ Damals verstand ich seine Ironie nicht ganz. Im Herbst fuhr Gumiljow, nachdem er durch seine Rezension zu *Cor ardens* bei Iwanow auf ewig in Ungnade gefallen war, für ein halbes Jahr nach Afrika ... Wjatscheslaw lud mich zu den Montagabenden (damals nicht mehr Mittwochabende) ein. Dort habe ich tatsächlich einige Male Gedichte vorgetragen und er hat sie tatsächlich gelobt, doch haben alle sie damals schon gelobt.«[2]

Achmatowa hat sich im Laufe ihres langen Lebens – sie starb 1966 im Alter von 77 Jahren als die letzte Überlebende einer Epoche – in ihrer autobiographischen Prosa einige Male zu verschiedenen »Missverständnissen« in den von Zeitgenossen veröffentlichten Erinnerungen über sie Stellung genommen. Offensichtlich ist dabei immer die Leidenschaft, mit der sie das dort Berichtete zurückweist. Augenfällig ist auch ihr Bestreben, die Reputation eben jenes »Gummi«, ihres ersten Ehemanns Nikolai Stepanowitsch Gumiljow (1886–1921), gegen jeden Schatten, der »durch unwahre und höhnische Klatscherei ... auf das tragische Schicksal des Dichters fällt«, zu verteidigen: »... jene, die diesen Unsinn veröffentlicht haben, sollten sich schämen.«[3] Und doch berichten viele Zeitgenossen übereinstimmend die eine oder andere Episode, gegen die Achmatowa derart protestiert. Die Realität ist eben immer subjektiv. Vermutlich hatte die Achmatowa auch bestimmte Motive, die Lesart des Geschehens zu korrigieren, die – wenn sie ihr selbst denn klar waren – für uns heute im Dunkeln bleiben. Warum denn sollte das Gedächtnis der Achmatowa anders beschaffen sein, als das eines jeden Menschen, dass es, wie sie selbst schreibt, »... wie ein Scheinwerfer einzelne Momente beleuchtet und alles rundherum in undurchdringlichem Dunkel läßt.«[4] Kurz: Die Biographin fast hundert Jahre nach dem Geschehen ist gut beraten, bei der Lektüre der Memoiren und autobiographischen Aufzeichnungen Vorsicht walten zu lassen und keinem der Zeugen allzu sehr zu vertrauen.

Am 25. April 1910 heiratet die einundzwanzigjährige Anna Andrejewna Gorenko den drei Jahre älteren Dichter Nikolai Stepanowitsch Gumiljow. Für ihre ebenso wie für seine Freunde kommt die Nachricht von der Hochzeit der beiden gleichermaßen überraschend. Kurz zuvor noch hatte Johannes von Guenther versucht, in Liebesdingen zwischen Gumiljow und Jelisaweta Dmitrijewa zu vermitteln, was allerdings fehlgeschlagen war. Anna Gorenko gab dem beharrlichen Werben des jungen heiratswilligen Kolja, wie Gumiljow genannt wurde, lange Zeit nicht nach. Die beiden hatten sich Ende des Jahres 1903 kennen gelernt. Zwei junge

Damen sind zu Weihnachtseinkäufen in Petersburg unterwegs und stoßen am exklusiven Kaufhaus *Gostiny Dwor* mit zwei jungen Herren zusammen, den Brüdern Gumiljow. Das Fräulein Gorenko mit seiner schon in jungen Jahren – sie ist gerade einmal vierzehn – überaus anziehenden Ausstrahlung beeindruckt den siebzehnjährigen Kolja sehr. Sie hingegen zeigt nach diesem ersten Treffen kein Interesse an dem halbwüchsigen Schüler der siebten Klasse des Gymnasiums. Der junge Herr Gumiljow jedoch scheint von Anfang an leidenschaftlich verliebt.

Nach Abschluss des Gymnasiums 1906 reist Gumiljow nach Paris, wo er Vorlesungen an der Sorbonne hört und gemeinsam mit anderen jungen russischen Dichtern die Zeitschrift *Sirius* herausgibt. Hier erscheint 1907 das erste Gedicht Anna Gorenkos, was für diese jedoch nicht von besonderer Wichtigkeit ist. Gumiljow nimmt jede Gelegenheit wahr, seinen Schwarm zu sehen. Oft sucht er Anna in Kiew auf, wohin sie 1905 nach der Scheidung der Eltern mit ihrer Mutter und ihren Geschwistern gezogen war, und versucht, sie zur Heirat zu überreden – immer jedoch ohne Erfolg. Es wird von mehreren Selbstmordversuchen berichtet, die er, der verwegene Held, der an abenteuerlichen Expeditionen nach Afrika teilnimmt, aufgrund der Ablehnung seiner Liebe unternommen habe. Im November 1909 schließlich kapituliert Anna vor dem hartnäckigen Werben und willigt in die Heirat ein. Ein knappes halbes Jahr später findet in Kiew die Hochzeit statt. Niemand aus der Familie Annas, in der man die Ehe zum Scheitern verurteilt sieht, nimmt an der Zeremonie teil.

»Ich habe die Achmatowa gemacht!« brüstet sich Gumiljow Nina Berberova gegenüber, die Anna Achmatowa kennen gelernt hatte, als diese auf dem Höhepunkt ihres Erfolges war.[5] Im Jahr 1914 war der zweite Gedichtband Achmatowas mit dem Titel *Rosenkranz* erschienen, der ebenso wie ihre erste Veröffentlichung im Jahr 1912, der Band *Der Abend*, von allen Seiten anerkennende Würdigung geerntet hatte. Aus dem jungen Fräulein Gorenko, das sich wie alle Damen ihres Alters beiläufig auch ein wenig mit der Poesie beschäftigt und Gedichte schreibt, denen sie jedoch keine allzu große Bedeutung beimisst, war »die Achmatowa« geworden, deren Liebeslyrik Damen wie Herren in Entzücken versetzte. »Der Name Anna Gorenko entschwand auf immer im Fluss Lethe, zusammen mit den im *Sirius* veröffentlichten Gedichten: ihre späteren Werke unterschrieb die Dichterin mit einem Pseudonym – Achmatowa.«[6]

Anna Achmatowa (1910er Jahre)

»Mein erstes Gedicht schrieb ich mit elf Jahren (es war grauenhaft)«, so Anna Achmatowa über die Anfänge ihrer Beschäftigung mit der Poesie. Obwohl 1889 bei Odessa geboren, wuchs sie in Zarskoje Selo auf, einem Vorort von St. Petersburg und Sommersitz der Zarenfamilie. Zarskoje Selo, das ist der Ort, an dem der geniale Poet Alexander Puschkin (1799–1837) zu Beginn des 19. Jahrhunderts die berühmteste Eliteschule des zaristischen Russlands besuchte, das dank der liberalen Politik Alexanders I. neu gegründete, nach aufgeklärten Ideen geführte Lyzeum, an dem die künftige Führungsschicht ausgebildet wurde. Hier schrieb er als Schüler seine frühen Gedichte, sein Gedicht *An einen Dichterfreund* wird schon 1814 in einer der wichtigsten literarischen Zeitschriften veröffentlicht, Puschkin ist gerade einmal fünfzehn Jahre alt. Zarskoje Selo ist aber auch ein »muffiger und äußerst schlecht erzogener« Vorort, der »alle Schattenseiten der nahen Hauptstadt, nicht jedoch ihre Vorzüge hatte, wie es Vororten nun einmal eigen ist ...«.[7] Den »tugendhaften Einwohnern« dort imponierte die eigenwillige Anna nicht besonders. »In Zarskoje Selo tat sie alles, was zu der Zeit ein wohlerzogenes Fräulein zu tun hatte. Sie konnte die Hände falten, wie es sich gehörte, einen Knicks machen, auf die Fragen einer alten Dame höflich und kurz auf französisch antworten ...«, distanziert, als spräche sie von einer dritten Person, erinnert Achmatowa sich an ihre Kindheit und Jugend.[8] Die Sommer verbringt sie im Süden des Russischen Reiches, hier lebt sie auf, man nennt sie »das wilde Mädchen«, das durch sein ungebändigtes Verhalten die Provinzfrauen schockiert.

»Wir fühlten uns schon erwachsen, lasen viel, sprachen über viele Themen, waren vertraut mit der dekadenten Strömung der Literatur. Ich wusste, dass Inna und Anja [Anna Achmatowa] ›neuartige‹ Gedichte schrieben, wie Inna verkündet hatte. Damals, so erinnere ich mich, habe ich Anja einmal gebeten, uns etwas von ihren Werken vorzutragen. Sie holte ein Schulheft hervor und begann, in singendem Tonfall zu deklamieren. Leider erinnere ich mich nicht an den Inhalt der Gedichte, es blieb lediglich ein Eindruck von Rätselhaftem, nicht Ausgesprochenem, doch damals kamen Inna und ich überein, dass Anja eine Dichterin wird«, so schildert die Freundin von Achmatowas älterer Schwester Inna die wohl erste private Lesung der Dichterin.[9] Der Vater gar belächelt Anna als »dekadente Dichterin« und mahnt: »Bereite meinem Namen keine Schande!«[10] Die Tochter nimmt sich diesen Appell zu Herzen, legt den Namen Gorenko ab, der ihr vielleicht auch ein wenig zu hinterwälderisch-ukrainisch klingt, und nimmt den ihrer Urgroßmutter, einer Tartarenfürstin, Achmatowa, an: »Mein Vorfahr, Khan Achmat, wurde eines Nachts in seinem Zelt von einem gedungenen russischen Mörder erschlagen, und damit, berichtet Karamsin, endete für Rußland das Mongolenjoch ... Dieser Achmat war, wie bekannt, ein Abkomme Tschingis-Khans. Eine der Fürstinnen Achmatowa ... heiratete im 18. Jahrhundert den reichen und angesehenen Gutsbesitzer Motovilov aus Simbirsk ... Seine Tochter Anna Jegorowna – meine Großmutter.«[11]

Der Name des letzten Tartarenfürsten aus der Goldenen Horde sollte dem Fräulein Gorenko Glück bringen, als Anna Achmatowa geht sie in die Geschichte der Literatur ein und wird zur gefeierten Lieblingsdichterin Russlands. Vielleicht hat sie ja als nicht einmal zwanzigjährige Frau auch schon intuitiv gespürt, dass ein Poet »sich selbst erfinden muss«, wie es ihr späterer Ehemann Nikolai Gumiljow formulierte.[12] Und Anna Gorenko erfindet sich selbst, leiht sich einen geheimnisvollen, nach Unabhängigkeit und Stolz klingenden Namen und wird schon durch die poetische Alliteration zur poetischen Figur – Anna Andrejewna

Achmatowa. Um wieviel bescheidener und sachlicher klingt dagegen Anna Gorenko. »Anna Achmatowa! Dieser Name ist ein gewaltiger Seufzer«, schreibt Marina Zwetajewa, und für dieses tiefe Seufzen sollte Achmatowas Liebeslyrik so berühmt werden.

Bald zaubert, zum Knäuel gerollt,
Sie dicht unterm Herzen der Schlange,
Bald gurrt wie ein Täubchen sie hold
Am schimmernden Fenster so lange.

Bald funkelt sie strahlend im Tau,
Wie Levkojeduft kann sie rühren ...
Doch wird sie geheim und genau
Von Freud und Ruh dich entführen.
Wie süß sie zu schluchzen versteht,
Im Geigengebet von Orchestern –
Doch schrecklich, wenn man sie errät
Im Lächeln, noch unbekannt gestern.

Dieses Gedicht[13] eröffnet Achmatowas ersten Gedichtband, *Der Abend*, der 1912 erscheint und ein Ereignis in der literarischen Welt ist. Gedruckt wurden nur dreihundert Exemplare, und doch werden bald überall die Gedichte rezitiert. Sie erzählen von der unglücklichen Liebe, von Einsamkeit und Verlassenheit. Die Gedichte beschreiben das Drama der menschlichen Beziehungen in äußerst lakonischer, einfacher Sprache mit fast umgangssprachlich anmutenden Mitteln. Die meisten der Gedichte hatte die jung verheiratete Achmatowa im Winter 1910/1911 in Abwesenheit ihres Ehemanns geschrieben, der sich trotz seines beharrlichen Werbens schon bald nach der Hochzeit vom Familienleben eingeengt fühlte und für ein halbes Jahr zu seiner zweiten Expedition nach Afrika gereist war. Nach der Heirat und der Hochzeitsreise nach Paris im Frühjahr 1910 hatte sich das Paar in Zarskoje Selo niedergelassen. Achmatowa besucht in Petersburg Hochschullektionen über Literaturgeschichte. Sie liest die Gedichte der *Zypressenholzschatulle* von Inokenti Annenski (1855–1909) und ist »erschüttert«: »Während der Lektüre vergaß ich alles andere auf der Welt.«[14] Nach dieser Lektüre beginnt sie zu schreiben, wie sie nie zuvor geschrieben hatte: »Die Gedichte kamen in einer gleichmäßigen Woge, davor hatte es nichts Ähnliches gegeben. Ich suchte, fand, verlor wieder. Ich fühlte (recht vage), dass es zu gelingen begann.«[15]

Kurz nach Gumiljows Rückkehr aus Afrika im Frühjahr 1911 kommt es zur Veröffentlichung der ersten Gedichte Achmatowas in der wichtigen literarischen Zeitschrift *Apollon*. Wie es dazu kam, darüber gehen die Berichte wieder einmal auseinander. Der baltendeutsche Dichter und Übersetzer Johannes von Guenther, der mit Anfang zwanzig während einiger längerer Aufenthalte Teil des literarischen Lebens in Petersburg war, berichtet, Gumiljow habe seiner Frau verboten, ihre Gedichte jemandem zu zeigen: »Gumiljow, der wußte, wie begabt Anna Andrejewna war, tat damals alles, sie mit einem Trauma in die Wüste zu schicken. Er, der von seinem Ehrgeiz und der Zeit als neuer maître in die Höhe gespielt wurde, machte ihre Gedichte schlecht, spottete darüber und tat der Dichterin Kreuz und Leid an. Sie durfte ihre Gedichte niemand zeigen, geschweige vorlesen.« Die jung verheiratete, von ihrem Ehemann allein gelassene Achmatowa stürzt sich ins kulturelle Leben, macht Bekanntschaften und schreibt Gedichte. Sie freundet sich mit Marina Makowski an, der Frau des Herausgebers des *Apollon*, in dessen Redaktionsstube man alles vereinigt fand, »was man heute als die Blüte des Silbernen Zeitalters bezeichnet«.[16] Sie zeigte ihre Gedichte der neuen Freundin, diese wiederum zeigte sie ihrem Mann: »Der war entzückt und beschloß, sie im *Apollon* zu drucken. Anna Andrejewna sträubte sich zunächst, aber Makowski erklärte ihr, er werde die Verantwortung übernehmen. So kam es, daß Achmatowa entdeckt wurde. Sie fiel sofort auf, man sprach von ihr und ihren schönen Gedichten, und bald darauf erlebte sie eine weitere Bestätigung.«[17]

Die weitere Bestätigung war Achmatowas Auftritt im *Turm*. Wie bekannt, ist diese Version umstritten. Doch auch der Dichter Georgi Iwanow (1894–1958) berichtet von diesem Auftritt: »Man liest der Reihe nach. Es lesen sowohl Berühmtheiten als auch Anfänger. Die Reihe kommt an eine junge Dame, schmal und mit einem dunklen Teint. Das ist die Frau Gumiljows. Sie ›schreibt auch‹. Nun, es versteht sich, dass die Ehefrauen von Dichtern immer auch schreiben, so wie die Ehefrauen von Malern auch mit Farben umgehen, die Ehefrauen von Musikern Instrumente spielen. Diese schwarze, braungebrannte Anna Andrejewna, so scheint es, entbehrt nicht der Begabung ... Und ist es unverständlich, warum Gumiljow so ungehalten ist, wenn man von seiner Frau als einer Dichterin spricht? Gumiljow ist tatsächlich ungehalten. Auch er betrachtet ihre Gedichte als die Laune einer ›Dichtergattin‹. Und diese Laune ist gar nicht nach seinem Sinne. Wenn man sie lobt, lächelt er höhnisch. ›Das gefällt Ihnen? Ich bin sehr froh. Meine Frau beherrscht auch ganz reizend die Stickerei.‹

›Anna Andrejewna, werden Sie vortragen?‹ Die Gesichter der anwesenden ›Wahrhaftigen‹ verziehen sich zu einem herablassenden Lächeln. Gumiljow klopft, mit einer unzufriedenen Grimasse, seine Papirossa auf das Zigarettenetui. ›Ich trage vor.‹ Auf den dunklen Wangen erscheinen zwei Flecken. Die Augen blicken verschreckt und stolz. Die Stimme zittert leicht. ›Ich trage vor: Meine Brust war so hilflos erkaltet, / Die Schritte jedoch waren leicht, / meinen linken Handschuh hatte ich / Auf die rechte Hand gestreift.‹ Die Gesichter zeigten ein gleichgültig-liebenswürdiges Lächeln. Natürlich, nichts ernsthaftes, doch recht nett, nicht wahr? Gumiljow wirft die nicht zu Ende gerauchte Papirossa hin. Die beiden Flecken auf den Wangen Achmatowas sind noch stärker geworden ... Was wird Wjatscheslaw Iwanow sagen? Vermutlich nichts. Wird schweigen, irgendeine technische Besonderheit bemerken. Seine vernichtenden Urteile spricht er ja nur ernsthaften Gedichten wahrer Poeten gegenüber aus. Hier aber ... Warum unnütz jemanden beleidigen ... Wjatscheslaw Iwanow schweigt eine Minute. Dann steht er auf, geht zu Achmatowa, küsst ihr die Hand. ›Anna Andrejewna, ich beglückwünsche Sie und heiße Sie willkommen. Dieses Gedicht ist ein Ereignis in der russischen Poesie.‹«[18]

Wen wundert, dass Achmatowa selbst ihre Entdeckung ganz anders darstellt. Sie gesteht zwar ein, dass Gumiljow anfangs ihre Gedichte für abgrundtief schlecht hielt, meint aber, damit habe er Recht gehabt: »Anfangs schrieb ich tatsächlich sehr unbeholfene Gedichte, und Nikolai Stepanowitsch [Gumiljow] dachte in keiner Weise daran, dies vor mir zu verheimlichen. Er hat mir tatsächlich geraten, mich mit einer anderen Kunstrichtung zu beschäftigen, zum Beispiel mit dem Tanz (›Du bist so gelenkig‹).« Erst nach der Lektüre von Annenskis *Zypressenholzschatulle* habe sie begriffen, was Poesie sei. Und man begann, die Gedichte, die sie in Abwesenheit ihres Mannes geschrieben hatte, zu loben: »Und Sie wissen, wie man auf dem Parnass des Silbernen Zeitalters lobte! Auf diese wahnsinnigen und schamlosen Lobeshymnen antwortete ich kokett: ›Aber meinem Mann gefällt das nicht.‹ Daran erinnerte man sich, bauschte es auf, schließlich fand es Eingang in irgendjemandes Memoiren und ein halbes Jahrhundert später ist daraus ein hässliches, bösartiges Gerücht entstanden, das das ›tugendhafte Ziel‹ verfolgt, Gumiljow als einen niedrigen Neider, als einen, der nichts von Poesie versteht, hinzustellen. Der *Turm* triumphierte.« Achmatowa zufolge war Gumiljow nach seiner Rückkehr aus Afrika begeistert von den Gedichten seiner Frau: »In unserem Gespräch fragte er mich beiläufig: ›Und, hast du Gedichte geschrieben?‹ Ich, heimlich triumphierend, sagte ›Ja‹. Er bat mich, sie vorzutragen, hörte einige Gedichte an und sagte: ›Du bist ein Dichter – man muss ein Buch herausgeben.‹ Kurz danach erschienen die Gedichte im *Apollon*.«[19]

Nikolai Gumiljow

Wem also die Ehre der Entdeckung der Achmatowa gebührt, Makowski, Iwanow oder Gumiljow, diese Frage ist heute wohl kaum mehr zu klären. Die Überzeugung Gumiljows jedoch, er habe die Achmatowa »gemacht«, kann vermutlich bezweifelt werden. Trotz aller Versuche der »Rehabilitation« Gumiljows durch Achmatowa scheint in den Schilderungen ihrer Zeitgenossen doch ein wenig Wahrheit zu sein. Der Ver-

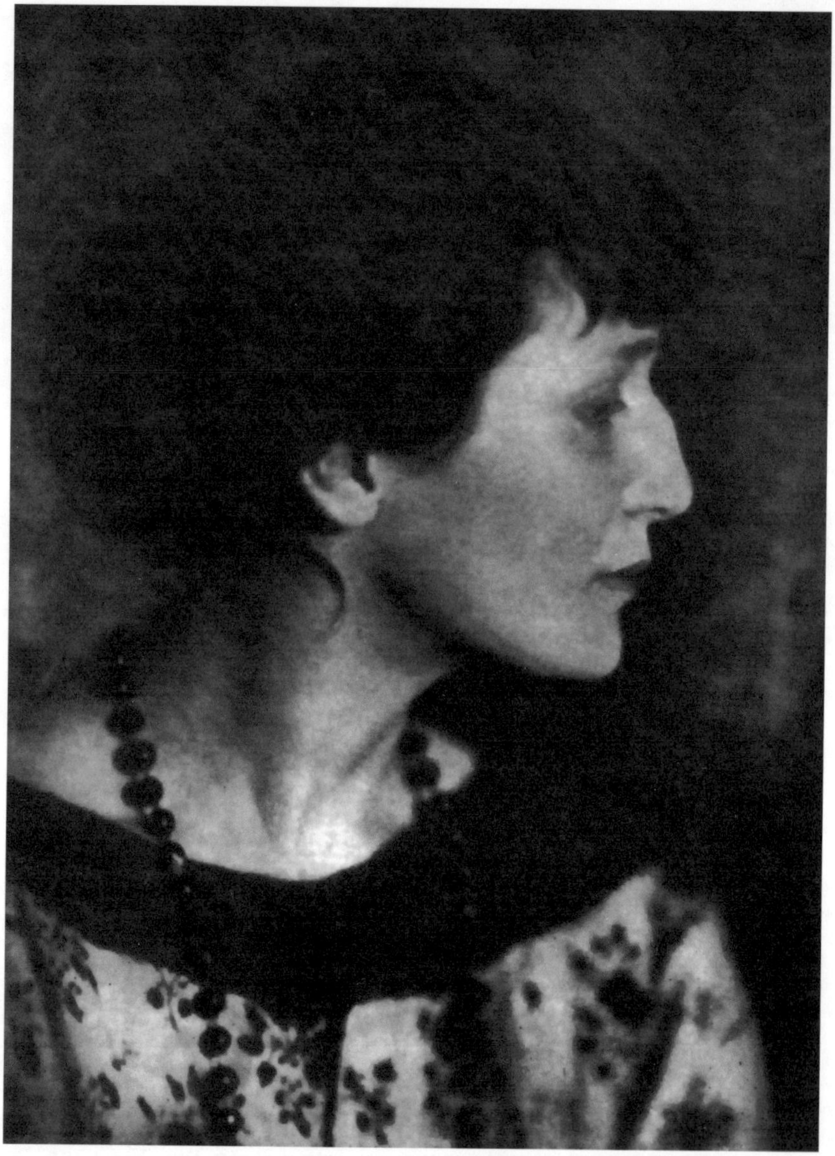

Anna Achmatowa

gleich der Gedichte der »schreibenden Dichtergattin« mit einer reizenden Stickerei verrät viel über den Standpunkt dem weiblichen Talent gegenüber. Ganz nett, auf seine Art auch von einer gewissen Kunstfertigkeit, aber nichts, was die Welt der Poesie besonders bewegte. Die Beziehung des Dichters zur Frau kommt auch in jener Zeit des geistigen Aufbruchs, die so viele Experimente wagt, der von Dante und Beatrice immer noch sehr nahe. Doch Achmatowa, die sich schon als »das wilde Mädchen« den Konventionen nur schwer unterordnen konnte, liegt nichts ferner, als sich vom Einfluss ihres Gatten bezwingen zu lassen. Sie ist ein freier und unabhängiger Geist und geht mit dem Selbstbewusstsein der höheren Tochter einer fortschrittlichen Familie ihren Weg. Achmatowas Jugendfreundin Walerija Sresnewskaja charakterisiert die Beziehung der beiden als »geheimen Zweikampf«: »Frauen mit einer solchen Freiheitsliebe und so voll ihrer selbst sind, so scheint mir, nur dann glücklich, wenn sie von nichts und umso mehr von niemandem abhängen.«[20]

Im Jahr 1910 wird die Krise des Symbolismus ausgerufen, die Söhne begehren gegen die Väter auf. Gumiljow war, als er und Achmatowa heirateten, noch ein rechtgläubiger Symbolist. Er besuchte die *Akademie des Verses*, wo die ehrwürdigen Autoritäten des Symbolismus, Iwanow und Annenski, junge Dichter in Verslehre unterrichteten. Die anfängliche Bewunderung Gumiljows für den »taurischen Weisen«, wie Iwanow genannt wird, weicht der Rebellion gegen die verstaubt und pathetisch wirkende Überhöhung des Realen durch den Symbolismus. Es kommt zum Bruch mit dem Symbolismus, als Gegengewicht gegen die *Akademie des Verses* wird 1911 die *Zunft der Dichter* mit Gumiljow als Zunftmeister gegründet. Aus dieser Zunft heraus, die das Handwerkliche des Dichtens besonders hervorhebt, wird die neue Schule des Akmeismus gebildet, deren Bezeichnung abgeleitet ist vom griechischen ›akme‹ – Reife, Höhe, Blütezeit. Laut Ossip Mandelstam ist im Akmeismus mit seiner »Sehnsucht nach Weltkultur« die Realität in der Poesie »das Wort als solches«.[21] Im Jahr 1913 veröffentlichen die beiden Gründer der *Zunft der Dichter*, Gumiljow und Sergei Gorodezki, ihre Manifeste der neuen Schule, eine Absage an die subjektive Aufwertung des Realen durch den Symbolismus: »Bei den Akmeisten ist die Rose an sich wieder schön, durch ihre Blütenblätter, ihren Duft und ihre Farbe und nicht durch ihre erdachte

Wesensverwandtschaft mit einer mystischen Liebe oder sonstigem.«[22] Unwillkürlich erklingt beim Lesen dieser programmatischen Zeilen das berühmte Gedicht Gertrude Steins: »A rose is a rose is a rose.«

Alte und junge Generation befinden sich in einem ständigen Widerstreit. Achmatowa meint, Wjatscheslaw Iwanow habe die jungen Dichter nie wirklich anerkannt, diese wiederum erlauben sich, das zuvor bewunderte Idol zu verreißen. So spricht Gumiljow in einer Rezension zu Wjatscheslaw Iwanows Gedichtband *Cor ardens* im *Apollon* im Jahr 1911 der anerkannten Dichterautorität ab, überhaupt ein Dichter zu sein, und bekundet, dieser verhalte sich zur »Sprache eher als Philologe denn als Poet«, ein Frevel, der das freundschaftliche Verhältnis der beiden für immer beendet. Von den Symbolisten wird die neue Bewegung des Akmeismus belächelt, Andrej Belyj behauptet gar in seinen Erinnerungen, er habe Gumiljow den Namen der neuen Bewegung des Akmeismus geschenkt und im Scherz übermütig ein Programm entwickelt, das Gumiljow übernommen habe. »Ich werde Ihnen schon zeigen, was ›Akmeismus‹ ist!«, soll er auf Belyjs Frotzelei geantwortet haben. »So ist er Akmeist geworden; und so wurde aus einer Spielerei heraus das Ende des Symbolismus eingeläutet.«[23] Dieser Version wird von den Akmeisten selbst, namentlich von Achmatowa, natürlich aufs Schärfste widersprochen.

Der Dichter Wladimir Pjast (1886–1940) sieht in der Bezeichnung Akmeismus einen unbewussten Widerhall des Namens Achmatowa, in deren Arbeiten er die akmeistischen Prinzipien verkörpert sah, noch bevor sie von Gumiljow und Gorodezki formuliert worden waren.[24] Achmatowa wird zur Abgöttin der neuen Generation. Ihre vermeintlich so einfachen Miniaturen über das Leid der Liebe und des Verlassenseins ergreifen die Herzen ihrer Leser. »Diese Leiden, diese Klagen und diese fast schon allzu große Wehmut – ist das nicht eine Schwäche des Geistes und einfache Sentimentalität? Natürlich nicht. Anna Achmatowas feste und eher selbstbewusste Stimmführung, ihre Ruhe beim Akzeptieren von Schmerzen und Schwächen, schließlich ihr Reichtum bei der Verwandlung von Qualen in Poesie – all das zeugt nicht von Weinerlichkeit anlässlich irgendwelcher Lebensbagatellen, sondern gibt den Blick frei in die Seele eines Dichters, die eher hart ist als zu weich, eher mitleidlos als weinerlich, und die ganz sichtbar herrscht und nicht sklavisch sich beugt.«[25]

Die programmatischen Neuerungen gehen einher mit einem Ortswechsel. Die junge Generation sucht sich ein eigenes, neues Forum, für sie sind es nicht mehr die symbolistisch geprägten Salons der Gippius oder des *Turms*, man trifft sich nun im Künstlerkeller *Der Streunende Hund*: »In bester Lage, unmittelbar am Newski Prospekt ... hatte der Schauspieler Boris Pronin im vierten oder fünften Hinterhof eines Hauses ... ein aufgegebenes Weinlager gefunden und es in einen Künstlerkeller verwandelt ... Der Keller mit wenigen Guckluken, die ebenerdig auf den Hof hinausgingen, bestand aus zwei mittelgroßen Zimmern – in einem stand eine vielleicht sechs Quadratmeter große Liliputbühne, auf der sogar ein Pianino Platz fand –, aus einem winzigen Büro, einem großen Vorraum, der als Garderobe diente, einer großen Küche sowie einem dunklen Raum, wo die Getränke lagerten. Der Eintritt für Künstler, Schriftsteller, Schauspieler war so gut wie frei, aber von ihnen zahlte ohnehin niemand. Das Publikum hingegen, Pharmazeuten genannt, das aber nur an zwei Wochentagen Zutritt hatte, mußte ziemlich viel bezahlen ... ohne daß ihm etwas geboten wurde ... An den Pharmazeutentagen war der *Streunende Hund* nach zehn Uhr abends überfüllt, denn hier verkehrte wirklich tout Pétersbourg! Das zu besichtigen war für viele viele Silberrubel wert.«[26] Der *Streunende Hund* ist in die Geschichte der russischen Literatur eingegangen, er wurde zur »Geburtsstätte vieler berühmter Ismen«: »Es waren alle Petersburger Poeten dort: die Symbolisten, die Akmeisten, die Futuristen, die sich teilten in ›Kubo‹, mit Majakowski in der gelben Jacke und Chlebnikow an der Spitze, und ›Ego‹, den Anhängern Igor Sewerjanins, die man, so gehörte es sich, mied und ein wenig verachtete.«[27]

»Gegen vier, fünf Uhr morgens. Tabakrauch, leere Flaschen. Vor einer Stunde noch war es fröhlich und laut – einer sang, sich selbst begleitend, dumme Couplets, ein anderer begehrte noch Wein. Jetzt sind die Lärmenden entweder auseinandergegangen oder dösen. Im Keller herrscht fast Ruhe. Kaum einer noch sitzt an den Tischen in der Mitte des Saals. Die meisten in den Ecken, an den bunt bemalten Wänden, unter den fest verschlossenen Fenstern ... Ist es denn nicht ganz gleich, was dort, auf der Straße, in Petersburg, in der Welt geschieht? Vom Wein dreht sich der Kopf, vom Rauch erstarren die Augen. Die Gespräche werden halb flüsternd geführt ... Und plötzlich, eine ohrenbetäubende, misstönende Musik. Die Dösenden erzittern. Die Gläser springen auf den Tischen. Ein betrunkener Musikant hat mit aller Kraft auf die Klaviatur gehauen. Das Gesicht dessen, der spielt, ist rot und verschwitzt. Tränen fallen aus seinen glückselig-sinnentleerten Augen auf die von Likör verklebte Klaviatur. Fünf Uhr morgens. *Der Streunende Hund.*«[28]

»Ja, ich liebte sie, die nächtlichen Versammlungen...«, beginnt ein dem *Streunenden Hund* gewidmetes Gedicht der Achmatowa. Sie ist fast jeden Abend hier anzutreffen, und hier beginnt der Mythos Achmatowa, dem in Gedichten und Gemälden gehuldigt wird. Als im Jahr 1914, also drei Jahre nach ihrem Auftritt im *Turm*, ihr zweiter Gedichtband *Rosenkranz* erscheint, ist sie schon eine anerkannte Dichterin. »Sie hatte es in vierundzwanzig Monaten zu einem unbeschreiblichen Erfolg gebracht. Alles sprach nur von ihr. Kein Abend, ohne daß nicht irgendwo in Rußland ihre Gedichte vorgetragen wurden ... Von all den vielen schnellen Dichterkarrieren war dies vielleicht die sensationellste.«[29] In der »Zeit der Verspieltheit und Masken« beginnt die Legende um Anna Achmatowa. Die Verkünderin der Liebe, die einen Orkan im Inneren des Lesers entfacht, wird zu einer von der Aura des Rätselhaften umgebenen Prophetin, Seherin, Zauberin, Magierin, die mit der Gewalt des Wortes verzaubert. »Aus der Stadt Kiew, aus der Höhle des Drachens, nahm ich mir – keine Frau, eine Zauberin ...« – so klingt es in einem Gedicht Gumiljows aus dem Jahr 1916.

»Anna Andrejewna beeindruckte mich durch ihr Äußeres. Heute nennt man sie in Erinnerungen über sie oft eine Schönheit: nein, eine Schönheit war sie nicht. Doch sie war mehr, schöner als eine Schönheit. Niemals mehr habe ich eine Frau gesehen, deren Gesicht und gesamte Erscheinung sich überall, unter Schönheiten aller Art, ausgezeichnet hätte durch eine ganz eigene Ausdrucksstärke, wahrhafte Geistigkeit, durch etwas, das sofort die gesamte Aufmerksamkeit fesselte.«[30] Zur Ikonographie, die um Achmatowa herum entsteht, gehören obligatorisch die Verweise auf ihr Profil mit der fein gebogenen Nase, ihren dunklen Teint, den geraden Pony, der ihre Stirn bedeckt, die fast singende Art des Vor-

Der Streunende Hund (1910er Jahre)

trags ihrer Gedichte und ihr wichtigstes Attribut, den von den Schultern rutschenden, »vermeintlich klassischen« Schal, die »berühmte lasurfarbene Stola«. Es werden Lobeshymnen auf ihre Schönheit gesungen, sie ist »Anna von ganz Russland«, die von Leserinnen und Lesern gleichermaßen verehrt wird und Briefe von unbekannten Leserinnen erhält, denen eigene, meist schlechte Liebesgedichte beigelegt sind, die den Ton Achmatowas zu imitieren versuchen. Im *Streunenden Hund* ist sie umgeben von Verehrerinnen und Verehrern, bei ihren Auftritten gebärdet sich die Jugend wie wild – kurz: Achmatowa ist der Star, das Wahrzeichen der Epoche. »Anna Andrejewna war im *Hund* immer umringt ... Zu ihr traten bekannte und weniger bekannte Leute heran, berührten ›halb zärtlich, halb träge‹ ihre Hand – unter anderem auch Majakowski, der einmal, als er ihre feine, schmale Hand in seiner riesigen Pfote hielt, mit spöttischem Entzücken für alle hörbar sagte: ›Was für Fingerchen, was

Natalja Danko: Porzellanstatuette Achmatowas

für Fingerchen, mein Gott auch!‹. Achmatowa verzog das Gesicht und wandte sich ab. Es kam vor, dass jemand, der ihr gerade erst vorgestellt worden war, ihr seine Liebe erklärte. Über einen dieser kühnen jungen Männer sagte Anna Andrejewna, so erinnere ich mich: ›Seltsam, er hat gar nicht von den Pyramiden gesprochen! Normalerweise sagt man in solchen Fällen, wir beide haben uns schon bei den Pyramiden getroffen, unter Ramses dem Zweiten, erinnern Sie sich wirklich nicht daran?‹«[31]

»O Muse des Weinens, die schönste aller Musen! / O du, wilde Ausgeburt der weißen Nacht! / Du schickst einen Schneesturm über Rußland, / und dein Wehklagen bohrt sich in uns wie Pfeile«, dichtet Marina Zwetajewa nach ihrem Aufenthalt in Petersburg im Jahr 1916 und reiht sich ein in eine Vielzahl von Dichtern, die Achmatowa besingen. »›Die Schönheit ist grausam‹ – Sagt man Ihnen –, / Sie werfen träge / Den spanischen Schal über die Schulter / Eine rote Rose – im Haar. // ›Die Schönheit ist einfach‹ – Sagt man Ihnen –, / Mit dem bunten Schal, ungeschickt, / decken Sie das Kind zu, / Die rote Rose – auf dem Boden. // ... / ›Nicht grausam und nicht einfach bin ich; / Ich bin nicht so grausam, um einfach / Zu morden; nicht so einfach bin ich, / Um nicht zu wissen, wie grausam das Leben ist‹«, so besingt sie der Dichter Alexander Blok im Dezember 1913. Die Atmosphäre des Tragischen und Morbiden, von der Achmatowa vermeintlich umgeben ist, lässt sie in den Gedichten, die sie besingen, zu den tragischen Heldinnen der Antike werden, zu Phädra oder Kassandra, als die Mandelstam sie sieht.

Achmatowa wird auch zum beliebten Modell der Maler. Die ersten Porträts von ihr waren 1911 in Paris entstanden, von einem unbekannten Maler, den sie im Jahr zuvor kennen gelernt hatte. »Er zeichnete mich nicht nach der Natur, sondern bei sich zu Hause – diese Zeichnungen schenkte er mir.«[32] »Alles, was geschah, war für uns beide die Vorgeschichte unseres Lebens: seines sehr kurzen, meines sehr langen. Der Atem der Kunst hatte diese beiden Geschöpfe noch nicht mit seinem Brand versengt, noch nicht verwandelt, es muß die helle leichte Stunde der Morgendämmerung gewesen sein.«[33] Lange Zeit wird Achmatowa nichts mehr von ihrem jungen Freund hören, keiner der nach Paris reisenden Russen hatte auch nur seinen Namen gehört. Erst als sie Anfang der zwanziger Jahre in einer Zeitschrift von seinem Tod liest, erfährt sie, dass auch er zu einer Berühmtheit geworden ist. Der Name des Malers war Amedeo Modigliani.

Vor giftgrünem Hintergrund »eine Frau – sehr schmal, hochgewachsen und blass. Stark hervortretende Schlüsselbeine. Ein schwarzer, wie lackierter Pony bedeckt die Stirn bis zu den Brauen. Dunkel-blasse Wangen, blassroter Mund. Durchscheinende, feine Nasenlöcher. Die Augen, umrandet von Schatten, blicken kalt und unbeweglich – als ob sie die Umgebung nicht wahrnehmen. ›Nur Kuben, Romben und Ecken ...‹ und alle Gesichtszüge, alle Linien der Figur sind eckig. Ein eckiger Mund, eckige Beugung des Rückens ... Gibt es denn solche Frauen im Leben? Es ist die Phantasie des Malers! Nein – dies ist Achmatowa wie sie leibt und lebt.«[34] Und doch, so scheint es, ist dieses Porträt von Nathan Altmann, das Georgi Iwanow hier beschreibt, nur ein mögliches Bild der Achmatowa. Auch wenn Achmatowa tätig an der Legende um ihre Person mitgewirkt haben mag, gibt es doch noch eine andere, unbekannte, die sich dem Auge des Publikums nicht zeigt und die vielleicht auch niemand sehen will, da man ihre Person benutzt, um eigene Wünsche, Begierden, Vorstellungen auf sie zu projizieren. Zu dem Gedicht *Grausam ist die Schönheit* schreibt Achmatowa später in ihren *Erinnerungen an Alexander Blok:* »Nie trug ich den spanischen Schal, in dem ich da beschrieben werde, aber zu dieser Zeit war Carmen sein Traum, und er hispanisierte auch mich. Auch die roten Rosen habe ich natürlich nie im

Haar getragen.«[35] Achmatowa war die Dichterin jener Jahre, Primadonna, Diva, Star: »Anna Achmatowa paßte sich zauberhaft dem Geschmack der Zeit an, dessen tiefstes Signum sie wurde, indem sie das Spielerische der Epoche hinreißend mitbestimmte. Wie es in ihr selber aussah, werden die wenigsten wissen. Ich glaube, daß sie im Grunde ein stiller, zurückhaltender, etwas melancholischer Mensch war.«[36]

Im September 1917 erscheint in Petrograd der dritte Gedichtband Anna Achmatowas mit dem Titel *Der weiße Schwarm.* Aufgrund der kurz darauf folgenden Revolution und dem damit einsetzenden Chaos gelangen die dazu bestimmten Exemplare nicht einmal nach Moskau. Trotzdem wird das Buch drei Mal wieder aufgelegt, die letzte Auflage erscheint Anfang der zwanziger Jahre in Berlin, das damals reich war an Verlagen der russischen Emigration. Der Gedichtband *Anno Domini MCMXXI*, der im Jahr 1922 herausgebracht wird, ist für fast zwei Jahrzehnte die letzte Veröffentlichung Achmatowas. Die »Anna von ganz Russland«, Zeitgenossin einer großen Epoche, wird zum Schweigen verdammt, der Höhenflug des zweiten Jahrzehnts abrupt beendet.

Abende nicht von dieser Welt

Das Petersburg Marina Zwetajewas

»Es war 1916, im Winter, dass ich das erste Mal in Petersburg war. Ich war damals mit der Familie Kanegisser befreundet ..., sie zeigten mir Petersburg. Doch ich bin kurzsichtig – und es war ein solcher Frost – und in Petersburg gibt es so viele Denkmäler – und der Schlitten flog so schnell dahin – und alles ist ineinander verschwommen und von Petersburg blieben nur die Gedichte Puschkins und Achmatowas. Ach, nein: auch die Kamine. Überall, wohin man mit mir ging, waren riesige marmorne Kamine – ganze Eichenwälder brannten darin! – und weiße Bärenfelle auf dem Boden (ein weißer Bär – vor dem Feuer! – fürchterlich!) und alle jungen Männer tragen Scheitel – und haben ein Puschkin-Bändchen in der Hand – und haben gelackte Finger und gelackte Häupter – wie schwarze Spiegel.« So beschreibt Marina Zwetajewa (1892–1941) im Jahr 1921 in einem Brief an den Petersburger Dichter Michail Kusmin ihre Eindrücke von der »Hauptstadt des Nordens«.[1] Eigentlich trug die Stadt damals schon den Namen Petrograd, doch für Zwetajewa blieb sie, wie auch für alle echten Petersburger, immer Petersburg.

Am Ende des Jahres 1915 kam sie auf Einladung der Herausgeber der linksintellektuellen Literaturzeitschrift *Sewernye Zapiski (Nordische Annalen)* – Sofija Isaakowna Tschazkina und Jakow Lwowitsch Saker –, die in ihrer Zeitschrift jungen, begabten, nach neuen Formen suchenden Autoren eine Chance gaben, nach Petersburg, um dort den Jahreswechsel zu begehen. Zwetajewa war eine ihrer neuesten Entdeckungen, auf die sie stolz waren, und so kümmerten sie sich überaus rührend um die junge Dichterin. Das Verlegerpaar wollte Zwetajewa in die Literaturzirkel Petersburgs einführen und ihr gleichzeitig die Möglichkeit geben, sich der »Hauptstadt des Nordens« zu präsentieren. In deren Wohnung, einem wichtigen Salon Petersburgs in jenen Jahren, war sie während ihres Aufenthaltes Gast.

Schon ihr erster Gedichtband *Abendalbum*, den sie 1910 als siebzehnjährige Gymnasiastin veröffentlicht hatte, war nicht unbemerkt geblieben und von Seiten anerkannter Dichter wie Waleri Brjussow, Nikolai Gumiljow und Maximilian Woloschin wohlwollend gewürdigt worden. Zum Zeitpunkt ihres Besuches in Petersburg ist die 23-jährige Zwetajewa also auf der literarischen Bühne keine Unbekannte mehr. Nach Erscheinen des dritten Gedichtbandes der jungen Dichterin im Jahr 1913, *Aus zwei Büchern*, sagt der Dichter Wladimir Narbut die Rolle, die Zwetajewa in der Folge in der russischen Literatur spielen sollte, hellsichtig voraus: »Fast möchte man glauben, dass eine Dichterin im Kommen ist, die über sich – über die Frau – die ganze Wahrheit sagen wird, so einfach und verständlich, wie Puschkin die Seele des Mannes beschrieben hat.«[2]

Der Erste Weltkrieg ist in vollem Gange. Russland steht kurz vor dem Zusammenbruch. Die Welt der russischen Intelligenzija jedoch dreht sich, als wäre nichts geschehen, weiter um dieselben literarischen und philosophischen Themen und Interessen. Das literarische Leben Petersburgs brodelt. Die Stadt wird Zwetajewa für immer als die Stadt der Poesie und der Poeten im Gedächtnis bleiben, in der Tag und Nacht Gedichte erklingen. »O, wie sehr man dort Gedichte liebt! Ich habe mein ganzes Leben nicht so viele Gedichte vorgetragen wie dort in zwei Wochen«, schreibt Zwetajewa im bereits eingangs zitierten Brief an Michail Kusmin, verklärend ungenau – tatsächlich war sie drei Wochen dort. »Um drei Uhr des Nachts klingelt das Telefon: ›Kann man vorbeikommen?‹ – ›Aber natürlich, bei uns kommen gerade alle zusammen.‹ Und so geht es dann fort bis zum Morgen.«[3]

Das größte Ereignis ihres Aufenthaltes war der Empfang bei der Familie Kanegisser, deren Haus eines der wichtigsten literarischen Zentren jener Jahre war, in dem sich die gesamte Blüte des literarischen Petersburg versammelte. Während die Gäste nach und nach eintrafen, zogen sich Marina und einer der mit ihr befreundeten Söhne des Hauses, Serjosha, ein junger Forschungsreisender, ins Kabinett zurück und unterhielten sich. Marina ließ sich auf dem imposanten weißen Bärenfell nieder. So trifft der Hausherr sie an, den sie aufgrund seines ehrfurchtgebietenden Auftretens bei sich den »Lord« nannte. Kanegisser ist ob der seiner Ansicht nach doch etwas zu ungezwungenen Manieren der jungen Dichterin leicht konsterniert, versucht jedoch, dies so gut wie möglich zu verbergen: »Warum setzen sich Dichter und Dichterinnen immer auf den Boden? Ist das etwa bequem? Mir scheint, im Sessel ist es viel angenehmer ...« – »Um näher beim Feuer zu sein. Und beim Bären.« – »Aber der Bär ist weiß und Ihr Kleid dunkel: bald sind Sie voller Haare ...«, so schildert Zwetajewa in ihrem Essay *Ein Abend nicht von dieser Welt* (1936) das sich aus dieser Situation ergebende Gespräch mit dem Gastgeber.[4] Kanegisser war gekommen, um Marina in den Salon zu rufen, wo sie und ihre Dichterlesung schon erwartet wurden.

Zwetajewa beginnt ihre Lesung im Salon mit ihrem »kämpferischen *Deutschland*«: »Die Welt lechzt danach, dich zu jagen, / Viele Feinde verfolgen dich, / Wie könnte auch ich dich verraten, / Auch ich dich lassen im Stich?« Die Mutter der Dichterin, Marija Alexandrowna Meyn, deren Vater Deutscher war, hatte Zwetajewa die Liebe zur deutschen Sprache, Musik und Literatur vermittelt und für sie war Deutschland ungeachtet der politischen Ereignisse eine zweite Heimat. Das Bekenntnis der Liebe zum allen verhassten Feind zu einer Zeit, als sich der Krieg auf seinem Höhepunkt befand, war ein Affront, den Worten Zwetajewas zufolge jedoch allein ihre »erste Antwort auf den Krieg«. Sie hatte das Gedicht am 1. Dezember 1915 geschrieben; es konnte im Russland, das gegen Deutschland kämpfte, nicht veröffentlicht werden und erschien so erstmals im Jahr 1936. Als entschiedenes »Nein« gegen den Krieg liest sich auch das zweite Gedicht Zwetajewas, das sie an jenem Abend las: »Ich kenne die Wahrheit! Alle früheren Wahrheiten – falsch! / Kein Kampf mehr soll sein auf dem Erdenrund!«

Es war insgeheim der Wunsch der jungen Zwetajewa, sich, die Moskauer Dichterin, dem literarischen Petersburg zu präsentieren. Und sie fühlt, dass es ihr gelingt: »Ich trage mein ganzes Gedichtjahr 1915 vor – aber es ist zu wenig, aber sie wollen noch mehr. Deutlich fühle ich, daß ich im Namen Moskaus spreche und daß ich diesen Namen nicht beflecke.«[5] Den unvergesslichen Eindruck, den die Auftritte der am Anfang ihres Erfolgs stehenden Zwetajewa auf ihre Zeitgenossen machte, schildert der Literat Nikolai Jelenjew: »Die Züge Zwetajewas waren jünger, unbekümmerter und erhabener. Mit ihrem dunkelblonden, kurzgeschnittenen Haar, der geraden, feinen Nase, den schmalen Lippen, dem jedoch recht breiten russischen Oval, war Marina frei von jeglicher Schwer-

Konstantin Somow:
Porträt des Dichters Michail Kusmin (1909)

fälligkeit ... Auch jene, die sie nicht liebten und sich von ihr abgestoßen fühlten, konnten nicht umhin zuzugeben, daß die Zwetajewa eine außergewöhnliche Persönlichkeit war.«[6] Glanzpunkt des Abends bei den Kanegissers war der Auftritt einer der größten »Sehenswürdigkeiten« der Petersburger Boheme, des gefeierten Dichters Michail Kusmin (1872–1936), eines Ästheten und Dandys, dem der Ruf des »russischen Oscar Wilde« vorauseilte. Vom ersten Augenblick an war Zwetajewa von ihm verzaubert: »Ein großer Saal, so erinnere ich mich. Und in der Tiefe des holzvertäfelten Raumes – als ob man falsch herum durch ein Fernglas blickt – zwei Augen. Und etwas Kaffeefarbenes. – Ein Gesicht. Und etwas Aschgraues. – Ein Anzug. Und sofort begreife ich: Kusmin. Man macht uns bekannt. Er hat alles von einem altertümlichen Franzosen und von einem Vogel. Etwas Schwereloses. Die Stimme, leicht angeschlagen, in ihrem Grunde – tief, in ihrer Mitte – wo der Sprung ist – klirrt sie. Worüber man sprach – ich weiß es nicht mehr. Er trug Gedichte vor«, beschreibt Zwetajewa im Jahr 1921 ihren ersten Eindruck von Kusmin.[7]

Die etwas »zweideutige« Reputation Kusmins, der seine homosexuellen Neigungen nicht nur nicht versteckte, sondern zum zentralen Thema seines schriftstellerischen Werkes machte, sowie seine »skandalösen«

Verbindungen waren eine willkommene Basis für die Mythologisierung seiner Person: »Der Refrain zum Namen Kusmin«, so Zwetajewa, »war ›manieriert‹, ›geziert‹.« Und weist dies doch gleich zurück: »Manieriert war er nicht.« Er hatte eine »angeborene Eleganz«, »angeborene Manier«, wie eine »Tasse aus Sèvres-Porzellan«. Und sie fährt fort: »Zur ›Färbung‹: Ja, sie gab es. Gleichmäßig, haltbar, dunkelbraun, maurisch, mulattisch – von Gott.«[8]

Zwetajewa kann nicht bis zum Ende des Empfangs bleiben, obwohl als Abschluss des Abends die größte Sensation zu erwarten ist: Kusmin wird seine beim Publikum anhaltendes Entzücken hervorrufende »Kinderliedchen« singen. Als Grund für ihren vorzeitigen Aufbruch gibt Zwetajewa zwanzig Jahre später in ihrem Essay an, sie hätte gehen müssen, da ihre »liebe Gastgeberin, Redakteurin der *Sewernyje Sapiski*« krank sei. »Sie ist es, die mich an die Öffentlichkeit gebracht hat: indem sie mich auf den Seiten ihrer Zeitschrift (der ersten, in der ich gedruckt wurde) veröffentlichte und mich dann unter diese Lichter und Gesichter führte.«[9] Einige Jahre zuvor, in jenem Brief an Kusmin, hatte Zwetajewa noch von einer »Freundin« gesprochen, mit der sie gemeinsam aus Moskau nach Petersburg gereist war und die wegen Krankheit an dem Abend nicht hatte teilnehmen können. Ganz offensichtlich war es also nicht die Herausgeberin der Zeitschrift, wenn auch deren Namensvetterin, auch eine Sonja: »Ich musste dringend gehen ... Alle sagten: ›Aber Michail Aleksejewitsch [Kusmin] wird doch noch singen.‹ Ich, klagend: ›Aber auf mich wartet eine Freundin.‹ Leichtes Lachen, und einer konnte nicht an sich halten: ›Sie sagen das so, wie: ›Zuhause wartet mein Kind.‹ Die Freundin kann warten.‹ Und ich bei mir selbst: ›Zum Teufel noch einmal!‹.« Als Zwetajewa bei ihren Gastgebern eintrifft, schläft die Kranke schon. So war ihr Opfer also vergebens.

Wer nun ist diese Freundin, deren Erwähnung so unerwünscht oder bedrückend ist, dass Zwetajewa sie über zwanzig Jahre danach durch eine andere, neutrale Person ersetzt, auch wenn beide denselben Namen tragen? Die kranke Freundin war die Dichterin Sofija Parnok (1885–1933), mit der Zwetajewa zu jener Zeit eine Liebesbeziehung verband. Ein gutes Jahr zuvor hatten sie sich bei einer engen Freundin Parnoks, der Dichterin und Übersetzerin Adelaida Gerzyk (1870–1925), kennen gelernt. Bei ihr versammelten sich oft junge Dichterinnen, die Gerzyk förderte. Zu diesem Kreise gehörten auch Marina Zwetajewa und ihre jüngere Schwester Anastasija, genannt Assja.

Was folgt, ist eine stürmische Liebesbeziehung, die fast zwei Jahre dauert und in Leben und Werk beider Dichterinnen eine wichtige Rolle spielt. Zwetajewa verewigt ihre Liebe zu Parnok in dem Gedichtzyklus *Die Freundin,* der Vollendung ihres frühen Werkes, Parnok, die »russische Sappho«, in einer Reihe von Gedichten, die Zwetajewa gewidmet sind. »Wie sollte ich mich nicht erinnern, / An Teeduft und *White Rose,* / An Sèvres-Porzellan, die Figürchen / Überm hitzeglühenden Kamin. / Ich - im luftigen Kleid, in der / Durchgoldeten Faille, ärmellose, / Sie - im Jackett, dem schwarz gewirkten, / Mit Flügelkragen rundumhin«, schildert Zwetajewa in *Die Freundin* die erste Begegnung.

Als Backfisch hatte Zwetajewa unter ihrem Äußeren gelitten: Das pummelige, rosawangige, rundgesichtige Etwas, das sie vor sich im Spiegel sah, entsprach so gar nicht der lyrischen Heldin ihrer Jugendgedichte. Doch bald schon verwandelte sich die jugendliche Dichterin. Am Abend der ersten Begegnung mit Parnok muss sie unbeschreiblich gewesen sein. Das Kleid, welches sie trug, stand ihr außergewöhnlich gut, so jedenfalls ein Zeitgenosse, unterstrich das Grün ihrer Augen und den dunkelrosa Teint ihres Gesichts: »Ich sah einen üppigen Haarschopf. Ich stellte mich hinter sie ... welch ein Kleid sie trug! So elegant, von goldbrauner Seide, breit geschnitten, erlesen – bis zum Boden; die schmale Taille eng umfasst von einem altertümlichen Gürtel. Im leicht ausgeschnittenen Hals – eine Kamee. Eine bezaubernde junge Dame aus dem vergangenen Jahrhundert.«[10]

Marina Zwetajewa war damals 22 Jahre alt. Sie war eine verheiratete Frau und Mutter der zweijährigen Tochter Ariadna. Und doch war sie in der Liebe noch nicht sehr erfahren. Nur ein paar romantische Freundschaften und die frühe Ehe zählte ihre Biographie bis dahin. Im Mai 1911 war Zwetajewa auf Einladung des Dichters Maximilian Woloschin das erste Mal in Koktebel. Sofort machte sie sich auf zur berühmten Carneol-Bucht, wo sie einen jungen Mann mit blauen Augen traf. Gemeinsam suchten sie nach Steinen. Marina beschließt bei sich selbst, ihn zu heiraten, wenn er ihr den Stein bringe, der ihr am besten gefiele. So roman-

Sergei Efron und Marina Zwetajewa (1911)

tisch verläuft das erste Treffen mit ihrem zukünftigen Ehemann Sergei Efron (1893–1941), damals noch Gymnasiast und beginnender Dichter. »Wir sind siebzehn und achtzehn Jahre alt. Ich fasse den Entschluß, mich niemals von ihm zu trennen, was immer auch geschehen möge.«[11] Und obwohl Zwetajewa später in einem Brief an die tschechische Literatin Anna Tesková vom Mai 1934 mit Bitterkeit bemerkt: »Eine frühe Ehe, so wie bei mir, ist eine Katastrophe, ein Schlag fürs ganze Leben«,[12] bleibt sie dem Versprechen aus der Carneol-Bucht bis an ihr Lebensende treu. Im Jahr 1939 folgt sie ihrem Mann aus der Emigration zurück in die stalinistische Sowjetunion, dem Verderben ihres Mannes und dem eigenen entgegen.

Efron entstammte einer Familie von Revolutionären. In den Worten Zwetajewas: »Zwei Ströme altes Blut mischen tragisch sich / In seinen

Zügen.« Sein Urgroßvater der väterlichen Linie war Rabbiner, der Vater seiner Mutter ehemals Adjutant des Zaren Nikolai I. Die Zeitgenossen beschreiben ihn als gutaussehenden, doch kränklichen und schwachen Menschen, der »unbewusst nach Schutz suchte«. Sein Freund Nikolai Jelenjew war der Ansicht, »im Leben fühlte er sich als Stiefkind.« Zwetajewa nahm ihn auf immer an »Sohnes Statt an«. Vermutlich hat sie ihn niemals ganz verstanden. Hinter dem Bild, das sie sich von ihm gemacht hatte, sah sie den tatsächlichen Menschen nicht.

»Unsere Ehe ähnelt so wenig einer gewöhnlichen Ehe, daß ich mich gar nicht verheiratet fühle und mich überhaupt nicht verändert habe...«, berichtet Zwetajewa dem Philosophen Wassili Rosanow im März 1914. »Wir werden uns nie trennen. Unsere Begegnung ist ein Wunder! Nur in seiner Nähe kann ich leben, wie ich lebe – in völliger Freiheit.«[13] Diese Freiheit, die Efron ihr ein für alle Male gab, ist Zeugnis dafür, dass er Zwetajewa vielleicht wie kein anderer verstanden und angenommen hat – mit all ihrer »Maßlosigkeit in einer Welt nach Maß«. Als er sieht, dass es Marina mit der Liebe zu Parnok ernst ist, zieht Sergei sich taktvoll zurück, obwohl ihn die Angst um die Zukunft ihrer Ehe nicht verlässt.

Sofija Parnok ist die einzige russische Dichterin, die ihr Werk der Frauenliebe gewidmet hat. Lange Jahrzehnte war sie vergessen, und erst seit einigen Jahren werden ihre Gedichte wieder gedruckt. Die ersten Gedichte Parnoks erschienen 1906, ihr erster Gedichtband zehn Jahre später. Doch erst kurz vor ihrem Tode sollte sie mit den Zyklen *Die große Bärin* und *Das unnötige Gute* (1932–1933), dem poetischen Tagebuch ihrer letzten Liebe, ihre besten Gedichte schreiben, deren Veröffentlichung sie nicht mehr erlebte. In den Jahren ihrer Freundschaft zu Zwetajewa war sie vor allem als Autorin von Literaturkritiken bekannt, die sie, ähnlich wie Sinaida Gippius, unter einem männlichen Pseudonym veröffentlichte: Andrei Poljanin. Parnok war Mitarbeiterin der Redaktion der Zeitschrift *Sewernyje Sapiski (Nördliche Annalen)*, wo auch ihre Gedichte veröffentlicht wurden. Stolz auf ihre sieben Jahre jüngere Freundin, stellte Parnok Marina Zwetajewa den Herausgebern des Journals vor, auf deren Einladung die beiden zu Beginn des Jahres 1916 in Petersburg weilten.

Ihre Leidenschaft und Beziehungen zu Frauen versteckt Parnok nicht. Marina Zwetajewa geht die ihr unbekannte Verbindung zu einer Frau sofort und ohne Zögern ein. Sie scheint ihr ganz selbstverständlich. Parnok hat sie mit der ihrer Erscheinung eigenen Doppeldeutigkeit sofort völlig betört: »Die herrscherliche Stirn unterm schweren / Rötlichen Helm, der mir winkte, / Nicht Frau und nicht Junge, doch weiß ich – / Etwas Stärkeres als ich hat mich erreicht!« Das Interesse Zwetajewas wurde nur noch mehr entflammt durch den anstößigen Ruhm der Bezwingerin von Frauenherzen, von dem der Name Parnok umgeben war. Sofort wirft Zwetajewa in ihrem Bild, das sie von Parnok in den Gedichten *Die Freundin* zeichnet, der Freundin den Schleier des Mythos über, sie wird zu einer rätselhaften, schicksalhaften Frau: »Ich liebe Sie! Die Sünde: Wolkenfetzen / Über Ihrer Stirn.« Ihr »Mund voller Laster – / Ungeheure Blume: brennt«. Ihre »Stimme zigeunerisch heiser«. Tatsächlich jedoch war Parnok keineswegs jene »tragische Lady« der Gedichte Zwetajewas: »Sofija Parnok war nicht gerade eine Schönheit«, urteilt ein Freund, der Dichter Wlasdislaw Chodassewitsch, »doch es war etwas Anmutiges und ungewöhnlich Erhabenes in ihren grauen, hervortretenden Augen, die aufmerksam schauten ... in der leicht hochmütigen Haltung des Kopfes, in der tonlosen, aber weichen, tiefen Stimme.«[14]

Sofija Parnok Ende der 1920er Jahre

Einige besonders tugendhafte Biographen Zwetajewas stellen die Dichterin als junges, unschuldiges Opfer Parnoks dar, das dem Zauber der »Verführerin« erlegen ist. Gewiss hat Zwetajewa durch das lyrische Ich in den Gedichten, das Züge eines wehrlosen, »spartanischen Kindes« trägt, selbst diese Interpretation auch nahegelegt. Tatsächlich jedoch scheinen die Gefühle Zwetajewas zunächst stärker gewesen zu sein als die Parnoks. Ihr Gedicht *Unter dem Plüschplaid, mich liebkosend*, in dem sie sich an das erste Liebeserlebnis mit Parnok erinnert, an einen »Zweikampf zweier Willen«, endet mit den Versen: »Und – was nur war das? – immer wieder: / Was will man bloß, das dann nur trügt? / Ich weiß es nicht: bin ich die Siegerin? / War ich besiegt?« Aller Wahrscheinlichkeit nach war sie die Besiegte. Nachdem sie verstanden hatte, »Dieses Herz darf im Sturm man nur rauben!«, erringt Zwetajewa die Liebe Parnoks. Hinter dem »knabenhaften« Äußeren Zwetajewas verbarg sich ein eiserner Wille.

Obwohl schon verheiratet und Mutter einer Tochter, nimmt Zwetajewa in der Beziehung zu Parnok die Rolle der jüngeren Freundin, der Tochter ein. Vielleicht sucht sie unbewusst das zu erhalten, was sie in der Kindheit entbehrte. Die Mutter Zwetajewas, Marija Alexandrowna Meyn, war überaus gebildet und spielte wunderbar Klavier. Sich dem Willen ihres Vaters beugend, opferte sie ihm ihre Karriere als Pianistin. Und so sollten ihre beiden Töchter nun das werden, was ihr selbst nicht gelungen war – »freie Künstler«. Obwohl der Mutter nicht entgangen war, dass Marina schon in der Kindheit Interesse für Verse empfand, wollte sie doch um jeden Preis eine Pianistin aus ihr machen. Marina war noch keine fünf Jahre alt, als die Mutter sie das erste Mal ans Klavier setzte. Von der übergroßen Rolle, die die Mutter in Zwetajewas Leben spielte und von ihrem nicht immer einfachen Verhältnis zu ihr zeugen die autobiographischen Aufzeichnungen *Mutter und die Musik*: »Sie forderte von mir – sich selbst! Von mir, die ich bereits eine Dichterin war, doch nie und nimmer eine Musikerin ... (Die Mutter quälte mich mit der Musik).«[15]

In der Kindheit verehrte Zwetajewa die Mutter. Diese jedoch – so zumindest empfand es Zwetajewa – liebte die jüngere Tochter mehr und verhielt sich der älteren gegenüber mit einer gewissen Lieblosigkeit. Ein enger Freund Zwetajewas, Mark Slonim, über das Verhältnis: »Marija Alexandrowna war Marina gegenüber kühl, sie reagierte zurückhaltend auf die Liebe ihrer Tochter und bemühte sich unaufhörlich, ihre Phantasie zu zügeln und ihr Temperament in ruhigere Bahnen zu lenken ... ich glaube, dass ihr die mütterliche Zärtlichkeit und Liebe fehlten und dass dies erklärt, warum sie immer die Freundschaft von Frauen suchte.«[16]

Marina Zwetajewa mit ihrer Tochter Ariadna (1925)

In einem der eindringlichsten der Parnok gewidmeten Gedichte, einem letzten *Verzeih*, kurz vor ihrer Trennung geschrieben, vergleicht Zwetajewa die »endlosen« Tage und Nächte ihrer Liebe mit denen von Mutter und Tochter: »In jenen Tagen warst Du mir Mutter, / Des Nachts konnte ich Dich rufen.« Parnok greift die von Zwetajewa vorgeschlagene Verteilung der Rollen bereitwillig auf. Sie hatte, ebenso wie Zwetajewa, früh die Mutter verloren. Vielleicht hat gerade dieses Gefühl der verlassenen Waise sie einander besonders nahe gebracht. Gleich in dem ersten der Zwetajewa gewidmeten Gedichte spricht Parnok von mütterlicher Zärtlichkeit, die ihre junge Freundin mit dem kurzen Haar (in jenen Jahren eine Seltenheit) in ihr erweckte. Refrain des Gedichts ist die bekannte Zeile Sapphos, die sie an ihre Geliebte Attida richtete: »›Als kleines Mädchen, ungeschickt, zeigtest du dich mir‹ / Ach, diese Zeile Sapphos durchbohrte mich wie ein Pfeil! / Des Nachts versank ich in Gedanken über dem lockigen Kopf, / Die Leidenschaft mit der Zärtlichkeit der Mutter im rasenden Herzen tauschend, – ›Als kleines Mädchen, ungeschickt, zeigtest du dich mir‹«.[17]

Immer öfter zeigen sich die beiden zu zweit. Die freizügige Moral der Boheme zu Anfang des 20. Jahrhunderts erlaubt ihnen, ihre Beziehung nicht zu verheimlichen. Der Zeitgenosse Pjotr Suwtschinski erinnert sich an jenes Paar, welches ihm in einem der Moskauer Salons über den Weg lief: »Marina Zwetajewa hielt man damals für eine Lesbierin. Sie kam mit der Dichterin Sofija Parnok. Sie saßen, einander umarmend, und rauchten gemeinsam eine Zigarette.«[18]

Langsam beginnen in den Gedichten beider Motive der Vorahnung ihrer Trennung anzuklingen, die von den Schwierigkeiten ihrer Liebe zeugen. Doch noch sind sie einander unersetzlich und verbringen den Sommer 1915 zusammen. Dies ist der Gipfelpunkt ihrer Liebe. Und doch ist Zwetajewa zwischen der Liebe zu ihrem Ehemann und der Geliebten hin- und hergerissen. »Sergei liebe ich für mein ganzes Leben ... Sofija liebt mich sehr und ich liebe sie – und auch dies ist ewig, und auch von ihr kann ich nicht gehen«, schreibt Zwetajewa der Schwester Efrons am 30. Juni 1915, dem dreißigsten Geburtstag Parnoks.[19] Ihre Zerrissenheit und ihr Unvermögen, der Gefühle zu einem der beiden zugunsten des anderen zu entsagen, schildert Zwetajewa in einem von dem Lied *Die Nebensonnen* aus Franz Schuberts Liederzyklus *Die Winterreise* inspirierten Gedicht: »Zwei Sonnen erkalten – o Gott, erbarme dich! / Eine im Himmel, die andere in meiner Brust.« Das Gedicht endet mit den für ihre Liebe zu Parnok prophetischen Zeilen: »Und beide erkalten – ihre Strahlen verbrennen nicht mehr! / Und jene erkaltet zuerst, welche am stärksten war.«

Aus Parnoks Gedicht *Meine Stimme muß wohl herzlos sein* vom Herbst 1915 geht hervor, dass sie innerlich bereits zur Trennung bereit ist: »Die Lippen wollen niemandem gehören, / meine verwaiste Schwelle ist mir lieb... / Warum nur kommst Du, deren Name / mir die Winde aller Wege bringt?« Unerbittlich nähert sich das Ende ihrer Liebe. Es braucht nur einen Anlass. Dieser Anlass wurde die Reise nach Petersburg und die Bekanntschaft Zwetajewas mit Ossip Mandelstam (1891–1938). »Im Februar 1916«, berichtet Zwetajewa in ihrem Brief an Kusmin, »d.h. also einen Monat später [nach der Petersburg-Reise], haben wir uns getrennt. Fast wegen Kusmin, d.h. wegen Mandelstam, der, da wir unser Gespräch an dem Abend [bei Kanegisser] nicht zu Ende führen konnten, nach

Moskau kam, um das Gespräch fortzusetzen. Als ich, nachdem ich zwei Tage mit Mandelstam zusammengewesen war, zu ihr kam, – es war dies das erste Fernbleiben in der ganzen Zeit – saß an ihrem Bett eine andere: eine sehr große, sehr dicke Schwarzhaarige.«[20]

Als sie verstanden hatte, dass Parnok sie verlassen werde, tut Zwetajewa einen verzweifelten Schritt – sie fordert alle Briefe und das Heft mit den Gedichten an *Die Freundin* zurück, womit sie diese unendlich verletzt: »Zu erröten für ein gewidmetes Gedicht / Und die Briefe zurückzufordern, – / Geheiligt ist das Geschenk und ungebunden / Von deinen lästerlichen Händen.«[21] Kurze Zeit später folgt die endgültige Trennung.

In der Freundschaft zu Parnok zeigt sich all das, was für die späteren Beziehungen Zwetajewas so charakteristisch ist. Sie erhebt den geliebten Menschen zum Ideal, fordert vom anderen, wie Mark Slonim schildert, »eine ungeteilte Hingabe, eine restlose Aufopferung, die der völligen Auflösung gleichkam.«[22] Parnok versteht, dass sie als reale Person der begeisterten Freundin nicht genug sein kann. Nach und nach entdeckt sie bei dem jungen Mädchen, als das sich Zwetajewa ihr zuerst zeigte, etwas Grausames, Herrisches, Despotisches. Und sie will nicht zum Schatten der Geliebten werden, sich selbst ganz vergessen. Und lässt sie los ... Die Trennung der beiden verlief jedoch keineswegs so, wie Zwetajewa in einem ihrer Gedichte beschrieben hat: wenn »... ich einst Ihnen, jähgestirnter Dämon, / Sage: Verzeih...« Die Verlassene war sie selbst. In einem der letzten Gedichte an *Die Freundin* versucht das lyrische Ich zu erforschen, »wo dein Weg hinführt im Leben«, und gibt ihr als Geleit mit auf den Weg: »Alle vier Winde sollen dich jetzt / Samt meinem Segen haben!« Tatsächlich aber fiel es ihr nicht leicht, sich mit dem Ende ihrer Liebe abzufinden. Als Zwetajewa endgültig begriffen hatte, dass Parnok für sie unwiederbringlich verloren war, empfand sie Erbitterung gegen ihre frühere Geliebte. Dies klingt nachhaltig im Brief an Kusmin an: »Wir waren eineinhalb Jahre befreundet. Ich erinnere mich überhaupt nicht mehr an sie, d.h. ich denke nicht mehr an sie. Weiß nur, dass ich ihr niemals verzeihen werde, dass ich an jenem Abend nicht blieb.«[23] Dieses »erinnere mich überhaupt nicht mehr« klingt wie eine Beschwörung. Als ob sie vor allem sich selbst davon überzeugen wolle.

In der Folge wird sie Parnok ganz aus ihrem Leben zu drängen versuchen. Die fast zwanzig Jahre nach der Trennung geschriebene *Erzählung von Sonetschka*, in der sie von ihrer Liebe zu der jungen Schauspielerin Sofija Holliday erzählt, ist auch ein Versuch, die Erinnerung an Parnok zu bewältigen. Der Roman ist voll von Anklängen der Liebe Zwetajewas zu der anderen Sonja (Sonja und Sonetschka sind Koseformen des Vornamens Sofija). Der Geist Parnoks ist auch in dem *Brief an die Amazone* gegenwärtig, in dem Zwetajewa ihre Konzeption der Liebe zweier Frauen darlegt und deren Unzulänglichkeit zu beweisen sucht. Nur ein Kind vom geliebten Menschen, legt Zwetajewa dar, mache es möglich, die Liebe zweier zu bewahren. Parnok behielt Zwetajewa in guter Erinnerung, ihr Bild stand auch später immer auf ihrem Nachttisch. Auch wenn die unschöne Art der Trennung von Zwetajewa sie verletzt haben mag, verzeiht sie ihr in einem ihrer späten Gedichte, das ihrem damaligen Schwarm Marina Baranowitsch gewidmet ist: »Doch ich habe ihr verziehen! / Und ich liebe dich und durch dich, Marina, / jene von gleichem Namen.« Die Trennung von Parnok war für Zwetajewa »die erste Katastrophe« ihres Lebens, doch, so der Literaturwissenschaftler und Biograph Zwetajewas Simon Karlinsky, gaben ihr dieser Schmerz und diese Katastrophe etwas, ohne das sie nicht die große Dichterin hätte werden können, die sie war: Reife. Und vielleicht hätte auch Parnok ohne die Bekanntschaft mit Zwetajewa, dieser, wie sie es empfand, »von Versen Besessenen«, nie jene innere Freiheit erlangt, die sie zu der Sofija Parnok gemacht hat, die wir kennen, der »russischen Sappho«, die die Liebe zweier Frauen zueinander besingt. In der stalinistischen Unzeit behielt sie ihrer Muse die Treue und wurde dafür mit Publikationsverbot gestraft, später fiel ihr Werk dem Vergessen anheim.

Unter den zahlreichen Gästen des Abends bei den Kanegissers war auch ein junger Poet, der von Zwetajewas Gedichten über den Krieg stark beeindruckt war. Die Rede ist von Ossip Mandelstam (1891–1938), zu jener Zeit ein aufgehender Stern am Himmel der russischen Poesie, Freund und Weggefährte Anna Achmatowas in der *Zunft der Dichter*. Es ist, als ob Mandelstam gerade auf diese Gedichte Zwetajewas gewartet habe. Im selben Monat noch antwortet er auf sie mit der *Friedens-Ode (Tierschau)*.

Marina Zwetajewa (1925)

Und auch Zwetajewa blieb den Gedichten des jungen Petersburgers gegenüber nicht gleichgültig: »Ossip Mandelstam, die Kamelaugen halb geschlossen, verkündet: ›Auf nach Za-arskoje Se-elo, / Wo fröhlich, frei und weinselig / Die Ulanen lachen und Singen / Und sich in den Sattel schwingen‹«, spielt sie auf die Vielen im Gedächtnis gebliebene Art des Gedichtvortrags Mandelstams an.[24] In einem Gedicht vergleicht sie den jungen Dichter mit Gawriil Dershawin (1743–1816), den Klassiker der russischen Literatur, und ruft ihm zu: »Ist dir, du mein junger Dershawin, / Mein Vers nicht zu ruppig, zu schrill?« Zugleich benennt sie hier den Unterschied zwischen ihrer eigenen Lyrik und der Mandelstams, dessen Gedichte überaus formstreng sind, während die ihren – die, wie es im Original heißt, »schlecht erzogenen« – außerhalb jeglicher poetischer Schule und Bewegung sind.

Vermutlich ist es an jenem Abend bei den Kanegissers zu einem ersten Gespräch der beiden über die Poesie gekommen und vielleicht begann so ihre Annäherung aneinander. Ihr erstes Treffen hatte im Sommer davor stattgefunden, anlässlich eines Besuchs in Koktebel. In ihrem Essay *Die Geschichte einer Widmung* beschreibt Zwetajewa ihre erste Begegnung: »Ich ging zum Meer, er kam vom Meer. An der Pforte zu Woloschins Garten – kreuzten sich unsere Wege.«[25] Es entsteht der Eindruck, dass die beiden sich dort nur kurz sahen, tatsächlich jedoch waren sie zu gleicher Zeit einige Wochen dort zu Gast. Zwetajewa aber war damals ganz gefangen genommen von Parnok, mit der sie gemeinsam dort war, und so sind sie tatsächlich »aneinander vorbeigegangen«.

Am 20. Januar 1916 kehrte Zwetajewa nach Moskau zurück. Kurze Zeit später reiste Mandelstam ihr nach und blieb etwa zwei Wochen in Moskau. Nach seiner Abreise entsteht Zwetajewas erstes ihm gewidmetes Gedicht, ein Abschied: »So zärtlich und unwiderrufen / Hat dir noch keine nachgeblickt ... / Nimm diesen Kuß - über Hunderte / Trennender Jahre geschickt.« Ihr lyrischer Dialog »beginnt also vom Ende her«, mit einem Abschied. »Ich wußte nicht, daß er zurückkommt«, bemerkt Zwetajewa auf der Handschrift des Gedichts. Anfang Februar schon ist der Dichter wieder in Moskau anzutreffen. Die folgenden »Ankünfte und Abreisen« (»Überfälle und Fluchten«) Mandelstams dauern von Februar bis Juni. Viele Jahre später wird Zwetajewa sich an »die wunderbaren

Tage ..., als ich Mandelstam Moskau schenkte«, erinnern: »Seltsamer Bruder nimm aus meiner Hand / Die Stadt, die nicht von Menschenhand entstand. / Vierzig mal vierzig Kirchen schenk ich dir / Und über jeder: Tauben, flatternd, wirr.«

Mandelstam war zuvor nie in Moskau gewesen. Zwetajewa zeigt dem »fremden Gast« ihre Heimatstadt. Ihre Gedichte bezeugen die Routen ihrer Spaziergänge: »Dem Fluß entlang, dem bunten wirren / Glasperlenspiel der Lichter nah, / Will ich dich nun zum Platz hinführen / Der schon die Knabenzaren sah.« – Der Kathedralenplatz im Moskauer Kreml mit den »fünf Kathedralen – wundervoll der Kreis«. Sie betrachtet ihren Begleiter schwärmerisch: »Und wessen sanfte Hände strichen / Dir Schönheit deine Wimpern hoch« – die dichten, bis zu den Augenbrauen reichenden Wimpern Mandelstams wurden zur Legende: »Wenn irgendwo Wimpern erwähnt wurden, war sicher die Rede von Ossja [Kurzform für Ossip]«, berichtet Nadeshda Mandelstam.

In der Literaturwissenschaft wird das Verhältnis zwischen Zwetajewa und Mandelstam unterschiedlich beschrieben: als Freundschaft zweier Dichter, als platonische Verbindung oder als Liebesgeschichte. Die aufmerksame Lektüre der einander gewidmeten Gedichte legt den Schluss einer wie auch immer gearteten Liebe der beiden nahe, wobei Mandelstam sicher stärkere Gefühle empfindet, während bei Zwetajewa hingegen wohl das Gefühl der mütterlichen Zärtlichkeit überwiegt. Sie selbst sagt es so: »Den zehnjährigen Jungen lieb ich / In dir, den göttlichen! verehre ich.«

Zwetajewa nennt Mandelstam in ihren Gedichten ihren »fremden Gast«. »Mandelstam war dreifach fremd in diesem orthodoxen Kirchenparadies: als Jude, als Petersburger und als dem Westen zugewandter Europäer«, erläutert der Übersetzer Ralph Dutli. Zwetajewa und Mandelstam verkörpern jeweils zwei miteinander rivalisierende Elemente Russlands: sein Petersburger Russland gegenüber ihrem Moskauer. Petersburg, das »Fenster zum Westen«, wird empfunden als westliche, ganz und gar »unrussischste« aller russischen Städte, Moskau hingegen als echt russische, der orthodoxen Tradition verhaftete Stadt.

Mandelstam nimmt das Geschenk Zwetajewas an. Zum ersten Mal betritt er den Kathedralenplatz des Moskauer Kremls. Die Glocken klin-

Ossip Mandelstam, Kornei Tschukowski, Benedikt Liwschiz und Juri Annenkow (1914)

gen in einer »Stimmenvielfalt wie von Mädchenchören: / Die zarten Kirchen, jede singt für sich«, erinnert er sich an diesen Augenblick. Der Dichter fühlt sich nicht mehr als »Fremdling« auf diesem Platz, in dieser Stadt. Und bleibt doch ganz Europäer: »Fünfköpfig stehen Moskaus Kathedralen / Mit ihrer Seele italienisch-russisch, wild / Tritt vor mich jetzt Aurora, heller strahlend / Mit russischem Namen – in Pelz gehüllt.« Die Göttin der Morgenröte, mit russischem Namen jedoch, sieht der Leser hier Zwetajewa vor sich.

Die Mandelstam gewidmeten Gedichte Zwetajewas sind voll der Vorahnung des ihm bevorstehenden Unglücks. Im Gedicht vom 17. März 1916 zeigt Zwetajewa sich als Weissagende: »Bete! Nie gebannt / In der Nacht wachen Feinde«, warnt sie ihn: »Mit nackten Händen packen sie dich - Starrkopf! Gehetzt! / Von deinem Schreien wird die Nacht weithin hallen! / Die Flügel in alle vier Winde - zerfetzt, / Lichtengel! Junger Adler!« In uns, die wir heute um das Schicksal des Dichters wissen, das ihm in der Nacht vom ersten auf den zweiten Mai des Jahres 1938 widerfuhr, als sie »kamen in das von Gott vergessene und von aller Welt abgeschnittene Sanatorium, die Sachen durchwühlten und ihn in einen Lastwagen warfen und wegbrachten – auf immer, ihn im Lager verfaulen ließen und in ein Massengrab warfen«,[26] ruft die Vorahnung Zwetajewas fast Entsetzen hervor: Der Dichter starb am 27. Dezember 1938 in einem stalinistischen Lager. Hätte Zwetajewa gewusst, so Viktoria Schweizer, wie grausam genau sie den Untergang Mandelstams vorhergesagt hat, »hätte sie die Feder hingeworfen und das Heft mit diesem Gedicht im letzten Winkel der Tischschublade versteckt.« Und doch hätte dies wohl nichts ändern können. Umso mehr, als auch Mandelstam selbst seine Zukunft in einem seiner Gedichte aus dem Jahr 1916 vorausgesagt hat, das zugleich eine Antwort auf Zwetajewas Vorahnung ist.

Im Sommer 1916 besucht Zwetajewa ihre Schwester Assja in der Provinzstadt Alexandrow im Gouvernement Wladimir. Eines Tages taucht Mandelstam ebenfalls dort auf. Jedoch hält er es nicht lange aus und reist überstürzt wieder ab. Dieses Mal ist sein Weggang endgültig. Viele Jahre später schildert Zwetajewa den Aufenthalt des Dichters in Alexandrow in dem Essay *Die Geschichte einer Widmung* und zeichnet ihn als ewiges Kind, launisch, eigensinnig, bei allem jedoch außergewöhnlich liebenswert. »In der zweiten Hälfte beschreibe ich den *wahren* Mandelstam«, so Zwetajewa in einem Brief aus dem Entstehungsjahr des Essays, 1931, »und er ist gelungen beschrieben, großherzig beschrieben, mit, wenn Sie so wollen, *mütterlichem Humor.*«[27]

In einem früheren Brief an Lilja Efron, ihre Schwägerin, der kurz nach Mandelstams jäher Abreise im Juni 1916 geschrieben worden war, ist der Aufenthalt in Alexandrow in nicht ganz so frohem Ton geschildert. Es wird klar, dass Mandelstam nur einen einzigen Tag dort war, in der *Geschichte einer Widmung* jedoch werden aus diesem einen Tag viele Tage, wenn nicht Wochen. Ein Beispiel dafür, wie wenig die lyrische mit der wirklichen Zeit übereinstimmt. Ihr erstes Treffen in Koktebel im Jahr zuvor war ja unter der Feder Zwetajewas viel kürzer geworden, als es tatsächlich war – aus mehreren Wochen wurde ein flüchtiger Augenblick. Man war »aneinander vorbeigegangen«, hatte einander nicht wahrgenommen. Den letzten Tag der beiden Liebenden in Alexandrow hingegen, der Tag des Abschieds, an dem jede Kleinigkeit ganz außerordentlich wichtig wird und für immer im Gedächtnis bleibt, wird in der Erinnerung länger als ein gewöhnlicher Tag.

Im Brief an die Schwägerin findet sich auch nichts von jenem »mütterlichen Humor«, mit dem Zwetajewa den Dichter später im Essay dargestellt hat. Sein Verhalten scheint vielmehr Ironie und Gereiztheit in ihr ausgelöst zu haben. Ihre Freundschaft war gerade aufgrund seiner plötzlichen Abreise schlagartig zerbrochen. Vielleicht verbergen sich hinter der Gereiztheit, mit der sie das Verhalten Mandelstams hier schildert, ja auch Verletztheit und Schmerz. Im Essay hingegen ist das Bild des Dichters schon idealisiert. Und doch ist das von ihr dort geschaffene Bild näher am Original als jener ungeschickte und flegelhafte Mandelstam des Briefes, den sie kurz nach dem Bruch ihrer Freundschaft schrieb. Nicht zufällig erhob sich an dem Abend in Paris, als Zwetajewa zum ersten Mal aus dem Essay las, unter den Anwesenden ein verzücktes Flüstern: »Er ist es! Er! Wie lebendig, wie ähnlich!«

»Hochmütig reiste er ab«, endet ihre Erzählung über den Besuch Mandelstams in Alexandrow in dem Brief. Vielleicht war ja das Verhalten des Dichters, das an das eines Kindes erinnert, welches um jeden Preis die Aufmerksamkeit der Mutter zu erringen sucht, und seine kopflose Abreise auch eine impulsive Reaktion auf die Entfremdung zwischen ihnen, die ihm so fühlbar, aber noch nicht begreiflich war. Und auch in dieser Freundschaft zeigt sich das immer wiederkehrende Muster Zwetajewas: »Verehrenswürdig ist nur, wer unerreichbar ist wie der Herzog von Reichstadt; wenn aus einem Idol ein gewöhnlicher Sterblicher wird, ist sein Zauber dahin«, so Zwetajewas Biographin Maria Razumovky.[28]

In Koktebel schreibt Mandelstam sein letztes Zwetajewa gewidmetes Gedicht, *Kein Auferstehungswunder glaubend,* das mit den Versen endet: »Uns bleibt als einziges der Name, / Ein Wunderklang, für lange Zeit - / Aus meinen Händen nimm als Gabe / Den Sand, der zu dir weitereilt.« Zwetajewa hatte ihm in ihren Gedichten das ganze Moskau mit all seinen Kirchen geschenkt und Mandelstams Gegengeschenk sollte nur Sand sein? Doch hat er nicht nur den Sand des von beiden geliebten Koktebel im Sinn: »Doch Ewigkeit – ist Sand am Meer«, schrieb er in einem Gedicht einige Jahre vor dem Treffen mit Zwetajewa. Er schenkt ihr seine

Gedichte und mit ihnen die Unsterblichkeit. Der Name der Dichterin Zwetajewa und sie selbst bleiben in seinem Gedicht und bis in alle Ewigkeit.

Jelisaweta Kruglikowa: Ossip Mandelstam

Das letzte Gedicht Mandelstams an Zwetajewa ist auch das sinnlichste von allen. Laut Nadeshda Mandelstam ist es gerade »die wilde und grelle Marina«, die den Dichter zu lieben gelehrt hat. Sie »entfesselte in ihm die Lebensfreude und die Fähigkeit zu spontaner und rückhaltloser Liebe, die mich von der ersten Minute an verblüffte.«[29] Und auch das letzte Mandelstam gewidmete Gedicht Zwetajewas ist voll der Leidenschaft. Wenn sie in den vorherigen Gedichten von ihren Gefühlen für den Dichter sprach, verwendete sie stets das Wort »Zärtlichkeit«, nun aber bricht sich die »Wildheit der Liebe« Bahn: »Ach, dieses Tierbrüllen, schaudernd / Das freche - ach! - das Blut.« Zugleich klingt jedoch auch das Entsagen von dem so leidenschaftlich gewollten: »Laß den Übermut, entzünde / Eine Kerze für uns still, / Damit uns beiden in der blinden Nacht nicht werde, was ich will.« Dies sind die Zeilen »vom Ende«.

Hiernach trennten sich ihre Wege. Keiner der beiden machte die Widmung der Gedichte publik. Zwetajewa, die »große Eifersüchtige«, wie Nadeshda Mandelstam sie genannt hat, erklärte dies in dem Brief an den Kritiker Alexander Bachrach aus dem Jahr 1923: »Wegen seiner seit kurzem existierenden und eifersüchtigen Frau wagte er nicht, mir diese

Jelisaweta Kruglikowa: Marina Zwetajewa (1920)

Gedichte offen zu widmen. Ich habe viele Gedichte für ihn geschrieben ... sie ihm offen zu widmen, wagte ich nicht – wegen seiner (seit kurzem existierenden und eifersüchtigen) Frau.«[30] Natürlich lag der Grund aber nicht in der eifersüchtigen Ehefrau. Zwetajewa hat auch bei anderer Gelegenheit die Adressaten ihrer Gedichte nicht genannt. »Und – ein für allemal – alle meine Gedichte dieser Art, alle Gedichte dieser Art überhaupt sind an Gott gerichtet. (Nicht umsonst habe ich – und keineswegs aus postumem weiblichen Stolz, sondern aus einer bestimmten, letzten Gewissensreinheit – nie Widmungen gesetzt)«, schreibt sie in der *Geschichte einer Widmung.*[31] So hat sie auch im Falle mit Mandelstam nicht nach »Vergesellschaftlichung« der Gedichte gestrebt.

Man schreibt das Jahr 1931. Meudon. In diesem Pariser Vorort lebte Marina Zwetajewa in den Jahren 1926–1932 ihrer Emigration. Als sie eines Tages hier ihre Papiere ordnet und alles unnötige verbrennt, stößt sie auf einen Zeitungsartikel des Dichters Georgi Iwanow, in dem dieser zur Belustigung der Spießbürger ein gänzlich entstelltes Bild Mandelstams zeichnet, ihn als einen komischen Sonderling darstellt und sich anekdotische Ereignisse ausdenkt, die, wie er vorgibt, in jenem Sommer des Jahres 1916 in Koktebel stattgefunden hätten. Er erzählt eine erdachte Geschichte zur Entstehung des Gedichts *Kein Auferstehungswunder glaubend,* das vermeintlich vom Dichter einer »ein bißchen vulgären« »brünetten« Dame gewidmet sei, »Ärztin von Beruf«, die von einem armenischen Kaufmann ausgehalten werde. Sofort wird in Zwetajewa der Wunsch zur »Verteidigung des Gewesenen« geweckt, zur Verteidigung gegen eine solch infame Lüge. »Nicht gar so viele gute Gedichte sind in meinem Leben für mich geschrieben worden, und vor allem: nicht gar so oft wird ein Dichter von einem anderen Dichter inspiriert, daß diese Inspiration so mir nichts, dir nichts der erstbesten inexistenten Freundin eines inexistenten Armeniers abgetreten werden könnte. Auf diesem Eigentum – bestehe ich.«[32] So entstand ihr Essay *Die Geschichte einer Widmung*, der erst nach ihrem Tode veröffentlicht werden konnte und in dem Zwetajewa erstmals den Namen des Dichters der ihr gewidmeten Gedichte nennt.

Wie weit Zwetajewa und Mandelstam in ihrer Freundschaft gingen, wird für immer das Geheimnis der beiden bleiben. Doch die kurze Kreuzung der Schicksale dieser beiden Dichter erwies sich für das Werk beider als ungeheuer fruchtbar: »Die Freundschaft mit der Zwetajewa spielte meiner Meinung nach eine sehr große Rolle im Leben und in der Arbeit Mandelstams ... Als die Zwetajewa ihm ihre Freundschaft und Moskau schenkte, befreite sie Mandelstam gleichsam von einem Bann. Es war ein wunderbares Geschenk, denn allein mit Petersburg, ohne Moskau, gibt es kein freies Atmen, kein wirkliches Gefühl für Rußland, keine moralische Freiheit«, so die »eifersüchtige« Nadeshda Mandelstam.[33]

Die Freundschaft mit Mandelstam förderte das »Erwachsenwerden« Zwetajewas im Leben ebenso wie in der Dichtung. Ohne die Gedichte an Mandelstam hätten auch die Gedichte an Anna Achmatowa nicht geschrieben werden können, deren Lyrik Zwetajewa bewunderte. Die Reise nach Petersburg im Jahr 1916 hatte Zwetajewa auch in der Hoffnung unternommen, dort Anna Achmatowa kennen zu lernen. Der Aufstieg Achmatowas auf den Olymp der Literatur war beachtlich früh gewesen. Fast gleich alt mit Zwetajewa, schmückte sie in jenen Jahren schon der Ruhm, die beste russische Dichterin zu sein. Doch kam es damals nicht zu einer Begegnung der beiden. Achmatowa war krank und hielt sich in Zarskoje Selo auf. Trotzdem trägt Zwetajewa bei dem Abend bei den Kanegissers ihre Gedichte für die Abwesende vor: »Achmatowa! – das Wort ist gefallen. Mit meinem ganzen Wesen spüre ich – bei jeder Zeile – das angespannte und unvermeidliche Vergleichen (mitunter auch Gegeneinander-Ausspielen) von Achmatowa und mir, ja mehr noch: der Petersburger und der Moskauer Dichtung, der Städte Petersburg und Moskau. ... Lese, als wäre Achmatowa im Raum, nur sie allein. Lese für die abwesende Achmatowa. Ich brauche meinen Erfolg als direkten Draht zur Achmatowa. Und wenn ich in diesen Minuten Moskau bestmöglich repräsentieren will, so nicht, um Petersburg zu besiegen, sondern um dieses Moskau Petersburg zu schenken, um dieses Moskau als Zeichen meiner Liebe Achmatowa zu schenken, damit es sich tief vor ihr verneigt«, erinnert sich Zwetajewa in *Ein Abend nicht von dieser Welt.*[34]

Im Jahr vor der Reise nach Petersburg, als sie noch ganz im Banne ihrer Liebe zu Parnok stand, hatte Zwetajewa Achmatowa ein erstes Gedicht gewidmet, das nach einem Traum entstanden war: »Sie sind mein Lieblingsdichter, ich habe einmal vor langer Zeit – vor ungefähr sechs Jahren – von Ihnen geträumt – von Ihrem zukünftigen Buch: dunkelgrün, in Saffian, mit Silberprägung – ›Goldene Sprüche‹ – irgendein uralter Zauber, eine Art Gebet (oder vielmehr – das Gegenteil!) – und als ich erwachte, wußte ich, daß Sie es schreiben würden«, schreibt Zwetajewa im Jahr 1921 in einem Brief an Achmatowa.[35] Im ersten Achmatowa gewidmeten Gedicht erscheint diese ganz im Lichte des damaligen schicksalhaften Ideal Zwetajewas, an die lyrische Heldin des Zyklus *Die Freundin* erinnernd. Zwetajewa beschreibt sie eindringlich: »Sie sind zu zeichnen mit einer / gebrochen-scharfen Linie« und es scheint, dass Zwetajewa mit dieser Zeile Achmatowas von Modigliani 1911 gezeichnetes Porträt wiedergibt – doch Zwetajewa hatte Achmatowa zu diesem Zeitpunkt nicht einmal gesehen und kannte auch das Porträt Modiglianis nicht. Das Gedicht endet mit einer Liebeserklärung an Achmatowa: »In schläfriger Morgenstunde, / mir scheint, es war kurz nach vier, / begann ich zu lieben Sie, Anna Achmatowa.« Dieses Gefühl der Verliebtheit in Achmatowa und ihre Gedichte wird für viele Jahre erhalten bleiben. Das Leben wird sie viel später erst zusammenführen. Nach Zwetajewas Rückkehr in die Sowjetunion findet Anfang Juni 1941 die einzige Begegnung der beiden ersten Dichterinnen Russlands statt – kurze Zeit später, am 31. August, nimmt Zwetajewa sich das Leben.

Im Jahr 1916 schreibt Zwetajewa den Zyklus *Gedichte an Achmatowa.* Vielleicht hatte die Reise nach Petersburg Anfang des Jahres und die Begegnung, die nicht stattgefunden hatte, dafür den Anstoß gegeben. In *Die Geschichte einer Widmung* verwundert der Satz: »Das Jahr 1916. Sommer. Ich schreibe die Gedichte an Blok und lese zum erstenmal die Achmatowa.«[36] Natürlich war Zwetajewa auch davor schon mit Achmatowas Gedichten vertraut, doch hier scheint sie sich zum ersten Mal in ihrer ganzen Tiefe mit ihnen befasst zu haben. Und mit ganzer Kraft wird die Liebe zu Achmatowa geweckt. Wie zeigt sich uns in diesen Gedichten die »goldmundige Anna ganz Russlands«? Achmatowa in den Gedichten Zwetajewas, das ist das auf einen Sockel erhobene Ideal, fast eine Gottheit, welcher die niederkniende »Moskauer Schwester« in ihren überschwänglichen Hymnen huldigt. Bei aller Übertreibung jedoch ist den Gedichten ein tiefes Verständnis der Lyrik Achmatowas mit all ihrer Tragik, Bitterkeit und »schwierigen Einfachheit« inne. Die Achmatowa Zwetajewas ist eine die schwarze Hexenkunst beherrschende Magierin, »die das Wüten den Winden gab / und dem stürmenden Schnee das Fliegen / und dem Fieber, dem Vers, dem Krieg.« Zwetajewa war gefesselt von der Musikalität, der Liedhaftigkeit der Gedichte Achmatowas, ihrer Nähe zum volkstümlichen Lied. Es ist, als ob sie in ihren Gedichten weine, klage: »O Muse des Weinens, die schönste aller Musen! / O du, wilde Ausgeburt der weißen Nacht!«, schreibt Zwetajewa über sie.

Marina Zwetajewa (1924)

Achmatowa ihrerseits war dem Werk der »Moskauer Schwester« gegenüber eher verhalten. Sie antwortete auf deren *Gedichte an Achmatowa* nicht. Wohlgeneigt gestattete sie ihr, für sie zu schwärmen und sie zu vergöttern. Zwetajewa schickt ihr Bücher mit der Bitte um Autogramme: »Glauben Sie nicht, daß ich hinter Autogrammen her bin – wieviel Bücher mit Widmungen habe ich schon verschenkt! Ich schätze nichts und hebe nichts auf, doch Ihre Bücher nehme ich mit ins Grab – unters Kopfkissen!«[37] Achmatowa, die sich auf eine »Schreibschwäche« beruft, antwortet lediglich mit einem kurzen Schreiben und beschränkt sich auf lakonische Widmungen in den Büchern.

Die beiden ersten Dichterinnen Russlands waren Gegensätze im Leben ebenso wie in der Poesie. Die kränkliche, zerbrechliche Achmatowa, die in einem fort fror und sich in weite Schals hüllte. Dagegen Zwetajewa mit ihrer, nach ihren eigenen Worten, eisernen Gesundheit – eine unermüdliche Spaziergängerin, die keine Müdigkeit kannte und nur wenig schlief. Die Achmatowa mit der griechischen Herrschernase, dem schwarzen Pony, mit dem ständig von den Schultern rutschenden Schal (ein wichtiges Attribut) hatte tatsächlich etwas von einer schicksalhaften Frau. Die Zeitgenossen beeindruckte vor allem das Majestätische ihrer Erscheinung. Natürlich lag darin auch etwas von Selbstinszenierung. Die Erscheinung der hellhaarigen, grünäugigen Zwetajewa hingegen hatte weder Schicksalhaftes noch Majestätisches.

Zwetajewa bewunderte in der Lyrik Achmatowas alles, was ihrer eigenen fehlte. Zurückhaltung, Strenge, Klassik. Dagegen die Besessenheit der Lyrik Zwetajewas, die, wie Sofija Parnok es beschreibt, »durch ihr mit den Versen Wüten, uns mit ihrer Verzückung entflammte«. Die beiden Dichterinnen verehrten verschiedene Götter. Achmatowas Lyrik entsprang dem apollinischen Element, Zwetajewas ist die Verkörperung des Dionysischen. Es gab auch eine gewisse Konkurrenz unter ihnen, wie Zwetajewa offen in einem ihrer Gedichte zugibt: »Die Krätze des Wettstreits / hat in uns die Verwandtschaft nicht besiegt. / Und so teilten wir ganz einfach: / Dein ist Petersburg, mein – Moskau.«

Achmatowa, die an jenem Abend bei den Kanegissers Zwetajewa nicht kennen gelernt hatte, fragte später einen der Anwesenden aus: »Achmatowa: ›Und wie ist sie?‹ – ›Oh großartig!‹ Die Achmatowa, ungeduldig: ›Aber kann man sich in sie verlieben?‹ – ›Man kann gar nicht anders.‹«[38] Es ist, als ob sich hier eine Frau über eine andere erkundigt, in dem Gefühl, dass die andere sie aus dem Herz des Geliebten zu drängen vermag. Und doch war Achmatowas Verhältnis zu ihrer »Moskauer

Schwester« nicht ganz so eindeutig, wie es scheinen mag. So hat sie sich den von Zwetajewa verliehenen Beinamen »Muse des Weinens« bedenkenlos angeeignet. Und auch Zwetajewas Gedichte an sie scheint sie gemocht zu haben: »Ich weiß, daß Achmatowa in den Jahren 1916–1917 sich von Handschriften meiner Gedichte an sie niemals getrennt hat und sie in ihrer Handtasche so abgetragen hat, daß sie nur noch Fetzen waren«, hatte Zwetajewa von Mandelstam einst erfahren.[39] Vielleicht hat Achmatowa das Werk Zwetajewas mehr geschätzt als sie zu zeigen bereit war. Wer weiß, wie sich ihr Verhältnis entwickelt hätte, wenn sie sich damals bei den Kanegissers doch begegnet wären.

Im März 1936 erfährt Zwetajewa im Exil vom Tod Michail Kusmins. Die Nachricht vom Ende des Dichters erinnert sie an ihr einziges Treffen mit ihm. Zwetajewa macht sich gleich daran, ein Requiem auf den Verstorbenen zu verfassen. So entsteht im Gedenken an ihn ihr Essay *Ein Abend nicht von dieser Welt* – mit dem Titel nimmt sie Bezug auf einen Gedichtband des Verstorbenen. Von ihrem unschönen, ärmlichen Emigrantendasein, das noch schwerer wird durch eine allgemeine Ablehnung ihres Werkes – »Zwetajewa? Eine schwierige Dichterin. Nur für ganz wenige.« –, blickt sie zurück auf die Abende nicht von dieser Welt, als sie »Anfang zwanzig, großartig und siegesgewiß« nach Petersburg kam, um es zu erobern, sich ihm und in erster Linie Anna Achmatowa vorzustellen.

1916 war zugleich das letzte Jahr des alten Russlands. Ihr Essay beginnt mit der Beschreibung eines Schneesturms – auch eine Metapher der herannahenden Katastrophe: »O wie schnell wir danach *alle verschwanden*. In jenen Schneesturm, der uns gewaltsam und endgültig auslöschte.« Und endet mit dem wehklagenden Ausruf: »Und alle sind sie gestorben, gestorben, gestorben«. Ein Beweinen der unwiederbringlich verschwundenen Menschen, des unwiederbringlich verschwundenen Russlands.

Jewdokija Nagrodskaja

und ihr Salon von übler Reputation

»*Der Zorn des Dionysos* überschwemmte Russland mit einer Zahl von Exemplaren, größer als die aller anderen Romane jener Zeit, da er mit seiner anspruchslosen Gewagtheit die ›fortschrittlichen‹ Leser in der Provinz damals in Bann nahm und an jedem Bahnhofskiosk feilgeboten wurde.« Mit diesen Worten kommentiert der Kritiker Alexander Bachrach fast neunzig Jahre nach der Veröffentlichung den Bestseller-Roman *Der Zorn des Dionysos.*[1] Die von ihm verächtlich als »Boulevard-Schriftstellersche« bezeichnete Jewdokija Nagrodskaja (1866–1930) landete mit ihrem ersten Roman einen internationalen Publikumserfolg. In den Jahren zwischen 1910 und 1916 wurde er zehn Mal wiederaufgelegt und lag schon kurz nach seinem Erscheinen auch in anderen Sprachen wie zum Beispiel auf Deutsch vor. Der Literaturkritik war ein solcher Triumph einer vermeintlichen Debütantin natürlich nicht ganz geheuer und viele Rezensenten sahen in ihr lediglich eine Vertreterin einer minderwertigen »Damen-« bzw. Boulevardliteratur.

Jewdokija Nagrodskaja erreichte mit ihren Veröffentlichungen für das damalige Russland Schwindel erregende Auflagenhöhen und war als skandalträchtige Autorin von angeblich die guten Sitten verletzenden Werken in aller Munde. In ihren Texten griff sie Themen der Zeit wie die Frauenfrage und den Themenbereich der Sexualität auf und machte sie einem breiten Leserkreis zugänglich. Dabei waren Zugeständnisse an den allgemeinen Publikumsgeschmack natürlich unumgänglich. Nagrodskaja popularisierte und vereinfachte – nur so wird ihr beachtlicher Triumph verständlich. Dass sie allerdings bis heute als Schriftstellerin wahrgenommen wird, mit deren Werken sich zu beschäftigen unter der Würde der seriösen Literaturwissenschaft sei, wird der Autorin nicht gerecht, waren doch schon unter ihren Zeitgenossen nicht wenige Autoritäten, die ihr Talent zum Schreiben bescheinigten: »In der für das russische Publikum ungewohnten Manier des französischen Romans verfasst, lebendig und eingängig, taktvoll und mutig auch äußerst riskante Fragen der Gegenwart zur Sprache bringend, hinterlässt der Roman den Eindruck, als habe die Autorin das Beschriebene selbst durchlebt«, schreibt kein geringerer als Michail Kusmin, eine der unumstrittenen Koryphäen jener Zeit, über den ersten Roman der Erfolgsautorin.[2]

Zum Zeitpunkt der Veröffentlichung des Aufsehen erregenden Romans hat Nagrodskaja die vierzig bereits überschritten. Als Tochter der bekannten Schriftstellerin Awdotja Panajewa (1820–1893) und des linksliberalen Journalisten und Literaturkritikers Apollon Golowatschow (1831–1877) 1866 in Petersburg geboren, ist Nagrodskajas Biographie von Beginn an von der beflügelnden Atmosphäre der Liberalität in Kunst und Leben geprägt. Die Mutter ist Gastgeberin eines berühmten Salons des ausgehenden 19. Jahrhunderts und hat der russischen Literatur mit ihren *Erinnerungen* das »köstlichste Buch der gesamten Memoirenliteratur« geschenkt, in denen sie Zeitgenossen wie Tolstoj, Dostojewski und viele andere »in den schönsten Farben, dramatisch und überwältigend klar« beschreibt. Über die Dame des Hauses und ihren Salon berichtet in ihren Briefen und Memoiren die Blüte der literarischen Welt Russlands jener Zeit: Tschernyschewski preist sie als »Schönheit, wie es sie nicht oft gibt«, Dostojewski verliebt sich bei der ersten Begegnung in sie, Turgenjew und Belinski gehören zu den regelmäßigen Besuchern ihrer literarischen Soireen.

Aus einer Schauspielerfamilie stammend, hatte sie als junge Frau von nicht einmal zwanzig Jahren den Bonvivant Iwan Panajew geheiratet, der auch nach der Eheschließung nicht eben gewillt war, den Lebenswandel eines Junggesellen aufzugeben. Es verwundert daher kaum, dass auch Panajewa nicht abgeneigt ist, ihr Herz einem anderen zu schenken. Da die Ehen damals jedoch vor Gott, sprich ausschließlich kirchlich geschlossen wurden, war eine Auflösung der Ehe unmöglich, und Panajewa wird, wie die Literaturgeschichtsschreibung euphemistisch vermerkt, die »bürgerliche Ehefrau« des Dichters Nikolai Nekrassow (1821–1877). Als »sozialistischer Tendenzlyriker«, der sich in seinen Werken vornehmlich sozialen Themen widmete, genoss Nekrassow besonders in Kreisen revolutionär gesinnter Studenten breite Anerkennung. Panajew toleriert die Beziehung seiner Frau mit seinem Kollegen, und so leben die drei fast 15 Jahre in einer offenen ménage à trois – für das rückständige, patriarchalische Agrarland Russland in der Mitte des 19. Jahrhunderts beachtliche Familienverhältnisse, die zeigen, mit welchem Selbstbewusstsein die emanzipierten Damen der fortschrittlichen Familien Russlands damals ihren Weg gingen.

In ihren Werken beschäftigt sich Panajewa vor allem mit der in dieser Zeit vernehmlich diskutierten Frauenfrage und setzt sich für eine Verbesserung der damals rechtlosen Lage der Frau ein. Als ihr Mann 1862 stirbt und der Weg für die Legitimierung der langjährigen Beziehung zu Nekrassow eigentlich offen steht, trennt Panajewa sich von ihrem Geliebten und heiratet den Journalisten Apollon Golowatschow, der der Vater ihrer Tochter Jewdokija wird.

Im Alter von elf Jahren verliert das Mädchen seinen Vater und wächst fortan alleine bei der Mutter auf, die sich mit bescheidenen Honoraren über Wasser hält. Trotzdem legt sie besonderen Wert auf Erziehung und Bildung der Tochter, denn dies war ihr Kapital, mit dem sie, statt mit einer hohen Mitgift, ins Leben entlassen werden soll. Sie lässt ihrer Tochter die beste Ausbildung, die einem Mädchen damals möglich war, zukommen und ermöglicht ihr den Besuch eines privaten Gymnasiums, dessen Niveau dem eines Knabengymnasiums in nichts nachstand. Das Schulgeld, das die Mutter nicht hätte aufbringen können, wurde ihnen erlassen. Jewdokija wird zu einer selbstbewussten und selbstständigen jungen Frau erzogen und von Leben und Weltanschauung ihrer Mutter geprägt. Schon in jungen Jahren trägt sie zum Unterhalt der Familie bei, indem sie am Petersburger *Kleinen Theater* in Nebenrollen als Schauspielerin auftritt.

Vielleicht um den materiellen Sorgen zu entfliehen, heiratet Nagrodskaja im Alter von sechzehn Jahren den Fürsten Tangijew. Nach der Geburt zweier Kinder wird sie schon sechs Jahre nach der Hochzeit Witwe und ist von neuem den Unbillen des Lebens in finanzieller Not ausgesetzt. Wie schon als junges Mädchen ist sie gezwungen, sich nach einer halbwegs einträglichen Verdienstmöglichkeit umzusehen, um sich und ihren beiden Kindern das tägliche Brot zu sichern. In dieser Zeit erscheinen in einigen Zeitschriften und Zeitungen St. Petersburgs Fortsetzungsromane mit der kryptischen Autorenunterschrift Je. T. oder Je. Tangijewa, bisweilen mit dem Zusatz »Fürstin«. Kein Zweifel, dass es sich hier um die spätere Autorin Nagrodskaja handelt, die sich unter dem Namen ihres ersten Ehemannes ebenso wie einst ihre Mutter mit Honoraren für literarische Werke durchs Leben schlägt. Vermutlich wird ihre Arbeit nicht einmal schlecht bezahlt, handelte es sich doch um Kriminalromane, an denen die Leser durchaus Gefallen fanden. Nach der Veröffentlichung des ersten Romans wird sie von den Herausgebern der Zeitung sogleich mit einer Fortsetzung beauftragt und ein Jahr später erscheint schon die nächste Geschichte. So geht es einige Jahre bis zur zweiten Eheschließung im Jahr 1896 mit Wladimir Nagrodski, unter dessen Namen sie später als Bestsellerautorin Furore machen sollte. Da der Ehemann der Familie ein auskömmliches Dasein sichern kann, stellt sie, nun finanziell abgesichert und nicht mehr auf Honorare angewiesen, erst einmal ihre literarische Tätigkeit ein, und ihre nächste Veröffentlichung sollte erst über zehn Jahre später erscheinen, dafür aber umso mehr Aufsehen erregen. Weder die Leser noch die Kritiker identifizierten Nagrodskaja mit jener Tangijewa, die viele Jahre zuvor Autorin einiger recht populärer Kriminalromane gewesen war. Jewdokija Tangijewa war im Blätterwald verschwunden und Jewdokija Nagrodskaja erlebte mit vierundvierzig Jahren ihr eindrucksvolles Debüt als Skandalautorin.

Wie der Titel des Romans *Der Zorn des Dionysos* andeutet, nimmt die Autorin in ihm Bezug auf die aktuellen Themen der Zeit, in der zwar die Krise des Symbolismus festgestellt worden war, dessen Ideen jedoch nach wie vor die Diskussionen bestimmten. Nach der Veröffentlichung des Romans *Die Flügel* von Michail Kusmin im Jahr 1906 und der Erzählung *Dreiunddreißig Ungeheuer* von Lidija Sinowjewa-Annibal im darauf folgenden Jahr, behandelt auch Nagrodskajas *Der Zorn des Dionysos* das Thema der geschlechtlichen Verirrungen: Das Buch handelt vom Widerstreit zwischen apollinischem und dionysischem Prinzip, von Liebe und Leidenschaft und welches von beidem höher zu bewerten sei, es geht um geschlechtliche Identität und Homosexualität, kurz, es ist alles berücksichtigt, was den kulturellen Diskurs der Epoche bestimmt. Der symbolistische Hintergrund des Romans, der bereits im Titel anklingt, wird von der Kritik jedoch kaum bemerkt, welche in dem »mittelmäßigen Buch« lediglich ein »Geplänkel über die natürliche, unnatürliche und widernatürliche Liebe« sieht.[3]

Das Sujet ist nachgerade klassisch, ein verhängnisvolles Dreieck à la *Anna Karenina*, eine starke Frau zwischen zwei schwachen Männern mit allen erdenklichen, sich daraus ergebenden Komplikationen. Ebenso wie Sinowjewa-Annibal wählt Nagrodskaja die Form des Tagebuchs, der Roman ist als Lebensbericht der selbstbewussten Petersburger Malerin Tatjana Alexandrowna Kusnezowa, genannt Tanja, verfasst, der sich über fast zwanzig Jahre erstreckt. Zu Beginn des Romans wird Tanja als Inbegriff des Typus der »neuen Frau« dargestellt, den die Frauenbewegung in Westeuropa und Russland in jenen Jahren feiert. »Und wer sind diese neuen Frauen? Es sind nicht die reinen, lieben Mädchen, deren Roman sein Ende in einer wohlgelungenen Verheiratung fand, es sind nicht die Ehefrauen, die unter der Untreue ihres Mannes leiden, oder die sich selbst des Ehebruchs schuldig gemacht haben ... Nein, es ist ein ganz neuer ... bisher unbekannter Typ der Heldinnen, Heldinnen mit selbständigen Anforderungen an das Leben, Heldinnen, die ihre Persönlichkeit behaupten, Heldinnen, die gegen die allseitige Versklavung der Frau im Staat, der Familie, der Gesellschaft protestieren, die um ihre Rechte kämpfen als Vertreterinnen ihres Geschlechts«, so definiert eine der wichtigsten Theoretikerinnen der damaligen Frauenbewegung, Alexandra Kollontai, die »neue Frau«.[4]

Zunächst scheint Tanja diesem Bild ganz zu entsprechen: Sie ist auf ihrem Gebiet der Malerei durchaus anerkannt und hat seit Jahren eine gleichberechtigte Beziehung zu dem Wissenschaftler Ilja Toltschin. Es ist so etwas wie eine Freundschaftsehe ohne Trauschein, beide haben ihren eigenen Bereich, man ist einander liebevoll verbunden, überwältigende Leidenschaft zwischen den beiden jedoch gibt es nicht. Diese kommt erst ins Spiel, als Tanja den gutaussehenden Geschäftsmann Stark kennen lernt, zu allem Überfluss gerade zu dem Zeitpunkt, als die Hochzeit zwischen Ilja und ihr geplant ist. Zunächst ringt Tanja mit sich und kehrt zu Ilja zurück, bei einem Aufenthalt in Rom jedoch trifft sie Stark wieder und es kommt, wie es kommen muss: Tanja erlebt mit ihm eine rauschhafte, dionysische Leidenschaft, wie sie sie nie zuvor erfahren hat. In dem außergewöhnlich attraktiven Stark findet Tanja ein ideales Modell für ihr Gemälde *Der Zorn des Dionysos*, an dem sie in Rom arbeitet. Das Bild wird vom Publikum begeistert aufgenommen, und doch ist es gleichzeitig der Grund für das Ende der Beziehung zu Stark und der künstlerischen Laufbahn Tanjas: Kurz nach der Fertigstellung des Werkes erfährt sie von ihrer Schwangerschaft. Gegen den Willen Starks, der auf ihre Kunst eifersüchtig ist wie auf einen leibhaftigen Nebenbuhler, kehrt Tanja nach Petersburg zu Ilja zurück und es kommt doch noch zur geplanten Heirat der beiden. Stark hatte jedoch nur unter der Bedingung, dass Tanja ihm das Kind überlasse, in die Trennung eingewilligt.

Nun beginnt, was der Feministin Kollontai ganz und gar nicht gefallen konnte: In Tanjas Zwiespalt zwischen der Liebe zu ihrem Sohn Loulou und der Liebe zu ihrer Berufung zur Kunst lässt Nagrodskaja die Mutterliebe siegen, am Ende des Romans, Loulou ist fast erwachsen, hat Tanja die Malerei längst aufgegeben. Kollontai meint, Nagrodskaja hätte den Roman mit der Rückkehr Tanjas nach Petersburg enden lassen sollen: »Hier hätte die Autorin schließen müssen. Der ganze weitere Roman mit Stark ist konstruiert. In der sich den Umständen fügenden, ihre Kunst verleugnenden Tanja, die zu nichts weiter als zu einem Gegenstand des Genusses für Stark geworden ist, erkennen wir nicht mehr die frühere kühne, geschlossene Persönlichkeit Tanja, den Menschen. Es ist zu bedauern, daß sie ihre Tanja so verleumdet.«[5] Aber jetzt wird es doch erst interessant, möchte man Kollontai entgegenhalten, steht doch der weitere Verlauf der Handlung unter dem Zeichen einer »kleinen Lüge« und einer interessanten »Theorie«, die von einem gemeinsamen Freund eingeführt werden.

Mit der Zeit mehren sich bei Tanja die Zweifel an der Richtigkeit ihrer Entscheidung, dem ehemaligen Geliebten Stark den gemeinsamen Sohn zu überlassen, und es kommt zu einem inneren Konflikt zwischen ihrer Selbstverwirklichung als Künstlerin und ihren neuen Gefühlen der Mutterliebe. Bei ihren regelmäßigen Besuchen in Paris, wo Vater und Sohn leben, bedrängt Stark, der sich nach wie vor nicht mit der Trennung abfinden kann, Tanja, und sie steht einmal mehr vor der Notwendigkeit, eine Wahl zwischen den beiden Männern zu treffen. Zur Hilfe eilt der Freund Latschinow, der ihr zu einer »kleinen Lüge«, einem »Arrangement« rät, bei dem sie auf die Bedürfnisse beider Männer eingeht, diese aber jeweils in dem Glauben lässt, sie seien der Einzige. Tanja nimmt seinen Vorschlag auf und als Ilja einige Jahre später stirbt, heiratet sie Stark.

Im Zusammenhang mit der kleinen Lüge entwickelt Latschinow ebenfalls seine Theorie über das Wesen Tanjas und darüber, warum sie mit ihrer Beziehung zu Stark sehr glücklich sein könne: »Tatjana Alexandrowna, Sie sind ein *Mann*. Was schon gilt es, dass Sie den Körper einer Frau haben, einer dazu noch zarten und graziösen Frau. Doch Sie sind ein Mann. Ihr Charakter wirkt originell und vielschichtig, wenn man Sie als Frau betrachtet, betrachtet man Sie jedoch als Mann, sind Sie einfach und gewöhnlich. Liebenswert, ein großer Künstler, leidenschaftlich, empfindsam, doch aufrichtig und liebend, obwohl auch bisweilen derb, wie alle Männer ... Erinnern Sie sich ... Sie selbst haben in unseren langen Gesprächen über eine Vielzahl von männlichen Eigenschaften in ihrem Wesen gesprochen. Erinnern Sie sich, wie Sie als Kind, wenn wir noch unbewusst lieben, sich ausschließlich in Frauen verliebten. Sie verstehen und ergötzen sich an der weiblichen Schönheit und malen Frauen mit besonderer Hingabe. Während unserer Gespräche in Ihrem Atelier habe ich Ihre Worte aufmerksam verfolgt. Sie urteilten über die Frauen sämtlich vom Standpunkte des Mannes. Sollten Sie gar eine Lesbierin sein? ... Sie sind nur keine geworden, da Ihre Erziehung, die Umstände, Ihre moralische Reinheit und Ihr vor der Bekanntschaft mit Stark noch nicht entflammtes Temperament es Ihnen nicht gestatteten, diesen Weg zu beschreiten ... Das Schicksal führte Sie mit Stark zusammen ... Und hierin sehe ich tatsächlich einen seltsamen Zufall, einen ›Streich des Satans‹, denn Stark war unter den Männern ein ebensolcher wie Sie unter den Frauen. Kraftvoll und mutig hat er doch eine weibliche Natur, mehr noch als Sie. An Ihrem Äußeren ist nichts männliches, während er die körperlichen Formen Starks, sein Gebaren, zarter und feiner ist als bei der Mehrheit der Männer. ... Seltsam, dass das Schicksal Sie zusammenführte, dass Sie beide jedoch entgegen aller Widerstände derart einander verfielen – dies ist keineswegs erstaunlich. Viel erstaunlicher wäre es, wenn dem nicht so gewesen wäre. Er hätte mit einer anderen Frau, ebenso wie Sie mit einem anderen Manne, diese Leidenschaft niemals empfinden können. Sie sind eine glückliche Frau, mein Freund!«[6]

Der Kritiker Glinskij urteilt über die »Theorie« und »kleine Lüge«: »Dies ist die Moral der Autorin bezüglich der kleinen Lüge, die in solchen Situationen des Lebens, wie wir sie im Roman antreffen, für das Glück unabdingbar sei, und zum zweiten ist dies ihre Theorie über die Frauen mit einer männlichen Natur und die Männer mit einer weiblichen Natur. Ja, können diese Moral und Theorie verallgemeinert werden oder stellt ihre Anwendung einen Einzelfall dar? Hoffen wir das letztere, denn sonst gehört Fr. Nagrodskaja wohl ... in die Kategorie jener Verfechterinnen einer neuen sozialen Ordnung, die sie in die Gesellschaft bringen wollen und gegen die die Gesellschaft sich notwendigerweise zur Wehr setzen muß. Die Prinzipien der Lüge, die von Fr. Nagrodskaja als unabdingbare Stütze des Glücks verfochten werden, sind etwas gänzlich instabiles, auf dem sich die gesellschaftliche Ordnung nicht gründen kann.« Die Grundsätze jener neuen Ordnung stünden, so Glinski weiter, im Widerspruch zur traditionellen Moral, und er bezweifelt, dass die Vertreterinnen der Frauenbewegung »gesunde Elemente« in die Gesellschaft einbringen könnten.[7] Nun scheint der Vorwurf des extremen Feminismus an Nagrodskaja nicht unbedingt gerecht zu sein, lässt sie die vielversprechende Heldin Tanja doch wieder ganz in die traditionelle Rolle der Frau als Mutter zurückkehren, was bekanntermaßen den Widerspruch der Feministinnen erregte.

Auch ein anderer Rezensent kritisiert das Ende des Romans, aus ganz anderen Gründen jedoch als Kollontai: »Der wunderbare Roman wird durch ein unglückliches und gänzlich unnötiges Ende verdorben ... Der Autorin kam der absolut unbegründete Gedanke in den Sinn, alle im psychologischen und sozialen Sinne schwierigen Gefühle ihrer Helden auf jene Seite der sexuellen Pathologie zurückzuführen, deren künstlerische Idealisierung, wie man weiß, eine ›specialité de la maison‹ Kusmin ist.«[8] Die Spezialität des Hauses Kusmin ist, man ahnt es schon, die als pathologisch betrachtete Homosexualität. Und doch bleibt die Homosexualität bei Nagrodskaja ja nur Theorie oder Tragödie, wie im Fall des Freundes Latschinow, der als Homosexueller in einer unglücklichen Ehe lebt, in Stark verliebt ist und seine Leidenschaft nur in den erniedrigenden Begegnungen mit Strichjungen ausleben kann.

Mit ihren Ausführungen zum Tausch der Geschlechterrollen bei ihren Protagonisten knüpft Nagrodskaja an die im Russland des beginnenden 20. Jahrhunderts aufmerksam verfolgten Diskussionen über *Geschlecht und Charakter* an. Schon bald nach der Veröffentlichung im Jahr 1903 lag das gleichnamige Buch Otto Weiningers in russischer Übersetzung vor und wurde vehement diskutiert. In vielem stimmten seine philosophischen Ideen mit den Ansätzen der russischen Denker Solowjow und Berdjajew überein, seien es »die Schreckensversionen der Frau als einem vollkommen sexualisierten Wesen, die negative Haltung zur Mutterliebe oder auch die Annahme der grundlegenden Bisexualität, nach der jeder Mensch männliche und weibliche Charakteristiken in sich vereint«[9], und so fiel die Popularisierung dieser epochentypischen Themen durch Nagrodskaja auf fruchtbaren Boden. Die Ideen, die symbolistische Autorinnen und Autoren wie Gippius und Mereshkowski, Sinowjewa-Annibal und Iwanow in ein Lebenskunstwerk umzusetzen versuchten und die dafür außerhalb der symbolistischen Zirkel mit Argwohn, aber eben doch sehr aufmerksam beobachtet wurden, fanden in den populären Werken Nagrodskajas weite Verbreitung und wurden vom Publikum begierig aufgenommen.

Décadence und Symbolismus waren geradezu zu einer Modebewegung geworden und nicht nur in den elitären Zirkeln der Intelligenzija, sondern auch in breiten Kreisen en vogue. Zahllose Epigonen griffen die symbolistischen Ideen auf und setzen sie in Kunst und Leben um. »Wie nur kann man sich der Moderne entziehen?«, protokolliert Andrej Belyj. »Alle wollen zur Décadence gehören. So viele bleiche, gequälte Gesichter!«[10] Und die Moskauer Schriftstellerin und Muse Nina Petrowskaja erinnert sich: »Damen, gestern noch dick wie brütende Hennen auf ihren Nestern, begannen, von der Balmontschen ›Schlangenhaftigkeit‹, ›Feenhaftigkeit‹ und ›Mondstrahlhaftigkeit‹ zu träumen, kleideten sich in die Chitons der präraphaelitischen Jungfrauen und, wie auf Kommando, frisierten sie sich à la Monna Vanna. Ihre Kavaliere und Ehegatten nahmen eine würdevolle Haltung an und warfen sich in Schale à la Oscar Wilde. Schmachtend gepuderte junge Männer mit Schatten unter den Augen erschienen auf der Bildfläche.«[11]

Auch in ihrem nächsten Roman, *Die bronzene Tür*, bleibt Nagrodskaja ihrer erfolgreichen Strategie treu. In diesem Buch widmet sie sich von neuem dem Thema der Homosexualität, doch im Gegensatz zu *Der Zorn des Dionysos* wird die gleichgeschlechtliche Liebe hier in aller Offenheit dargestellt. Angelegt als erster Band einer geplanten Trilogie über Formen der Sexualität, wird die gesamte Auflage des Romans im April 1912 in der Druckerei von den Zensurbehörden beschlagnahmt. Dies sollte jedoch die gewaltige Popularität der Autorin nur noch steigern, da sie ihren Protest gegen die Maßnahmen der Zensur in Briefen und Skandalen meisterhaft öffentlich inszenierte.

Jewdokija Nagrodskaja

Wie sehr die konservativen Kritiker auch gegen Nagrodskaja polemisierten, war sie beim Publikum doch überaus beliebt. Und auch in fortschrittlicheren Kreisen stieß ihr Werk durchaus auf Anerkennung. So schreibt der symbolistische Dichter Wladimir Pjast über *Der Zorn des Dionysos*: »Welch seltenes Gefühl für Wahrheit ..., die die Autorin in ihrer Darstellung von Situationen zeigt, in der großartig erdachten Schürzung des Knotens und der vollendeten Entwicklung der Handlung, in den glänzenden Charakterstudien ausnahmslos aller handelnden Personen. Jedes Detail sitzt, nichts ist überflüssig, nichts bleibt unerklärt, nichts unvollendet.[12]

Ob Nagrodskaja Kontakte zu den führenden symbolistischen Denkern hatte und im Salon der Gippius oder im *Turm* verkehrte, ist nicht überliefert, wie überhaupt nur wenig über ihre Biographie bekannt ist. Gewiss ist jedoch, dass sie als Autorin im Kreis um Kusmin, mit dem sie für einige Zeit freundschaftlich verbunden war und der längere Zeit bei ihr und ihrem Mann wohnte, durchaus anerkannt war. Nachdem Kusmin aufgrund der ruchbar gewordenen skandalösen Ereignisse bei Iwanow aus dem *Turm* ausgezogen war und zunächst für einige Zeit bei seinem einstigen Geliebten, dem Maler Sergei Sudeikin und dessen Frau, der Schauspielerin Olga Glebowa-Sudeikina, gelebt hatte, zog er im Frühjahr 1913 zum Ehepaar Nagrodski.

Johannes von Guenther, der im Frühjahr 1913 wieder einmal Petersburg besuchte, skizzierte die Atmosphäre, in der Kusmin bei den Nagrodskis lebte: »Mein erster Weg führte mich, wie immer, zu Kusmin. ... Er war ... von Sudeikin fortgezogen und hatte die Einladung der Schriftstellerin Nagrodskaja angenommen, der erfolgreichen Autorin des Romans *Der Zorn des Dionysos*. Ihr Mann war ein hoher Beamter im Eisenbahnministerium, und so lebte Kusmin jetzt in einer angenehm wohlhabenden, fast bürgerlichen Assiette; die Nagrodskaja war vermögend und kommandierte einen Verlag, in dem nach und nach Kusmins neue Bücher sowie die Neuauflagen der alten erschienen. Dies war wohl der tiefere Sinn der Einladung gewesen: sie glaubte, auf diesem Wege schneller berühmt und in der großen Literatur salonfähig zu werden.«[13]

Nagrodskaja selbst war von ihrem Talent zur Schriftstellerei nicht immer überzeugt, wie ein Brief an ihren Verleger Matwei Semjonow zeigt: »Nein, ich komme ernsthaft zu dem Schluß, daß ich nichts Ordentliches schreiben werde. ... Es gibt schon zu viele talentlose Schreiberlinge, als daß ihre Anzahl noch vergrößert werden müßte.«[14] So ist es also gut möglich, dass sie sich durch die Freundschaft zu Kusmin und die verlegerischen Möglichkeiten, die sie ihm bieten konnte, Anerkennung als ernsthafte Schriftstellerin zu finden erhoffte, und die freundschaftliche Korrespondenz zwischen Kusmin und Nagrodskaja aus dem Jahr 1914, als die Autorin sich in Paris aufhielt, sowie die Widmungen einiger Werke Kusmins an Nagrodskaja und ihren Ehemann belegen das gute Verhältnis. In seinem 1915 in Semjonows Verlag erschienenen Roman *Reisende zu Wasser und zu Lande* (1915), der das Leben der Petersburger Boheme rund um den Künstlerkeller *Der Streunende Hund* illustriert, zeichnet Kusmin unter dem Namen Iraida Lwowna Werbina ein literarisches Porträt Nagrodskajas: »Frau Werbina strebte nicht nur in ihrem Mobiliar, sondern auch in ihrer Kleidung den Charakter der alten Zeiten zu bewahren, der ihrer hochgewachsenen, etwas rundlichen, an Brjullows Porträts erinnernden Figur gut zu Gesichte stand: sanft sich neigende Schultern, eine hohe Stirn mit einem geraden Scheitel, große, dunkle Augen ohne besonderen Ausdruck, ein langes, ovales Gesicht und ein kleiner Mund wie ein Strich zwangen den Betrachter, sich auf diesem Kopfe einen gelben türkischen Turban zu wünschen und Iraida Lwowna selbst entweder in einem Kostüm und von kleinen Negerkindern begleitet zu sehen oder in Zylinder und Reitkostüm, bereit, einen Apfelschimmel zu besteigen, der am Balkon mit breiter Treppe zum Garten festgemacht ist. Sie wusste zweifellos um diese Ähnlichkeit und setzte sich auf dem mit bestickten Kissen bedeckten Diwan häufig in Pose ... Um den Eindruck zu vervollständigen, trug sie oft Dekolleté, das sie mit feinen, bunten Stoffen bedeckte, und in der Hand hielt sie einen runden Fächer aus weißen Federn mit einem kleinen Spiegel in der Mitte, in dem sich ihre feierliche, prächtige Schönheit, die auch ein Quentchen von der einer Haremsdame hatte, ungemein verführerisch widerspiegelte.«[15] Nagrodskaja scheint von dieser Darstellung durchaus geschmeichelt, wie ein Brief an Kusmin belegt: »... alle bestürmen mich, ich sei Iraida, und ich bestreite dies nicht.«

Jedenfalls scheint Kusmin zunächst einmal froh gewesen zu sein, nach den wenig erfreulichen Ereignissen um Iwanow und seine Stieftochter Vera im *Turm* und dem tragischen Ende seiner Freundschaft mit Wsewolod Knjasew in einer angenehmen Umgebung leben zu können, und die Situation scheint ideal, ist er doch auch dem übermächtigen Einfluss des Meisters Iwanow entronnen und muss sich nun nicht mehr dessen bekanntermaßen nicht immer schonenden Kritik erwehren: »Nunmehr steht er unter der sorgenden Aufsicht der Schriftstellerin Nagrodskaja, der Autorin des *Zorn des Dionysos*, wohnt bei ihr. Nunmehr gibt sie ihm literarische Ratschläge. ... Die Autorin des *Zorn des Dionysos*, eine bekannte Schriftstellerin, haucht ihrem neuen ›Verbündeten‹ ein: ›Sie sind so empfindsam. Sie sind so feinsinnig. Die Dekadenten haben Sie gezwungen, Ihr Talent zu verraten. Vergessen Sie, was die Ihnen einreden wollten ... Seien Sie ganz Sie selbst.‹ Und zu vergessen ist überhaupt nicht schwer. ›Ganz Du selbst‹ zu werden, ist so wohltuend. Zu schreiben, ohne das Talent zu verraten, ist so leicht. Jetzt gibt es keine überarbeiteten Stellen, ja nicht einmal etwas Durchgestrichenes mehr«, so Georgi Iwanow.[16]

Nagrodskaja führt in jener Zeit, als Kusmin bei ihr wohnte, einen literarischen Salon, der als Treffpunkt für weibliche und männliche Homosexuelle bekannt ist. Die Versammlungen genossen in Petersburg eine zweifelhafte Reputation. Der Ego-Futurist Rjurik Iwnew berichtet in seinen Erinnerungen: »Die ›metaphysische Wohnung‹ war berühmt für ihre spiritistischen Sitzungen.«[17] Neben dem Thema der Sexualität greift Nagrodskaja nun also ein weiteres Thema der Epoche auf, das das Interesse ihrer Zeitgenossen bewegte: den Okkultismus. Als Reaktion auf den Positivismus und Materialismus der exakten Wissenschaften war die Zeit des beginnenden 20. Jahrhunderts in ganz Europa von einem besonderen Faible für okkulte Phänomene geprägt, die auch die literarischen Strömungen der Zeit erfassten und beeinflussten. In der von vielen Zeitgenossen empfundenen geistigen und moralischen Krise jener Zeit wird die Lösung für die Ausweglosigkeit in der Erleuchtung der Menschheit gesehen, man strebt nach geistiger Vervollkommnung und Überwindung des Irdischen. So setzte sich ein großer Teil der Intelligenzija mit esoterischen Anschauungen intensiv auseinander und das Bild der russischen Kultur des Silbernen Zeitalters wäre unvollständig ohne die Betrachtung dieser Elemente. Besonders viele Anhänger fand die von der Russin Helena Petrowna Blawatski (1831–1891) begründete Lehre der Theosophie. 1875 rief Blawatski gemeinsam mit Henry Olcott die *Theosophische Gesellschaft* ins Leben. Die schillernde Figur Blawatski, die in der esoterischen Bewegung bis heute als »Gralsfigur der Erkenntnis« gilt, musste später aufgrund des Vorwurfs der Scharlatanerie aus Indien fliehen. Spätestens nach Gründung der *Russischen Theosophischen Gesellschaft* im Jahr 1908 fand das theosophische Denken breiten Niederschlag in den literarischen und philosophischen Werken des russischen Symbolismus.

Wie populär die okkulten Geheimwissenschaften auch im Russland des beginnenden 20. Jahrhunderts waren, zeigt die Tatsache, dass allein in Petersburg vor 1914 35 eingetragene sowie über hundert informelle okkulte Zirkel und Logen existierten und im gesamten Zarenreich mehr als dreißig Magazine zu diesem Thema erschienen.[18] Auch Zar Nikolai II. und seine Frau Alexandra waren für alles Mystische überaus empfänglich. Nach 1900 brachte es der französische Okkultist und charismatische Gründer des Martinistenordens »Docteur Papus« zum einflussreichen Berater und wurde zum persönlichen Freund der Zarenfamilie. Es ranken sich Gerüchte und Legenden um spiritistische Sitzungen, die Papus gemeinsam mit dem Zaren veranstaltet haben soll, um den Zarenvater

Alexander III. zu beschwören. Nachdem trotz der Prophezeiung eines glorreichen Sieges Russlands über Japan der Krieg im Jahr 1905 mit der russischen Kapitulation endete, schwindet der Einfluss des Franzosen am Zarenhof und der Aufstieg eines neuen Magiers und Heilers, des im Schlager als »Lover of the Russian Queen« besungenen sibirischen Bauernsohns Grigori Rasputin am russischen Hofe beginnt.

Nagrodskaja nimmt sich als Autorin auch des Okkultismus an und beschäftigt sich in Werken wie *Träume* (1916) und *Böse Geister* (1915) mit diesem Modethema der Epoche. Ihren Roman *Die weiße Kolonnade* (1914), beim Lesepublikum ein weiterer Erfolg, von der Kritik hingegen kaum beachtet, bezeichnet Nagrodskaja später als ihr Credo. Hier klingen zum ersten Mal auch freimaurerische Ideen an und, ähnlich wie in *Der Zorn des Dionysos*, skizziert die Autorin hier eine Hierarchie der moralischen Werte, in der die geschlechtliche, sinnliche Liebe der Freundes- und Mutterliebe untergeordnet und diese wiederum niedriger als die allumfassende Liebe zur Menschheit zu bewerten sei.

Das Interesse Nagrodskajas an Okkultismus und Freimaurertum, das sich in ihren Werken zeigt, wird durch Aussagen von Zeitgenossen bestätigt. So berichtet Nina Berberova von Nagrodskajas Engagement in der Pariser Frauenloge *Aurora* nach ihrer Emigration aus der Sowjetunion,[19] doch war diese vermutlich durch ihren Ehemann schon früher auch mit Ritualen und Symbolik der Freimaurer vertraut. Ihre aktive Faszination für das Freimaurertum wird geadelt durch eben jenen »Docteur Papus«, der sie 1920 als erste Frau in den Orden *Droit Humain* aufnehmen wird.

Auch ihr früherer Freund Kusmin beschreibt ihre Beschäftigung mit Okkultem und Freimaurertum, in der Retrospektive jedoch mit Zurückhaltung und Ironie: »Jewdokija Apollonowna Nagrodskaja gab sich als Rosenkreuzerin aus, sagte, sie sei auf deren Kongress in Paris gewesen und dass es beinahe ihr aufgetragen worden sei, den neuen Messias zur Welt zu bringen usw. Bei ihrem Talent zur Boulevardliteratur klang dies alles recht logisch und doch schrecklich nach Müll. Sie liebte es, auf starke Medien zuzugreifen wie einer kleinen elektrischen Lampe auf der Brust und sagte dann, dass ihr Herz in ihr leuchte. ›Ich kann nicht mehr. Warten Sie, ich beruhige es.‹ Steht eine Minute so da, die Brust mit den Händen verbergend, legt dann den Schalter um und schon hört das Herz auf zu leuchten. ... Sie schrieb in Trance nach Diktat verschiedentliche tratschhafte Mitteilungen, die ihr von Nutzen waren. Vorgeblich von irgendeinem Geiste. Einmal schlug sie mir vor, mir eine ›Phantasmagorie‹ zu zeigen, ich fürchte, sie gedachte sich mit Hilfe der in Wolken von weißem Tüll zurechtgemachten Klitoris als Mann darzustellen. Das alles ... hatte eine gewisse marktschreierische Anziehungskraft. Sie hätte wunderbar zu Rasputin gepasst. Denn sie beide waren selbst auf ihrem eigenem Gebiete unbedarft und ahnungslos.«[20]

Diese Notiz Kusmins zeigt auch, dass ihr einstmals freundschaftliches Verhältnis in die Brüche gegangen zu sein scheint. Die Gründe dafür sind unbekannt. Sicher ist nur, dass Kusmin im Oktober 1914 bei dem Ehepaar Nagrodski auszog. Während Kusmin sich in künstlerischer Hinsicht bei Nagrodskaja frei fühlen konnte und nicht mehr unter der ständigen Aufsicht des professoralen Iwanow stand, war sein Privatleben jedoch eingeschränkt, er konnte nicht frei über seine Zimmer verfügen und die Treffen mit seinem neuen Freund Juri Jurkun (1895–1938) waren eingeschränkt. Vielleicht ist dies der Grund für seinen Auszug bei Nagrodskaja.

So endete eine Episode im Leben Nagrodskajas, während derer die Autorin in den Kreisen der ernsthaften Literatur so viel Anerkennung fand wie vermutlich niemals davor oder danach. Nach der Revolution emigrierte Nagrodskaja über Odessa und Kiew nach Paris. Da ihr Ehemann, der ihr bereits in Russland einen auskömmlichen Lebensstandard sichern konnte, auch in Frankreich als Ingenieur eine einträgliche Stellung fand, lebte Nagrodskaja im französischen Exil, anders als die meisten ihrer russischen Landsleute, ohne die Erfahrung materieller Not, die ihre Kindheit und Jugend geprägt hatte. Auch in Paris führte sie einen Salon und betätigte sich weiterhin mit Erfolg beim Publikum als Autorin, die Kritik verweigerte ihr jedoch nach wie vor die Anerkennung als ernstzunehmende Schriftstellerin. Über einen ihrer letzten Romane, *Die Wahrheit über die Familie meiner Frau*, der 1922 in Berlin erschien, schreibt ein Rezensent: »Nagrodskaja ist eine jener Schriftstellerinnen, welche die Kritik nicht liebt, und die doch, wenn auch verschämt, ganz unten, beim sogenannten breiten Publikum, anerkannt ist. ... Für die Lektüre in den Waggons der Straßenbahn ist dies ein unersetzliches

Buch.«[21] Trotz aller Bemühungen wurde Nagrodskaja nie als seriöse Autorin anerkannt und blieb zeit ihres Lebens »Madame Banalität«. Erst über ein halbes Jahrhundert nach ihrem Tode begann die seriöse Literaturwissenschaft, sich mit ihr und ihrem Werk zu beschäftigen.

Die Künstlervereinigung »Welt der Kunst« und die Künstlerinnen

»Insel der reinen Schönheit«

Die Künstlervereinigung »Welt der Kunst«

Was war das für eine Zeit!
Und wie freundschaftlich waren wir alle einander verbunden!
(Alexandre Benois)

Im Jahr 1885 tritt ein neuer Schüler in die fünfte Klasse des Privatgymnasiums von K.I. Maj ein – der jüngste Sohn des bekannten Petersburger Architekten Nikolai Benois, Alexandre Benois (1870–1960), genannt Schura. Binnen kurzem gruppiert sich um ihn ein Freundeskreis, dessen Mitglieder, wie auch er selbst, alteingesessenen Familien der Petersburger kulturellen Intelligenzija angehören. Am schnellsten freundet er sich mit Walter Nuwel (1871–1949), genannt Waletschka, an. »Auch wenn Waletschka mich vielleicht durch seine stutzerhafte Art, sich zu kleiden, schockierte, ... gefiel mir doch viel an ihm ... Er war ein aufrichtiger Liebhaber der Musik, spielte nicht schlecht Klavier ...«.[1] Nuwel wird später einen hohen Posten als Beamter bekleiden, sich jedoch vor allem um die Redaktion der Zeitschrift *Welt der Kunst* verdient machen und gemeinsam mit Alfred Nurok (1860–1919) 1901 die *Abende der zeitgenössischen Musik* begründen, bei deren Konzerten die Veranstalter das russische Publikum mit neuen nationalen und internationalen Kompositionen bekannt machen.

»Nach und nach begann die Freundschaft zwischen Waletschka und mir und die Gespräche, die wir führten, auch das Interesse der anderen Knaben auf sich zu ziehen.«[2] Die Mitglieder des neu entstandenen Klubs nannten diesen halb scherzhaft *Gesellschaft für Selbststudien*, bei deren »Kolloquien« Vorlesungen abgehalten wurden und man sich gegenseitig

Alexandre Benois (1910er Jahre)

Werke in Kunst, Literatur und Musik vorstellte. Dies sind die Anfänge der späteren Künstlervereinigung *Welt der Kunst*, die im kulturellen Leben Russlands um die Wende vom 19. zum 20. Jahrhundert eine wichtige Rolle spielen sollte. »Präsident« und Mittelpunkt des Kreises war Alexandre Benois, das »wahre ›Muttertier‹ dieses lärmenden Völkchens«.[3]

Nicht sogleich gelang es Benois, den »hochmütigen« Dima, Dmitri Filosofow (1872–1940) zu »unterwerfen«, der »ungeachtet seines kleinen Engelsgesichts viel ätzende Boshaftigkeit in sich hatte.«[4] Doch obwohl ihn die offen gezeigte Verachtung der gesamten Klasse gegenüber an Dima störte, ist er doch von seiner »außergewöhnlichen Begabung« und seinem »wissbegierigen Verstand« angetan.[5] Dmitri Filosofow, Cousin und späterer »›Herzensfreund‹ und rechte Hand von Sergei Diaghilew«, wird Leiter des Literaturteils der Zeitschrift *Welt der Kunst* und deren Redaktionssekretär.

Anna Filosofowa (um 1860)

Dimas Mutter Anna Filosofowa (1837–1912), als geborene Diaghilew die Tante Sergeis, eine Benois zufolge »in ganz Russland bekannte Dame«, war eine Verfechterin der Frauenbildung in Russland und eine der Mitbegründerinnen der *Höheren Frauenkurse* in Petersburg (*Bestushewski-Kurse*, 1878). Als rechtgläubige Vertreterin der 1860er Generation, die sich ganz dem Dienst am Volk widmete, empfand sie den Unterschied zwischen ihrer eigenen ideellen Auffassung und der ihres Sohnes und seiner Freunde besonders deutlich. »Meine Kinder sind wunderbar, und ich liebe sie, doch ich bin wie eine Henne, die lauter Entenküken geboren hat. Sie sind Enten und nicht Hühner. Vielleicht sind sie ja besser als ich. Mir ist es manchmal so schwer mit ihnen – so sehr gehen unsere Ansichten auseinander«, schreibt Anna Filosofowa. »Die russische Décadence wurde auf unserem Landsitz Bogdanowski geboren, denn die größten Anführer waren mein Sohn Dmitri und mein Neffe Sergei Diaghilew, die Saat der *Welt der Kunst* wurde bei uns gesät. Für mich, eine Frau der 1860er, klang dies alles so abwegig ... Und nichtsdestotrotz, nachdem die Schärfe der Auseinandersetzungen hinter uns lag, begann ich mich für ihre Weltanschauung zu interessieren und ich muss offen zugeben, dass vieles mich eingenommen hat. Die irreführenden Ideen wurden über Bord geworfen, vieles ins Archiv gegeben, und es blieb eine große Idee, welche die Schönheit suchte und erstehen ließ.«[6]

Zu Beginn der 1890er Jahre traten dem Kreis noch weitere Mitglieder bei: Konstantin Somow (1869–1939), »Kostja«, der einige Zeit zuvor das Gymnasium verlassen und sein Studium an der *Akademie der Künste* aufgenommen hatte, der junge Maler Lew Rosenberg (1866–1924), »Ljowuschka«, der unter dem Pseudonym Léon Bakst berühmt werden sollte, Dimas Cousin Sergei Diaghilew (1872–1929) und Alfred Nurok. Zunächst schien Kostja Somow Benois »gänzlich uninteressant«, er und seine Mitstreiter standen seiner Kunst eher ablehnend gegenüber. Doch bald lernten sie ihn als »wahren Künstler« schätzen, und es war an Somow, der »typischste Vertreter der künstlerischen Suche unserer *Welt der Kunst*« zu werden, so Benois.[7]

Als er auf der Suche nach neuen Mitgliedern für ihren Kreis Lew Rosenberg kennen lernt, der später »bei den *Ballets Russes* eine Hauptrolle spielen und ihnen so viel Glanz und Schönheit verleihen wird«,[8] versteht Benois sofort, dass »er zu uns passt«. Schnell kann er sich überzeugen, dass »in Person von Ljowuschka die Mitglieder des Kreises eine merkliche Stütze gefunden hatten«, dass er »von ganzem Herzen ein Künstler war«, mit dem ihm vor allem die Liebe zum Theater verband.[9] Ljowuschka Rosenberg alias Léon Bakst war der erste Jude, mit dem Benois in »näheren Kontakt« kam. Seit der zweiten Hälfte des 19. Jahrhunderts waren in der russischen Kultur immer mehr jüdische Namen zu finden, was manch fortschrittlicher Vertreter der russischen Intelligenzija nicht nur mit Wohlwollen betrachtete. »Ich hebe hervor, daß ein Jude nicht imstande ist, Dostojewski zu verstehen, ebenso wie ein Engländer, Franzose oder Italiener dazu nicht imstande ist. Andernfalls wäre Dostojewski nicht Dostojewski oder der Jude wäre kein Jude«, so der Schriftsteller Kornei Tschukowski. Und obwohl Bakst im neuen Kreis der *Gesellschaft für Selbstbildung* als einer der ihren aufgenommen, ja gar ihr »Sprecher« wurde, nahm er durch seine »Zugehörigkeit zum Judentum«, so Benois, doch eine »gewisse Sonderstellung« ein. Fremd schien ihnen nicht nur seine äußere Erscheinung, sondern ebenso seine Art zu sprechen: »Etwas typisch Jüdisches klang in der gedehnten Art seiner Intonation und dem besonderen Singsang seiner Fragen an«, ja gar die »Exotik« seines Russisch und seiner »Art zu denken«.[10]

1890 führt Dima Filosofow einen »Verwandten aus der Provinz«, seinen Cousin Sergei Diaghilew, »Serjosha«, der aus Perm nach Petersburg gekommen war, um hier sein Studium aufzunehmen, in den Kreis ein. »Dem mageren, blassen Dima war dieser Cousin überhaupt nicht ähnlich. Er beeindruckte uns mit seinem blühenden Aussehen. Er hatte volle, rote Wangen und Zähne von blitzendem Weiß, die sich in zwei geraden Reihen zwischen den hellroten Lippen zeigten. Jedes Mal, wenn er lachte, öffnete sich das gesamte ›Innere‹ seines ›Rachens‹ weit. Und Serjosha lachte aus dem geringsten Anlass.«[11] Eben jener Serjosha galt den Zeitgenossen schon bald als »Napoleon«, als »Peter der Große«, der die Künstler der *Welt der Kunst* vereinigt hat, doch damals hielten Benois und die anderen ihn für einen kernigen, nicht sehr gescheiten Provinzburschen, der nur aufgrund verwandtschaftlicher Beziehungen in ihren Zirkel aufgenommen wurde. Nach und nach wird Diaghilew zu dem, für den die Kunst »Grundlage und Sinn des Lebens sind ... Diaghilew malte keine Bilder; mit Ausnahme von wenigen (sehr begabten) Aufsätzen schrieb er nicht, er hatte absolut keine Beziehung zu Architektur oder Bildhauerei und auch von seinen Kompositionen war er recht schnell enttäuscht; und auch den Gesang vernachlässigte er ... und doch verlief sein gesamtes Leben im Bereich der Kunst, unter dem Zeichen der *Schöpfung*. Ich bin vollständig überzeugt, dass trotz aller künstlerischen Begabungen in Musik, Literatur und Kunst, unter deren Beteiligung die Ausstellungen der *Welt der Kunst* entstanden und die gleichnamige Zeitschrift herausgegeben wurde, trotz aller Begabungen, die ihre Talente einbrachten in das, was als ›Les spectacles russes de Diaghileff‹ in die Geschichte eingegangen ist u.s.w., ich bin überzeugt, dass trotz aller dieser Kräfte nicht eines der genannten Unternehmen realisiert worden wäre, wenn sich nicht Diaghilew seiner angenommen hätte, sie nicht vorangebracht und seine grandiose schöpferische Energie dort eingebracht hätte, wo mehr als nötig künstlerische Elemente vorhanden waren, doch wo das wichtigste fehlte – *der alles vereinigende schöpferische Wille.«*[12]

Und auch wenn sich die »gebildeten Jünglinge von den Ufern der Newa« zu diesem Zeitpunkt noch nicht zum Auftritt der kulturellen Bühne Russlands bereit fanden, so fühlten sie doch, wie Alexandre Benois schreibt, »ein Bewusstsein, dass wir einen bestimmten Kern ... der

›Naturen von außergewöhnlichen Menschen‹ in uns tragen, die die Berufung haben, auf die Gesellschaft einzuwirken – dieses Bewusstsein hat uns seit dieser Zeit nicht mehr verlassen.«[13]

Léon Bakst in seinem Petersburger Atelier (um 1900)

»Wir sind Kinder der schrecklichen Jahre Russlands« schreibt Alexander Blok über die dunkle und unruhige Zeit im Russland des ausgehenden 19. Jahrhunderts. Die Bewegung der *Narodniki (Volkstümler)*, die sich und ihr Leben in den Dienst der Gesellschaft und ihre soziale Erneuerung gestellt hatten, war zerschlagen. Die Jugend interessierte sich, ganz im Gegensatz zur vorhergehenden Generation der 1860er, nicht mehr für Politik. »Man darf nicht vergessen, dass die Vereinigung der *Welt der Kunst* in der außergewöhnlich schweren Epoche der Regierung Alexanders III. und Nikolais II. entstand und groß wurde«, erinnert sich die Graphikerin Anna Ostroumowa-Lebedewa (1871–1955), das erste weibliche Mitglied der *Welt der Kunst*. »Die Realität, die uns umgab, war ein Alptraum. Erschießungen von Arbeitern und Bauern. Alle empfanden das Leben wie unter einer schweren Last, die auf den Geist und die Seele drückt. Man wollte bisweilen leidenschaftlich zur Freiheit, zum Licht gelangen.«[14] Ein trauriger Höhepunkt des skrupellosen Regimes waren die Judenpogrome, die zu Beginn der 1880er Jahre und während der

Konstantin Somow: Selbstporträt (1898)

Revolution im Jahr 1905 die Ukraine heimsuchten.

Die Kunst ist für viele ein Fluchtpunkt vor der furchtbaren und erdrückenden Realität. Ohne Hoffnung auf einen Ausweg aus der trostlosen sozialen und politischen Situation »wandte sich der gebildete russische Mensch verbittert und enttäuscht sich selbst zu, zog sich in kulturelle Klausen zurück und forderte beleidigt eine ›neue Schönheit‹, wurde besonders überspannt in Bezug auf Ästhetik und Form«, so charakterisiert der Schriftsteller Wladimir Korolenko (1853–1923) die Suche nach Neuem in der Kunst. »Das Atelier ist die Rettung vor Niederträchtigkeit, Schlechtigkeit und Ungerechtigkeit«, bekräftigt der Maler Konstantin Korowin.[15]

Diese Epoche von unausweichlich sich näherndem Weltkrieg und Revolution war zugleich die Zeit einer Renaissance der russischen Kultur. »In dieser Zeit kam alles zusammen. Apathie, Mutlosigkeit, Stimmung des Verfalls – und eine Vorahnung neuer Katastrophen und Umbrüche. Wir lebten in einem großen Land wie auf einer unentdeckten Insel. Russland war nicht alphabetisiert – in unseren Kreisen konzentrierte sich die gesamte Weltkultur, wir zitierten die Griechen auswendig, waren hingerissen von den französischen Symbolisten, sahen die skandinavische Literatur als unsere an, waren bewandert in Philosophie und Theologie,

Poesie und Geschichte der ganzen Welt, und in diesem Sinne Weltbürger, Treuhänder des immens großen Museums der Menschheit ... Wir waren der letzte Akt der Tragödie – der Trennung von Volk und Intelligenzija. Hinter uns erstreckte sich die allrussische Schneewüste, das gefangengenommene Land, das von unseren Leidenschaften und unseren Qualen nichts wusste und uns mit seinen Leidenschaften und Qualen nicht anstecken konnte ... Es gab nur die schwarze Petersburger Nacht.«[16]

Die vorhergehende Ära des künstlerischen Lebens in Russlands war geprägt von zwei einander feindlichen Strömungen, den an einem »demokratischen Realismus« orientierten *Peredwishniki (Wanderer)*, die Volkstümler der Kunst, und den Vertretern des Akademismus, die mehr und mehr in Routine erstarrten. In den 1890er Jahren sind beide Bewegungen grundlegenden Veränderungen ausgesetzt. Die Malerei der *Wanderer* verliert zunehmend ihren einst fortschrittlichen Charakter. Zwar werden von Zeit zu Zeit auf ihren Ausstellungen noch Werke von bedeutendem Charakter gezeigt, doch überwiegen insgesamt einander ähnelnde Landschaften und Genrebilder mit anekdotischen Sujets. Der Akademismus hingegen wird zur anspruchslosen Kunst des bürgerlichen Salons.

Ende des 19. Jahrhunderts betritt eine neue Generation die Bühne der Kunst. Die Krise der kulturellen Werte, die Suche nach neuen künstlerischen Ausdrucksformen, die Europa erfasst hat, erreicht auch Russland. Die neue Generation vereint ihre Suche nach der Schönheit. »In unserer jetzigen Zeit malen alle schwermütig, nichts Erfreuliches. Ich will, will nur Erfreuliches und werde nur Erfreuliches malen«, schreibt einer ihrer führenden Vertreter, der Maler Valentin Serow, in einem Brief an seine Braut im Jahr 1887. In diesem »Ich will, will nur Erfreuliches« ist dasselbe Streben zu spüren, den finsteren Eindrücken von der Welt zu entfliehen wie bei Korowin, verbirgt sich aber auch eine Polemik mit der »ideologischen« Kunst der *Wanderer*.

Verbunden mit der Suche nach dem Schönen ist auch das gesteigerte Interesse der neuen Generation für die Form. Dem Realismus der *Wanderer*, die sich die wirklichkeitsgetreue Abbildung der sie umgebenden Welt zum Ziel gesetzt hatten, stellt die Jugend die eigene Gestaltung der Wirklichkeit entgegen. Die Künstlerpersönlichkeit, die ihrer eigenen

Wahrnehmung der Welt Ausdruck verleiht, tritt in ihrer Auffassung von der Kunst in den Vordergrund. »Ich habe mich schon lange losgesagt von einer Kunst, die sich der Erzählung, Anekdote, dem Sujet unterordnet«, schreibt Ostroumowa-Lebedewa. »Ich habe verstanden, dass mich nur eine solche Kunst befriedigt, welche die Formen der äußeren Welt lediglich als Mittel nimmt, die eigene Individualität zu offenbaren und dem Betrachter das innere Erleben des Künstlers zu vermitteln.«[17]

Ebenso tritt die junge Generation der »sozialen Propaganda« der Vertreter des demokratischen Realismus, wie Serow sie charakterisierte, und ihrer »dienenden« Rolle, die sie in der vorangegangen Epoche erfüllt hatte, entgegen und setzte sich ein für eine freie, autonome und selbstgenügsame Kunst, die von Politik und salbungsvoll-engagiertem »Geschreibsel« frei sein sollte.

Das Schöne stand im Programm der *Welt der Kunst* an erster Stelle. Nicht selten fanden ihre Mitglieder, die sich abwandten vom »trostlosen Jahrhundert«, die Schönheit in vergangenen Epochen. Dafür nannten sie die Zeitgenossen »zurückblickende Träumer«.[18]

Nach Beendigung ihrer »Lehrjahre« fühlten die befreundeten Künstler Ende der 1890er Jahre die Zeit gekommen, als »geschlossene Gruppe auf der Bühne der Gesellschaft« aufzutreten und es begann die Epoche der Künstlervereinigung und der Zeitschrift *Welt der Kunst*. Mit der *Ausstellung russischer und finnischer Maler* wurde laut Benois im Jahr 1898 der Grundstein der *Welt der Kunst* gelegt, im gleichen Jahr nahm die Redaktion der gleichnamigen Zeitschrift ihre Arbeit auf, die ab 1899 erscheinen sollte.

Sie strebten danach, das Junge, Frische und Ausdrucksstarke in der russischen Kunst anzuziehen, um »als geschlossene Einheit einen Platz in der europäischen Kunst einzunehmen«,[19] und so eine ähnliche Rolle zu spielen wie der Pariser Salon *Champ de Mars*, die Münchener *Sezession* oder andere Organisationen, deren Mitglieder mit ihren Werken der offiziellen Kunst des Akademismus entgegenstanden. Und der Versuch gelang. Mit vollem Recht konnte Diaghilew schon wenig später kundtun: »Die Zukunft der russischen Kunst formiert sich in den unter dem Namen *Welt der Kunst* bekanntgewordenen Ausstellungen.«[20] Von Beginn an kämpfte die *Welt der Kunst* an zwei Fronten, gegen den »hinfälligen

Akademismus«, dessen Bollwerk sie in der *Akademie der Künste* sahen, und gegen die typischen Vertreter der *Wanderer*, in deren Werken sich »die Tendenz der politisch und sozial engagierten Kunst artikuliert«, wie Benois erläutert.[21] Ihre Maxime war die »reine und freie Kunst«. Der in zwei der ersten Nummern der Zeitschrift *Welt der Kunst* 1899 erschienene Aufsatz *Schwierige Fragen* von Sergei Diaghilew wurde so etwas wie das Manifest der Gruppe. Die wichtigsten hier erläuterten Punkte waren die Autonomie von Kunst und Künstler, die Betonung der individuellen Künstlerpersönlichkeit und die »Suche nach der Schönheit«. »Die Schönheit ist der letzte Leitstern in der Finsternis, in welcher der Mensch der Gegenwart sich befindet«, formuliert später Benois. »Die Religionen sind zerrüttet, die philosophischen Systeme widerlegen sich gegenseitig, und in dieser grauenvollen Verwirrung bleibt uns nur ein Absolutes, eine unbedingt-göttliche Entdeckung – dies ist die Schönheit... Die Schönheit deutet die Zusammenhänge von ›allem mit allem‹ an.«[22]

Léon Bakst: Porträt Sergej Diaghilews mit seiner Kinderfrau (1906)

Die Vertreter der *Welt der Kunst* lasteten der »rückständigen« russischen Kunst der vorangegangenen Epoche an, sie habe die russische Kunst in die »Provinzialität« versinken lassen und träumten von ihrer

Erneuerung. Die wichtigste Quelle ihres Wiedererstehens sahen sie in der russischen Kunst des ausgehenden 18. und beginnenden 19. Jahrhunderts, einer Epoche, die sie als das »Goldene Zeitalter« betrachteten. Weitere wichtige Inspiration war ihnen die westeuropäische Kunst des 19. Jahrhunderts. »Wir waren Feuer und Flamme für das Streben, unserer Heimat nach unseren Kräften zu dienen, doch betrachteten wir dabei die Annäherung und Vereinigung der russischen mit der europäischen, ja der Weltkultur als wichtigstes Mittel eines solchen Strebens.«[23]

Die von Diaghilew organisierte *Internationale Gemäldeausstellung* im Jahr 1899 in Petersburg, auf der neben Werken der führenden russischen Künstler ein breites Panorama der zeitgenössischen westeuropäischen Kunst vorgestellt wurde, hatte programmatische Bedeutung. Sie stellt auch offiziell die Grundsteinlegung der Vereinigung der *Welt der Kunst* als eigenständige Künstlergruppe dar. Erklärtes Ziel der Organisatoren war es, das russische Publikum mit den neuen Strömungen der nationalen und internationalen Malerei bekanntzumachen. Doch auch wenn Namen wie Cézanne, Van Gogh, Gauguin, die erst von der nächsten Generation von Künstlern und Sammlern entdeckt werden, bei dieser Ausstellung nicht vertreten waren, war diese »erste Ausstellung der *Welt der Kunst* die erste wirklich zeitgenössische internationale Ausstellung, die das Publikum zu sehen bekam.«[24] Den Arbeiten der westeuropäischen Künstler wird auch in der Zeitschrift der *Welt der Kunst* großer Platz eingeräumt. Es überwiegen Werke jenes international überaus geschätzten Stils der Jahrhundertwende, der in verschiedenen Ländern verschiedene Namen erhielt, in Deutschland *Jugendstil*, in Frankreich *Art Nouveau*. Der Abgott der Vertreter der *Welt der Kunst* war Aubrey Beardsley, und auch zwei Münchener Graphiker schätzten sie sehr, den Zeichner der Zeitschrift *Jugend*, Julius Dietz, und den bekannten Karikaturisten des *Simplizissimus*, Thomas Theodor Heine. Auch die Verteter der *Welt der Kunst* gehörten jener Stilrichtung an, die in Russland als *Style moderne* bezeichnet wird.

Wie viele ihrer Zeitgenossen im In- und Ausland waren die Vertreter der *Welt der Kunst* begeistert von Richard Wagner und befassten sich in Aufsätzen ihrer Zeitschrift mit seiner Musik und seinen Ideen. Die Wagnersche Idee von der Synthese der Künste, vom Gesamtkunstwerk, fanden auch in ihren Werken, vor allem in den berühmten *Ballets Russes*,

Léon Bakst: Porträt Alexandre Benois (1898)

Ausdruck. Ihr Traum von der Vereinigung der Künste zeigt sich auch in dem den Mitgliedern dieser Gruppierung eigenen umfassenden Universalismus, der in ihrer Zeitschrift zu Tage tritt, dem ersten modernistischen Kunstjournal Russlands, das sich an westeuropäischen Vorbildern wie *The Studio, Pan, Jugend* und *Die Insel* orientierte. Die *Welt der Kunst* wiederum war Vorbild für die Zeitschriften *Solotoje Runo, Goldenes Vlies* und *Apollon*. »Alles wirklich Künstlerische und Begabte fand seinen Platz in dieser Zeitschrift. Sie reagierte auf alle Ereignisse und Erscheinungen des künstlerischen Lebens«, zieht Ostroumowa-Lebedewa Bilanz.[25]

Der für den literarischen Teil der Zeitschrift verantwortliche Dmitri Filosofow zog führende Philosophen jener Jahre wie Dmitri Mereshkowski, Wasili Rosanow und Wladimir Solowjow zur Mitarbeit an der Zeitschrift heran. In der *Welt der Kunst* publizierten solch wichtige Dichter und Dichterinnen des 20. Jahrhunderts wie Konstantin Balmont, Sinaida Gippius, Waleri Brjussow, Andrej Belyj und viele andere. Auf die Ge-

Jahresversammlung der »Welt der Kunst« im Jahre 1914
(ganz oben auf der Treppe Anna Ostroumowa-Lebedewa)

staltung der Zeitschrift wurde besonderer Wert gelegt und jede ihrer Nummern war ein Gesamtkunstwerk. Auch in ihrem künstlerischen Werk waren die Vertreter der *Welt der Kunst* Universalisten. So war Benois Maler, Buchgraphiker, Bühnenbildner und zugleich Kunsthistoriker und Kritiker sowie ein glänzender Kenner von Literatur und Musik. Seine Künstlerfreunde standen ihm in nichts nach. »Dank der aufrichtigen Bemühungen der *Welt der Kunst* erfreute und erfreut sich Westeuropa bis heute der besten Traditionen des russische Balletts, russischer Bühnenbildkunst, Musik und Buchgestaltung ... durch die *Welt der Kunst* war es den Künstlern, Philosophen und Musikern der symbolistischen Generation möglich, ihre Ideen auszutauschen und zu verbreiten und eine Gemeinschaft von Intellekt zu bilden, wie man sie nie zuvor und später gesehen hat. Als die bedeutendsten Vertreter von kreativer und kritischer Innovation bereitete die Gruppe der *Welt der Kunst* den Boden für die kommende Generation unterschiedlichster Individuen und Gruppen, die das künstlerische Kaleidoskop ausmachen, welches die russische Kultur zwischen 1905 und 1925 auszeichnet.«[26]

Der Auftritt der Künstlervereinigung der *Welt der Kunst* auf der Bühne der Kunst rief einen Sturm der Entrüstung hervor. »Dieselben Anschuldigungen, die man der jungen russischen Dichtung entgegenwarf, richteten sich nun auch gegen uns Künstler. Sogleich nannte man uns ›dekadent‹, sofort wurden unsere Ausstellungen von gewissen Herren besucht, die nur kamen, um einen willkommenen Anlass zu haben, zu lachen und sich zu empören.«[27] Die Charakterisierung als »dekadent« war in jenen Jahren ein beliebtes geflügeltes Wort, das in keinerlei Beziehung zur Décadence mehr stand, sondern alles bezeichnete und verunglimpfen sollte, was nicht im Einklang mit den Klassikern der Literatur und Kunst stand.

Jungen Talenten wurde die Teilnahme an Ausstellungen damals nicht eben leicht gemacht. Ihre künstlerische Suche erregte nicht nur beim Publikum, sondern auch bei vielen der etablierten Künstler und Kritiker der älteren Generation Anstoß. Die »Alten«, wie sie von der aufmüpfigen Jugend genannt wurden, machten ihren Einfluss geltend, um die Ausstellungssäle vor der Infektion mit der neuen, gefährlichen Strömung zu schützen. »Dies ist keine Malerei sondern eine Geschlechtskrankheit!«, so die vernichtenden Worte, mit denen ein ehrwürdiger Repräsentant der arrivierten *Wanderer*, Illarion Prjanischnikow, auf einer Ausstellung zu Beginn der 1890er Jahre vor dem Publikum ein Bild eines der begabtesten Vertreter der neuen Generation, Valentin Serow, verächtlich herabwürdigte. So ist es nicht verwunderlich, dass die junge Künstlergeneration die neue Vereinigung und ihre Ausstellungen begeistert aufnahm.

Wie nun reagierten die Künstlerinnen auf die Entstehung des russischen *Salon des Indépendants* und welche Beziehungen entwickelten sich zwischen ihnen und der *Welt der Kunst*? Seit Ende der 1870er und Anfang der 1880er Jahre betritt die erste Generation Berufskünstlerinnen die

Bühne des kulturellen Lebens Russlands und nach und nach beginnt sich die Haltung der Frau als Künstlerin unter ihren Berufskollegen zu ändern. Man sieht in ihr nicht mehr die Amateurin, die ihre Mußestunden mit Zeichnen und Aquarellmalerei ausfüllt, betrachtet die ernsthafte Künstlerin nicht länger als Ausnahmeerscheinung. In den 1870er Jahren sind Werke von Künstlerinnen bei den Akademieausstellungen keine Seltenheit mehr, so nahmen an der Ausstellung des Jahres 1876 bereits sieben Künstlerinnen teil, 5% der Gesamtteilnehmerzahl, was in der Presse besonders hervorgehoben wurde.

Die Beteiligung von Künstlerinnen an den unterschiedlichen Zirkeln und Gruppierungen wurde anfangs durch familiäre oder freundschaftliche Kontakte mit Künstlern begünstigt. So war die Malerin Jelena Polenowa (1850–1898), deren Werke seit Ende der 1880er Jahre auf den Ausstellungen der *Wanderer* gezeigt wurden, die Schwester eines wichtigen Vertreters der *Wanderer*, Wasili Polenow (1844–1927).

Die Künstlervereinigung *Welt der Kunst* war in den ersten Jahren ihres Bestehens nicht gerade von Frauen überfüllt, doch erwies sich die Gruppe im Laufe der Jahre als durchaus frauenfreundlich. Schon im Gründungsjahr jedoch verliert die Gruppe ihren ausschließlich männlichen Charakter. 1899 entscheidet sich die junge Graphikerin Anna Ostroumowa, der von allen Seiten ironischen und beleidigenden Angriffen ausgesetzten Vereinigung der »Dekadenten« beizutreten. Erst viele Jahre später sollten andere Damen Mitglieder der *Welt der Kunst* werden, doch von Anfang an pflegte die Vereinigung die Zusammenarbeit mit verschiedenen Künstlerinnen, so mit den führenden Künstlerinnen der Zeit, Jelena Polenowa und Marija Jakuntschikowa (1870–1902), die beide dem *Abramzewo-Zirkel* angehörten und in der Wiederbelebung des bäuerlichen Kunsthandwerks eine große Rolle spielten. Die Werke dieser beiden Künstlerinnen waren in den ersten Ausstellungen der *Welt der Kunst* vertreten und wurden in der gleichnamigen Zeitschrift publiziert. Im Gründungsjahr der Zeitschrift gab Diaghilew bei Jakuntschikowa die Gestaltung eines Titelblatts in Auftrag. Beiden Künstlerinnen wurde nach ihrem Tod eine Sonderausgabe der Zeitschrift gewidmet. Anna Ostroumowa hingegen wurde schon 1902 mit einer ihr gewidmeten Sonderausgabe geehrt. Auch die Werke der Graphikerin Jelisaweta Kruglikowa (1865–1941) und der Bildhauerin Anna Golubkina (1864–1927) waren seit Beginn des Bestehens der *Welt der Kunst* auf deren Ausstellungen vertreten. Golubkina hat eine bahnbrechende Rolle in der Entwicklung der Bildhauerei in Russland gespielt.

Im Jahr 1903 geht die Vereinigung *Welt der Kunst* in den in jenem Jahr in Moskau gegründeten *Verein russischer Künstler* ein. Nach der Neugründung der *Welt der Kunst* im Jahr 1910 finden sich neben Ostroumowa-Lebedewa drei weitere weibliche Mitglieder in ihren Reihen: Jelisaweta Kruglikowa, die Malerin Sinaida Serebrjakowa (1884–1967) und die Malerin und Bildhauerin Jelena Luksch-Makowskaja (1878–1967), Tochter des bekannten Malers und Akademie-Mitglieds Konstantin Makowski und Schwester Sergei Makowskis. Nach ihrer Heirat im Jahr 1900 mit dem österreichischen Bildhauer Richard Luksch (1872–1936) lebte sie zunächst in Wien, wo sie 1901 erstes weibliches Mitglied der Wiener Secession wurde, später in Hamburg. Im Laufe einiger Jahre traten zwei weitere Künstlerinnen der *Welt der Kunst* bei, Anna Golubkina und die junge Natalja Gontscharowa (1881–1962), die einzige Vertreterin der Avantgarde, die zu dieser Vereinigung gehörte. Obwohl viele Vertreter der Avantgarde ihren Werdegang auf den Ausstellungen der *Welt der Kunst* begannen, waren die »extrem linken« Künstler doch nur für kurze Zeit mit der *Welt der Kunst* verbunden und schlossen sich bald mit ihnen näherstehenden Gleichgesinnten zusammen. Für sie waren die Begründer der *Welt der Kunst* das, was einst die *Wanderer* für die junge Generation gewesen waren, die »Alten«, welche der Kunst nichts Neues mehr bringen konnten.

Poetin Petersburgs

Die Graphikerin Anna Ostroumowa-Lebedewa

Wenn ich meine Kunst aufgeben muss,
dann ist es für mich das Ende.
Nichts wird mich trösten können –
nicht der Mann, nicht die Kinder, nichts.
Damit ich, wenn ich nicht in der Kunst arbeite,
ruhig und zufrieden bin,
müssten drei Viertel meiner Seele sterben.
(Anna Ostroumowa-Lebedewa)

Mit Begeisterung nahm eine junge Studentin der Akademie die von Sergei Diaghilew Anfang des Jahres 1898 in Petersburg gezeigte *Ausstellung russischer und finnischer Künstler* auf. »Die Russen – einer besser als der andere. Serow! Serow ist überwältigend ... Welch eine Erhebung des Gemüts fühlt man beim Betrachten dieser Bilder. Und dann die berühmte Troika Benois, Bakst, Somow ...« Und die Studentin fährt fort: »Damals durchlitt ich eine schwere innerliche Krisis ... Ich suchte, aber wusste nicht, wonach ich suche, innerlich unbefriedigt ... Als ich die Arbeiten dieser Künstlergruppe erblickte, fühlte ich eine geistige Übereinstimmung mit ihnen.«[1] Schon im darauf folgenden Jahr wird Anna Ostroumowa im Herbst 1899 als erste und für lange Zeit einzige Frau gleichberechtigtes Mitglied der Künstlergruppe *Welt der Kunst.*

Das künstlerische Werk der *Welt der Kunst* bedingte in vielem die Blütezeit der russischen Graphik zu Beginn des 20. Jahrhunderts. Die Künstler dieser Vereinigung belebten alte Techniken neu und führten die Traditionen der Buchillustration, Zeichnung und Druckgraphik auf höchstes künstlerisches Niveau. Ostroumowa-Lebedewa fiel dabei die führende Rolle in der Wiederentdeckung des Holzschnitts als eigenständige Kunstgattung zu. Und sie war die erste, die den künstlerischen Farbholzschnitt verwendete. »In meiner frühen Jugend war der Holzschnitt weit verbreitet ... Man schnitt die Bilder der Modezeitschriften in Holz, ... Illustrationen und Reproduktionen von Bildern. Dann wurde der Holzschnitt allmählich von den photomechanischen Reproduktionstechniken verdrängt ... Und ich setzte mir zum Ziel, die Monotonie und handwerkliche Richtung, in welche diese wunderbare Kunst gefallen war, zu überwinden und an deren Stelle den originell künstlerischen Charakter des Holzschnitts wiederzubeleben.«[2]

»Von früher Kindheit an liebte ich es, mit einem kleinen Taschenmesser in Holz zu schnitzen«, berichtet Ostroumowa. »Manchmal hatte ich Weinkrämpfe, als Folge eines Schocks nach einem Brand; doch wenn man mir ein Stück Eichenholz brachte und ein Messer in die Hand gab, vergaß ich die Tränen. Ich nahm das Holz auf die Knie, setzte mich auf den Boden und begann zu schnitzen. Ich schnitt das Alphabet und ein einfaches Ornament.«[3]

Als Ostroumowa während des Studiums an der *Zentralen Fachhochschule für technisches Zeichnen des Barons Stieglitz* eine kunsthandwerkliche Richtung, ein »petit art« wählen musste, entschied sie sich für den Holzstich und kam in die Klasse von Wasili Maté (1856–1917), dem wichtigsten Meister der Technik des Holzstichs der zweiten Hälfte des 19. Jahrhunderts. Unter seiner Leitung sollten die Studenten das Handwerk des reproduktiven Holzstichs erlernen, in dem er selbst eine Koryphäe war. »Ich erinnere mich an den Moment, als ich zum ersten Mal eine Palmenholzplatte schnitt ... Das Gefühl, wenn das Messer über das Holz fährt, ist ein ganz besonderes ... aufregend und süß.«[4]

Die junge Elevin erlernt schnell den Umgang mit der neuen Technik. »Ich sollte eine Photographie als Tuschzeichnung auf das Holz kopieren, mit allen Einzelheiten, und dann schneiden ... Mit allen kleinsten Strichelungen, Pünktchen, Linien, alle Nuancen von Licht und Schatten und Farbe wiedergebend ... Mir schien dies überaus langweilig und erbärmlich. Etwas Fremdes abzubilden, dazu noch auf eine diese eintönigste Weise! Zwei Monate später entschied ich mich zur Flucht und besuchte diesen Kurs nicht mehr.«[5] Es brauchte Jahre der künstlerischen Suche und des Zweifels, bevor sie ihr Schicksal als Künstlerin mit dem Holzschnitt verknüpfte. Nach dem Abbruch ihrer Studien bei Maté entschied sie sich erst einmal für den Besuch der *Akademie der Künste*. Die Eltern waren zunächst dagegen, vor allem die Mutter, die besonders der

Konstantin Somow: Anna Ostroumowa (1901)

Gedanke störte, dass ihre Tochter »nackte Kerle« malen würde. Im Jahr 1892 wird Anna Ostroumowa als eine von insgesamt acht jungen Damen in die *Kaiserliche Akademie der Künste zu Petersburg* aufgenommen. Sie geht ganz in ihrem Studium auf und ist von morgens bis abends an der Akademie. In jenen Jahren verliebt sie sich zum ersten Mal: »Er stammte aus einer reichen Bürgerfamilie, und ich fürchtete, dass es mir, wenn ich ihn heirate, in einer solchen Umgebung schwer fallen würde, meine Beschäftigung mit der geliebten Kunst fortzusetzen ... Über kurz oder lang entschied ich, das alles zu beenden und wir trennten uns für immer.«[6]

Schon während des Studiums strebt Ostroumowa nach künstlerischer Selbstständigkeit. Sie ist begeistert von Impressionismus und Pointillismus. Die Professoren sind entsetzt. »Ich riskierte den Rauswurf von der Akademie.« Und fürs Erste muss sie sich fügen. Als sie sich für die Meisterklasse eines Professors entscheiden soll, wählt sie die Klasse Ilja Repins, der unter den Studenten große Bewunderung und Autorität genoss. Kurz zuvor hatte an der Akademie eine Studienreform stattgefunden, die es ermöglicht, dass nun auch Klassen von »echten lebenden Künstlern«, nämlich einer Gruppe von *Wanderern*, an ihrer Spitze der angesehene Ilja Repin, unterrichtet werden. Schon ihre erste Skizze, die sie in der neuen Klasse anfertigte, gefällt ihrem neuen Professor sehr und er ordnet an, sie im Atelier der Klasse aufzuhängen. Er ist von der Begabung seiner Studentin so überzeugt, dass er eines Tages zu ihr sagt: »›Ich bitte Sie sehr, geben Sie die Malerei nicht auf.‹ Ich verstand diese Bitte nicht und antwortete, dass ich dies gar nicht vorhabe. ›Ich weiß doch, wie es bei den jungen Frauen ist ... Sie heiraten, der Mann, die Familie, und die Malerei ist vergessen ... Ich bitte Sie ganz ernsthaft: Geben Sie die Malerei nicht auf!‹ sagte er nochmals und winkte ab.«[7]

Allmählich jedoch wird die anfängliche Begeisterung Ostroumowas über die Arbeit in der Klasse bei Repin von Zweifel und Unzufriedenheit abgelöst: »Der Realismus der *Wanderer* wich dem Akademismus. Doch das Wesen der Kunst, die Malerei selbst hatte sich nicht erneuert.« Viel näher als die Kunst, die ihr Professor vertritt, sind ihr die Arbeiten des zu jener Zeit ebenfalls bei Repin studierenden Konstantin Somow, einem Mitglied des Zirkels um Benois, mit dem sie sich anfreundete. »Er machte den Eindruck eines sehr außergewöhnlichen und originellen Menschen. Sehr viel Wert legte er auf seine äußere Erscheinung. Trug einen Gehrock von besonderer Façon, ganz besonders ausgesuchte Binder ... Bei allen Eigenheiten und Marotten wurde er doch von den Kameraden respektiert und sein großes Talent bewundert. Ich erinnere mich lebhaft an das Gefühl des Erstaunens, als er eines Tages im Unterricht seinen Entwurf zu einem von Repin gestellten Thema vorstellte ... Er hinterließ einen Eindruck von besonderer Feinheit in der Farbwahl, einer großen Frische und Zartheit, zugleich jedoch einer gewissen Unnatürlichkeit.«[8]

Mit der Zeit empfindet Ostroumowa einen gewissen Stillstand in ihrer künstlerischen Entwicklung, bemerkt, dass ihr eine »wirkliche Schule« fehlt, die ihr Repin und die anderen Professoren nicht zu geben imstande sind, da diese selbst »das Handwerk nicht beherrschen«. Sie spricht offen mit ihrem Lehrer über ihre Zweifel und dieser rät ihr: »Gehen Sie nach Paris, dort ist der Mittelpunkt der modernen Kunst, dort brodelt das Leben wie in einem Hexenkessel. Sie können ruhig dorthin, denn Sie werden sich da zurechtfinden.«[9]

Vor ihrer Abreise nach Paris trifft sie zufällig ihren früheren Lehrer Maté, der sie ein weiteres Mal zu überzeugen sucht, sich der Technik des Holzschnitts zu widmen. Ein Jahr zuvor hatte sie an der Akademie, wo er mittlerweile Leiter der graphischen Abteilung war, seinen Unterricht besucht, doch von neuem aufgrund von Langeweile und Eintönigkeit den Besuch dort aufgegeben. Es gelingt dem Lehrer, seine widerspenstige Schülerin zu einem Besuch der Bibliothek zu überreden, wo er ihr Werke der italienischen Meister zeigt. »Besonders von einem Blatt von Ugo da Carpi war ich hingerissen ... Zum ersten Mal sah ich einen Farbholzschnitt und war voller Begeisterung ... ›Würden Sie gern so arbeiten?‹ ›O ja! So möchte ich arbeiten!‹ Und er nahm mir sogleich das Versprechen ab, dass ich im Holzschnitt arbeiten werde. Doch auch Maté kam mir entgegen und gestattete mir zu arbeiten, wie und was ich wollte.«[10]

Sofort macht sie sich ans Werk und schafft einige Holzschnitte, erstmals eigenständige künstlerische Arbeiten in dieser Technik. Sie sagt sich los von den damals üblichen, auf Strichelungen basierenden Prinzipien des reproduktiven Holzschnitts und gestaltet, ausgehend von Ugo da Carpi, zum ersten Mal große Flächen: »In eben diesen Blättern erprobt der russische Holzschnitt zum ersten Mal nach seinem Niedergang in der zweiten Hälfte des 19. Jahrhunderts, in seiner eigenen Sprache zu sprechen«, so einer ihrer Biographen.[11]

Ende des Jahres 1898 kommt Ostroumowa in Paris an. Sie wird Schülerin im Atelier von James Whistler (1834–1903). »Dieser amerikanische Maler ist ein bedeutender europäischer Meister«, berichtet sie in einem Brief an die Eltern. »Viel hat Repin uns von ihm erzählt und gesagt, dass es keinen besseren zeitgenössischen Künstler in Europa gäbe. Im Palais du Luxembourg habe ich bisher eines seiner Werke gesehen, das *Porträt der Mutter*, wirklich eine wunderbare Arbeit.«[12] Zuerst wartet in der *Académie Carmen*, wie das Atelier Whistlers sich nannte, jedoch eine große Enttäuschung auf sie. Der Meister betrachtet sich ihre erste dort angefertigte Skizze lange und sagt dann: »Sie wissen und können überhaupt nichts. Sie haben überhaupt keine Ahnung.«[13] »Ich war wie vor den Kopf gestoßen ... Dann aber dachte ich: Ich werde es schaffen ... werde arbeiten, wie er es erwartet, werde sehen, probieren, fühlen, und wenn es nichts für mich ist, zum alten zurückkehren. Wer sollte mich daran hindern, es zu tun?«[14] Bald jedoch ist sie seine Lieblingsschülerin und die Besonderheiten seiner Methode, mit der er seine Schüler zwingt, ihre »Aufmerksamkeit auf die wesentlichen, charakteristischen Züge der Natur zu richten und jene tausend Nuancen, die unser Auge wahrnimmt, zu

Anna Ostroumowa-Lebedewa:
Petersburg. Blick auf die Newa durch die Säulen der Börse (1908)

vernachlässigen«,[15] finden bald ihren Niederschlag in den Arbeiten Ostroumowas. Der die japanische Kunst leidenschaftlich liebende Whistler bringt ihr die Schönheit des japanischen Farbholzschnittes in seiner Einfachheit und Lakonie nahe, die zu einer wichtigen Quelle ihres eigenen künstlerischen Stils werden.

Nach der Bekanntschaft mit Whistler findet in Paris eine zweite, ihr weiteres Schicksal entscheidende Begegnung statt. Neben »Plunderschnitte«, wie sie Konstantin Somow nannte, befinden sich zu jener Zeit auch Alexandre Benois und fast alle Mitglieder seines Kreises in Paris. Doch Somow denkt aufgrund »einer seltsamen Laune« gar nicht daran, die Kommilitonin seinen Freunden vorzustellen. Er erklärt dies damit, dass er Benois einmal eine ihm bekannte Malerin vorgestellt habe, und dabei »nichts Gutes herausgekommen« sei. Benois selbst hingegen brennt darauf, mit der jungen Künstlerin bekannt gemacht zu werden: »Die Berichte [Somows] ... über diejenige, welche sich der mühevollen und

Valentin Serow: Anna Ostroumowa (1899)

damals seltenen Kunst des Holzschnitts zu widmen gedachte, erweckten unendlich meine Neugier. Endlich, am russischen Weihnachtsfest des Jahres 1898 ließ Somoff sich ›erbitten‹ und führte uns zu den beiden Künstlerinnen in ihre biwakähnliche Wohnung, an der Avenue du Maine ...«[16]

Ihren ersten Eindruck von Benois beschreibt Ostroumowa-Lebedewa so: »Der unbekannte Gast war mittleren Wuchses, mit einem Gesicht von nicht russischem Typ. Schwarzes Haar ... Eine gerade, dicke Nase. Wulstige, rote Lippen im bleichen, matten Gesicht. Wunderschöne, hellbraune, weiche, aufmerksame Augen hinter den Gläsern des Zwickers, klug und interessiert.[17] Kurze Zeit später ist sie keine Fremde mehr in diesem

Kreise, dessen Mitglieder ihr zur neuen Familie werden. In diesem Zirkel von Gleichgesinnten findet sie Verständnis und Unterstützung für den künstlerischen Weg, den sie beschritten hat, wie sie es in der eigenen Familie und bei den Kommilitonen von der Akademie vermisst. In den viele Jahre später geschriebenen Memoiren unterstreicht Ostroumowa besonders: »Es wurde mir von meinen Kameraden und Freunden immer absolut ernsthaft gegenübergetreten, ganz ohne eine Spur von Flirt oder Umwerben ... Ich habe von ihrer Seite niemals Herablassung gespürt, wie man es bei Männern gegenüber Frauen mit demselben Beruf sonst oft findet.«[18]

Von besonderer Bedeutung für die weitere künstlerische Entwicklung Ostroumowas war der Einfluss von Benois. »Alexandre Nikolajewitsch [Benois], der eine besondere pädagogische Begabung besaß, begann, von mir selbst ganz unbemerkt, sich meiner künstlerischen Bildung anzunehmen ... Wir besichtigten gemeinsam Kirchen, Paläste ... besuchten Museen. Der Einfluss von Alexander Nikolajewitsch auf mich war ungeheuer groß.«[19]

Bald nach ihrer Rückkehr aus Paris im Frühling 1899 entscheidet Ostroumowa, sich vor allem der Technik des Holzschnitts zu widmen, und in den nächsten Jahren wird sie ihren ganz eigenen Stil in dieser Technik finden. Ihre »Mitbrüder« aus der Gruppe der *Welt der Kunst* unterstützen sie auf ihrem künstlerischen Weg. Die Künstlerinnen, die später zu diesem Kreise gehören, werden bei weitem nicht eine solch aktive Rolle in der Vereinigung spielen wie Ostroumowa, deren Arbeiten nicht nur auf den Ausstellungen der *Welt der Kunst* vertreten sind, sondern die sich auch an deren Vorbereitung und an künstlerischen Auseinandersetzungen mit den anderen Organisatoren beteiligt.

Zurück in Russland war Ostroumowa ein wenig bange vor dem Treffen mit ihrem Professor Repin. Was würde er zu ihrer neuen künstlerischen Heimat in der *Welt der Kunst* sagen, im Kreise dieser anrüchigen »Dekadenten«? Ihre schlimmsten Befürchtungen bewahrheiteten sich. Als sie Repin aufsuchte, um ihm ihre neuen Arbeiten zu zeigen, wurde ihr vom Bediensteten mitgeteilt, es gebe keine Weisung, sie vorzulassen. So wechselt sie in die Meisterklasse von Maté. Kaum einer ihrer Kommilitonen aus der Klasse Repins verstand, wie sie die Malerei für den Holz-

Anna Ostroumowa-Lebedewa:
Der Sommergarten im Winter (1902)

schnitt aufgeben konnte. »Man sagte mir, ich beschäftigte mich mit einem Kunsthandwerk für Damen, und verglich den Holzschnitt mit der Stickerei.«[20] Und auch die Professoren standen ihren beim akademischen Wettbewerb eingereichten Arbeiten feindselig gegenüber. Mit ihren innovativen Holzschnitten war sie der Zeit voraus und nur dank der Unterstützung Matés wurde ihr von der Akademie der Titel »Künstler« verliehen. Maté berichtete ihr später »mit Tränen in den Augen«, dass, als er bei der Sitzung des Akademischen Rates ihre Arbeiten verteidigte, Repin plötzlich geschrien habe: »Schon gut! Sie sind verliebt in Ostroumowa, nur deshalb verteidigen Sie sie!«[21] Ihre Mitbrüder von der *Welt der Kunst* beurteilten ihre Arbeiten gänzlich anders: »Als die interessantesten Werke der Ausstellung der Studenten müssen die Holzschnitte von Fr. Ostroumowa genannt werden, die mit einem seltenen Gefühl für farbige Flächen und mit der großen Kraft des Stichels die einfachsten Motive interpretiert«, befindet Sergei Diaghilew in einem Artikel der Zeitschrift *Welt der Kunst* über die Arbeiten Ostroumowas.

Der Kontakt zur *Welt der Kunst*, besonders zu Alexandre Benois, half Ostroumowa, ihr Thema zu finden. Bei allem Kosmopolitismus waren die

Mitglieder dieser Künstlervereinigung doch »Patrioten« ihrer Stadt: »Petersburg liebe ich. In mir hat sich nahezu seit der Zeit, als ich noch in Windeln lag, etwas entwickelt, was man den ›patriotisme de clocher‹ zu nennen pflegt ... Petersburg gegenüber war ich voll jenes Gefühls, welches vermutlich das der Römer ihrer urbs gegenüber ist, welches ein Franzose für Paris empfindet, ein Engländer für London und ein echter Russe für Moskau, welches die Deutschen aber nicht kennen. Die Deutschen sind tatsächlich Patrioten des gesamten Landes: ›Deutschland über alles‹ [im Original deutsch] ... In mir lebte (und lebt immer noch) eher ein solcher Imperativ: ›Petersburg über alles‹ [im Original deutsch].«[22]

Diese Lobrede von Benois hätte jeder seiner Künstlerfreunde unterschreiben können. Ostroumowa erinnert sich: »Benois hat als erster in mir die scharfe Aufmerksamkeit für die Schönheiten unserer wunderbaren Stadt geweckt ... Die Stadt, in der ich geboren und aufgewachsen war, war mir plötzlich nah, verständlich, und ich begann sie zu lieben.«[23]

Die Künstlergruppe *Welt der Kunst* entdeckte für ihre Zeitgenossen die Schönheit des alten, zu jener Zeit als gesichtslose Bürokratenstadt geschmähten Petersburg. Die Holzschnitte Ostroumowas, in denen sie die feierliche Pracht der architektonischen Ensembles des 18. und 19. Jahrhunderts festhält, spielten bei der Entdeckung der Einmaligkeit dieser Stadt eine große Rolle. Im Herbst 1901 hatte die Künstlerin einen Auftrag von Sergei Diaghilew erhalten, zehn Schwarzweiß-Holzschnitte mit Ansichten Petersburgs anzufertigen. Der so entstandene Zyklus von Arbeiten ist der Beginn ihrer »Chronik« der architektonischen Landschaft Petersburgs. Sie wird die »Poetin Petersburgs«. 1902 entsteht der erste Farbholzschnitt dieser Chronik, *Der Sommergarten im Winter.*

Der künstlerisch eigenständige Farbholzschnitt hatte vor Erscheinen der Werke Ostroumowas in der russischen Kunstgeschichte kaum existiert. In der Malerei hatte sie sich von »den alten Traditionen und Techniken« in ihrer Entfaltung gestört gefühlt. »Und so warf ich mich auf den Farbholzschnitt. An *Der Sommergarten* arbeitete ich mit großer Begeisterung. Mir gefiel dieses Thema. Das Muster der Zweige und der Tanz der Schneeflocken zwischen ihnen. Bisweilen druckte ich den Holzschnitt in silbergrauen Farbtönen, als ob er von einem leichten Nebel überzogen sei. Dann wieder machte ich den Himmel etwas heller, als ob die Sonne durchbrechen will, und die Stämme der Bäume machte ich dunkler, und so entstand eine viel fröhlichere, heiterere Landschaft ... Viel habe ich mich auch mit dem Holzschnitt *Pawel I.* beschäftigt. Es wollte einfach nicht gelingen, das darzustellen, was mir vorschwebte. Die finstere Figur Pawels, tragisch und traurig vor dem Hintergrund der glänzenden, sonnigen Natur und den dunklen Gewitterwolken, die sich am Himmel zusammenziehen.«[24]

1903 wird das 200-jährige Stadtjubiläum gefeiert. Die Mitglieder der Künstlergruppe *Welt der Kunst* bereiten sich besonders auf dieses Jubiläum vor. Benois veröffentlicht 1902 die Aufsätze *Malerisches Petersburg* und *Die Schönheit Petersburgs.* Die Aufsätze werden mit den Holzschnitten Ostroumowas und mit Werken anderer Mitglieder der *Welt der Kunst* illustriert. Anlässlich des Jubiläums fertigt Ostroumowa einen Zyklus von Farbholzschnitten an (*Die Kettenbrücke, Säulen der Kasaner Kathedrale* u.a.). In den Blättern des Jahres 1903 wird ihr damaliger Stil besonders deutlich. Sie verwendet fast gar keine Strichelungen, arbeitet dafür umso mehr mit großen, farbigen Flächen und Silhouetten. Mit Hilfe verschiedener Farbnuancen gelingt es ihr, die dem »Venedig des Nordens« eigene Luftfeuchtigkeit wiederzugeben. In ihren Arbeiten aus dieser Zeit ist nicht nur die Auseinandersetzung mit den Impressionisten zu beobachten, die die Künstlerin gelehrt hatten, das von einer luftig-leuchtenden Atmosphäre umgebene Sujet wahrzunehmen, sondern auch Einflüsse des Symbolismus. Der Holzschnitt *Pawlowsk. Pawel I.* (1903) weist eine dem Symbolismus eigene Metaphorik auf, die sich in der grotesk überspitzten gebrechlichen Figur des Zaren manifestiert. Die scharfe, schwarze Silhouette der Figur hebt sich von dem üppigen Grün des Parks ab und scheint so nur noch verlorener und einsamer.

Die Künstlerin beschwört in ihren Arbeiten das klassische Petersburg. Die sich im Strudel der Zeiten verändernde moderne Stadt, die im kalten, »eisernen« Jahrhundert geboren wird, mit ihren Fabriken und Mietskasernen, bleibt ihr fremd. Das Petersburg Ostroumowas, Benois' und Lancerays zeigt sich dem Betrachter als Verkörperung von Schönheit und Harmonie. Ihre Auffassung der Stadt ist frei von den tragischen Noten Mstislaw Dobushinskis, für den Petersburg die »Stadt als Krake« ist. Wie Fjodor Dostojewski, sein Vorgänger in der Literatur, und sein Zeitgenosse Alexander Blok, hält er ihre »Grimassen« fest, »schaut hinter die Er-

Anna Ostroumowa-Lebedewa: Die Kettenbrücke (1903)

habenheit und entdeckt die Unmenschlichkeit einer Stadt der Gegenwart.«[25] Später wird das Petersburg Dobushinskis an das *Petersburg* des Schriftstellers Andrej Belyj erinnern, wie er es in seinem gleichnamigen Roman beschrieben hat. Das Petersburg Belyjs, wie Anziferow es in seinem Buch *Die Seele Petersburgs* charakterisiert, ist eine »der eigenen Erde fremde Hauptstadt, für Rußland eine Sinnestäuschung, ein Alptraum, von dem es besessen ist.«[26]

In den ersten Jahren des 20. Jahrhunderts kommen sich Ostroumowa und ihr Cousin Sergei Lebedew (1874–1934) näher und die beiden beschließen zu heiraten. Sie halten ihren Entschluss jedoch vor den Eltern ebenso wie vor den Freunden geheim, bis Lebedew geschieden ist. Die Künstlerkollegen waren »voller Vorbehalte gegen meine Ehe, da sie befürchteten, dass ich von der Kunst abkomme. Ich selbst hatte Angst davor.«[27] 1905 schließen die beiden den Bund der Ehe und Ostroumowa trägt von nun an den Doppelnamen Ostroumowa-Lebedewa. Die Befürchtungen der Künstlerin und ihrer Kollegen erwiesen sich glücklicherweise als unbegründet. In ihrem Ehemann, der Chemiker war und den synthetischen Kautschuk erfand, findet sie »die wichtigste Stütze« ihrer künstlerischen Arbeit. »Er empfand mir gegenüber als arbeitende Frau, die sich einen selbstständigen Platz im Leben errungen hat, niemals Neid oder männliche Eifersucht.«[28]

In den Jahren von 1908 bis 1910 arbeitet die Künstlerin an dem später *Große Petersburger* benannten Zyklus *(Die Säulen der Börse und der Festung, Blick auf die Newa durch die Säulen der Börse, Blick auf die Newa* u.a.). Im Gegensatz zu ihren früheren Arbeiten zeigt sie hier nicht einzelne Gebäude, sondern architektonische Ensembles, die dem Betrachter ein weites Panorama eröffnen. Gegen Ende des ersten Jahrzehnts des 20. Jahrhunderts ist in Russland der Neoklassizismus im Entstehen, woran die *Welt der Kunst* durch ihre Faszination für das russische Empire großen Anteil hatte. In einem programmatischen Artikel der neu gegründeten Zeitschrift *Apollon* wurde der Aufbruch zu einer »zutiefst bewussten und harmonischen Kunst, ... zu Stil und erhabener Form« verkündet.[29] Schon der Titel der Zeitschrift mit der Referenz auf Apollon ist programmatisch: Symbol einer vernunftgeleiteten Kunst im Gegensatz zum elementar ekstatischen, dionysischen Element, das mit dem Symbolismus verbunden war,

Im Gegensatz zu den früheren Werken, die geprägt waren von Elementen des *Style moderne* wie Ornamentalisierung der Form und Silhouettenschärfe, zeigen Ostroumowas Arbeiten des Zyklus *Große Petersburger* ungewöhnliche Einfachheit und Klarheit der Komposition. Mit Hilfe nur weniger, nicht allzu greller Farben, wird das Gefühl einer von Licht und Farbe erfüllten Landschaft erreicht und die Atmosphäre der Stadt einfühlsam wiedergegeben. Benois zufolge gehört Ostroumowa »zu den einheitlichsten und typischsten Persönlichkeiten« der *Welt der Kunst*. Besonders hebt er an ihrer Kunst »Adel und Strenge« hervor, als »jene Eigenschaften, welche den Begriff ›Stil‹ umfassen.«[30] Das Streben nach Klarheit und Harmonie ist auch den Werken einiger junger Poeten ihrer Zeit eigen, die im *Apollon* veröffentlichten und sich als Akmeisten bezeichneten. Alle von ihnen sind von dem klassischen Petersburg fasziniert. Das Bild Petersburgs, welches Ostroumowa in ihren Holzschnitten zeichnet, entspricht jenem, das Anna Achmatowa in ihren Gedichten entwirft. Die Künstlerin und die Dichterin empfinden dieselbe Verliebtheit für die strenge Schönheit ihrer Stadt, ihre »überwältigend tiefe und wunderbare Musikalität« (Benois). »Und dennoch würden wir sie niemals tauschen, die prächtige / granitne Stadt voll Unglück und voll Ruhm, / die weiten Flüsse unterm blanken Eise, / die Parks, die sonnenlos im Finstern ruhn, / der Muse Stimme, sei sie noch so leise«, so malt Achmatowa das Bild der nördlichen Hauptstadt.

Ostroumowa-Lebedewa ist wie auch Achmatowa jedoch nicht nur von der feierlichen Seite Petersburgs hingerissen. »Sie betrachtet aufmerksam das Befinden der Stadt, das die Stimmung einer ruhigen kammerspielhaften Poetik hervorruft ... Besonders charakteristisch sind hierfür die Darstellungen der Kanäle, die die Künstlerin besonders gerne in der Dämmerung zeigt, wenn alle Farben verschluckt sind und die Luft mit Rauch erfüllt ist.«[31]

Das Werk der Künstlerin erhält immer mehr Anerkennung, ihre Arbeiten werden von bedeutenden internationalen Museen gekauft und nach und nach können sich auch die russischen Kuratoren zu diesem Schritt durchringen. »Man spricht und schreibt über mich ... Ich bin nicht wiederzuerkennen. Bin voller Energie, entscheidungsfreudig und selbstbewusster. Und, was das wichtigste ist, habe große Lust an der Arbeit.«[32]

Und auch ihre Alma Mater sollte ihr den ihr gebührenden Respekt nicht länger verweigern. Im Herbst 1916 wurde erstmals in der Geschichte der *Akademie der Künste* Russlands eine Frau als Mitglied der Akademie vorgeschlagen, was bei vielen starken Protest hervorrief. Nach langwierigen Debatten, die sich bis Ende Januar des folgenden Jahres hinzogen, beschloss man, dass die Nominierung einer Frau zum Akademiemitglied juristisch möglich sei. Zusammen mit Ostroumowa-Lebedewa wurden nun noch drei weitere Künstlerinnen vorgeschlagen: Sinaida Serebrjakowa, Olga Della-Wos-Kardowskaja und Alexandra Schneider. Die Wahl Ostroumowa-Lebedewas und ihrer Kolleginnen zu Mitgliedern der Akademie wurde jedoch vom »Wirbelsturm der Revolution« vereitelt.

Frauen in Männerkleidern

Die Graphikerin Jelisaweta Kruglikowa

It is fatal to be a man or a woman pure and simple;
One must be a woman-manly or a man-womanly.
(Virginia Woolf)

»In den kontroversen öffentlichen Diskursen um 1900 spielten Begriffe wie Selbstfindung und Selbstbehauptung bis hin zum Egoismus eine tragende Rolle«, so Susanne Meyer-Büser. »Die Etablierung selbstbestimmter Weiblichkeit war Gegenstand der Diskussionen in der historischen Frauenbewegung, in der aufkommenden Psychoanalyse und in den Debatten um die Mädchenausbildung.«[1] Eine dieser »Egoistinnen«, die ihre Individualität nicht nur in Kunst, Leben und Liebe behauptete, sondern auch in der Art sich zu kleiden, ist die Graphikerin Jelisaweta Kruglikowa (1865–1941). Nach dem Studium als Gasthörerin an der *Moskauer Lehranstalt für Malerei, Bildhauerei und Architektur* träumt die aus einer Familie von hochrangigen Militärs stammende Kruglikowa wie viele ihrer gleichaltrigen Kolleginnen und Kollegen aus Russland und Westeuropa von einer Fortsetzung ihres Studiums im Mekka der Künste, in Paris. Doch zu Hause darüber auch nur eine Silbe zu verlieren, hat sie nicht den Mut. Nur mit Mühe kann sie den Eltern die Erlaubnis abringen, nach Griechenland zu reisen, um die Denkmäler der Antike zu besichtigen. »Und schon ist sie in Odessa ... Sie schifft allem Anschein nach auf einem Transportschiff ein ... Die Gesellschaft ist überaus zweifelhaft. Der alte Kapitän bemerkte, wie entsetzt Jelisaweta Sergejewna [Kruglikowa] war und nahm sich ihrer an ... Diesem Kapitän auch war sie zu Dank verpflichtet, dass sie doch nach Paris gekommen ist ... – ihre Eltern mussten sich damit abfinden. Wichtig war nur, dass sie in Paris ist, dass sie glücklich ist.«[2]

Für fast zwanzig Jahre wird Paris ihre neue Heimat. Fünf Jahre nach ihrer ersten Ankunft bezieht sie im Jahr 1900 ihr eigenes Atelier in der Rue Boissonade Nr. 17, die sich im Quartier Latin befindet, jenem

Künstler- und Studentenviertel, in dem die Touristen heute auf den Spuren der Boheme wandeln. In den ersten Jahren ihres Parisaufenthalts ist Paul Gauguin ihr Abgott, und unter dem Einfluss seiner Malerei beginnt der Stil der jungen Künstlerin, die bei den russischen *Wanderern* studiert hatte – einer ihrer Lehrer war eben jener Prjanischnikow, der die Bilder der jungen Künstlergeneration mit einer Geschlechtskrankheit verglichen hatte –, sich grundlegend zu verändern. »Ich imitierte [Paul Gauguin] nicht«, erinnert sich Kruglikowa. »Die Neigung zur Dekorativität ist in allen meinen Arbeiten zu finden, und das Streben zur Kontur war mir schon immer, seit der Kindheit, eigen.«[3] Der Vater entzog ihr die finanzielle Unterstützung, da ihm ihre neue Art zu malen absolut missfiel.

Nachdem ein befreundeter Maler, Victor Roux-Champion, ihre Zeichnungen gesehen hatte, rät er ihr zur Beschäftigung mit der Radierung. 1902 stellt sie unter seiner Anleitung die erste Arbeit in dieser Technik her. In jenen Jahren beschäftigen sich viele ihrer Künstlerkollegen in Paris mit der Radierung. Kruglikowa ist begeistert von den Radierungen der damaligen Koryphäen auf diesem Gebiet, Félix Vallotton (1865–1925) und Théophile Steinlen (1859–1923). Bald arbeitet sie Tag und Nacht an der neu erworbenen Druckpresse in ihrem Atelier. Wie selbstverständlich geht sie von der Malerei zur Farbradierung über: Ihre Arbeiten ziehen bald beachtliches Interesse auf sich und sind binnen kurzem auf vielen Ausstellungen in Paris und Russland zu finden. Während ihre langjährige gute Freundin Ostroumowa-Lebedewa den Holzschnitt neu entdeckte und weiterentwickelte, ist es an Kruglikowa, neue Akzente in der Technik der Farbradierung zu setzen. Ihre außergewöhnliche Begabung als Malerin prägt die besondere bildnerische Gestaltung ihrer Radierungen, die sich in einem großen Reichtum von Farbtönen und Nuancen zeigt, der ihren Arbeiten eigen ist. Gegen Ende des ersten Jahrzehnts des 20. Jahrhunderts ist Kruglikowa in Paris eine anerkannte Meisterin der Radierung, die in ihrem Atelier einen internationalen Kreis von Schülern unterrichtet.

Neben ihrem künstlerischen Talent beobachten die Zeitgenossen ein weiteres bemerkenswertes Talent bei Kruglikowa, nämlich eine besondere Begabung zur Freundschaft. »Jelisaweta Sergejewna besaß die außergewöhnliche Gabe, alles zu verstehen und alles anzunehmen. Ihr kontaktfreudiges, fröhliches und lebendiges Wesen half ihr, mit anderen leicht Freundschaft zu schließen«, schreibt Ostroumowa-Lebedewa.[4] So wundert es nicht, dass ihr Atelier schon bald Zentrum der Begegnungen nicht nur für die zahlreichen, aus dem Paris des beginnenden 20. Jahrhunderts nicht wegzudenkenden Russinnen und Russen, sondern auch für viele Vertreter der internationalen Boheme jener Jahre wurde. »Den Besuch der Katakomben kann man sich sparen, ebenso kann man auf den Aufstieg auf den Eiffelturm verzichten, ja selbst die Opéra und das Théâtre français zu besichtigen ist nicht unbedingt notwendig, doch hierher zieht es alle an der Kunst Interessierten«, berichtet der Künstler und Kunstkritiker Stepan Jaremitsch (1869–1939) in den Petersburger *Börsennachrichten*.[5] Zu den zahlreichen Gästen in ihrem »außergewöhnlich behaglichen Atelier« gehörten auch Ostroumowa-Lebedewa und ihr Ehemann. »Das Atelier befand sich in einem großen, roten Backsteinhaus ... Linker Hand des Eingangs stand ein wunderbarer Kirschbaum, der über und über mit weißen Blüten bedeckt war ... Das Atelier selbst bestand aus einem großen, langgestreckten Zimmer, an dessen Ende der Boden etwas erhöht war und so auf ganzer Breite des Zimmers so etwas wie eine kleine Bühne bildete, die sich überaus gut für Auftritte eignete. Den Ehrenplatz nahm die Handdruckpresse mit ihren Rädern ein.«[6]

Gegen Abend füllte sich das Atelier Kruglikowas mit Leben. Wen konnte man hier nicht alles treffen: junge Künstler wie Alexandre Benois und Margarita Sabaschnikowa, Poeten und Schriftsteller wie Waleri Brjussow und Wjatscheslaw Iwanow, den jungen Nikolai Gumiljow, Sergei Diaghilew und viele andere. »... Nicht selten trug Balmont hier seine Gedichte vor ... Max Woloschin fand erste Wertschätzung und Anhänger seiner Arbeiten bei den Versammlungen bei Kruglikowa ... Das Russische mischt sich mit dem zischelnden Französisch, da sich hier häufig neben den russischen Berühmtheiten auch Romain Rolland ... und viele andere Künstler und Schriftsteller einfanden.«[7]

Doch bei aller Zerstreuung an den Abenden bleibt die Arbeit doch das Wichtigste für Kruglikowa, die beständig experimentiert und neue Möglichkeiten in der Technik der Radierung für sich entdeckt. »Wir trafen Kruglikowa nicht nur einmal an, als sie gerade dabei war, ihre Arbeiten zu drucken. Wie heute sehe ich sie vor mir. In einer langen blauen Bluse über dem Kleid, mit gestärktem Kragen und Krawatte, mit einer nicht zu Ende gerauchten Zigarette in der linken Hand, bewegte sie mit sicherem,

Jelisaweta Kruglikowa: Tango im Luna-Park (1914)

energischem Griff mit der rechten Hand und dem rechten Fuß das Rad der Druckpresse ... [Nach Abschluss des Druckvorgangs] hob sie vorsichtig das Blatt auf und schon durch die Rückseite war die farbige, samtige Monotypie oder Radierung ... zu sehen.«[8]

Die Monotypie ist eine seltene alte Technik der Radierung, die lange Zeit in Vergessenheit geraten war, bis im 19. Jahrhundert ihre Neuentdeckung begann. Kruglikowa eignete sie sich selbstständig an und beherrschte sie bald mit meisterhafter Vollkommenheit. »Im Jahre 1909, als ich an Themen für das Theater arbeitete, hatte ich keine Zeit, Radierungen zu machen, und so schuf ich unverhofft eine Monotypie, ohne zu wissen, daß es eine Monotypie war. Es erwies sich, daß man auch ohne Ätzvorgang drucken kann. Auf diese Weise druckte ich zahlreiche Szenen aus dem Ballett. An meiner neuen Methode hatte ich so viel Gefallen gefunden, daß ich täglich mehrere Monotypien schuf.«[9]

Als leidenschaftliche Liebhaberin von Theater und Ballett war Kruglikowa bei den Aufführung der *Ballets Russes*, die in jenen Jahren in Paris für Aufsehen sorgten, häufig hinter den Kulissen zu finden. Im Jahr

1909, als Diaghilew zum ersten Mal mit seiner Truppe in Paris auftrat, entstand die Monotypie *Hinter den Kulissen. Die Russische Saison in Paris*, in der die Künstlerin ihre Eindrücke vom lauten Treiben hinter den Kulissen und den funkelnden Lichtern im Zuschauerraum wie in einer Momentaufnahme schildert. Die Monotypie als eine Technik zwischen Malerei und Radierung kam Kruglikowa besonders entgegen, gestattete sie ihr doch, die beiden Hälften ihrer künstlerischen Persönlichkeit, jener der Malerin und jener der Meisterin in der Radierung, zusammenzuführen. Kruglikowa selbst definierte sie als »Malerei in der Manier des Metalldrucks« und charakterisierte ihre grundlegenden Eigenschaften genau: »Die Monotypie wird deswegen zum Bereich der Druckgraphik gezählt, da bei ihr ein Bild, das mit Ölfarbe auf eine glatte Metallplatte gemalt wird, auf dieselbe Drucktechnik wie eine Radierung auf ein Blatt gedruckt wird ... Allein das Wort ›Monotypie‹ bedeutet ja, dass mit dieser Technik nur ein einziger Abdruck erreicht werden kann.«[10]

Kruglikowa hat eine Vielzahl von Selbstporträts geschaffen, in denen sie sich vor allem bei der Arbeit darstellt. Im Linolschnitt *Drucken einer Radierung* aus dem Jahr 1915 zeigt sie sich dem Betrachter, wie sie Ostroumowa-Lebedewa in ihren Erinnerungen beschrieben hat. Fast die Hälfte des Bildes nimmt die ihr so wichtige Druckpresse ein. Die Selbstdarstellung im Atelier, umgeben von Handwerkszeug und eigenen Werken, und die damit implizierte Definition der eigenen Person über den gewählten Beruf hat im Selbstbildnis männlicher Künstler eine lange Tradition, die allmählich auch von den Künstlerinnen übernommen wird. In jenen Jahren stellen sich auf diese Art viele Kolleginnen Kruglikowas in Westeuropa und in Russland dar. So finden sich ähnliche Selbstporträts auch bei Sinaida Serebrjakowa (*Selbstporträt in Rot*, 1921), Natalja Gontscharowa (*Selbstbildnis mit gelben Lilien*, 1907) und Anna Ostroumowa-Lebedewa (*Selbstbildnis*, 1940). Die Arbeiten dieser Frauen strahlen ebenso wie das Selbstporträt Kruglikowas das starke Selbstbewusstsein ihrer Urheberinnen geradezu greifbar aus. Und doch gibt es einen bedeutenden Unterschied im Selbstporträt Kruglikowas zu denen anderer Künstlerinnen. Den meisten Selbstdarstellungen ist ein durchaus traditionelles Moment des Zurschaustellens, der »Demonstration« der eigenen Person als Künstler oder Künstlerin eigen. Kruglikowa hingegen

Jelisaweta Kruglikowa: Drucken einer Radierung. Selbstporträt (1915)

zeigt sich während des Arbeitsprozesses des Druckens, von dem sie ganz in Anspruch genommen ist. Das Moment der Präsentation ihrer selbst fehlt völlig. Sie ist mit der Arbeitsschürze bekleidet und tragt die riesigen Handschuhe des Druckereiarbeiters. So erscheint in ihren Selbstporträts das künstlerische Werk nicht nur als Resultat von Begabung und Inspiration des »freien Künstlers«, sondern auch als Handwerk, das höchste Konzentration erfordert und schon allein physisch anstrengende Arbeit ist.

Kruglikowa ist fasziniert von außergewöhnlichen Frauenpersönlichkeiten. Im Jahr 1915, ein Jahr nach ihrer Rückkehr nach Petersburg, stellt sie ein Scherenschnitt-Porträt her, das sich dem Thema der »neuen Frau« widmet. Sie porträtiert eine der bekanntesten Personen der Petersburger Künstlerszene, Nadeshda Dobytschina, Besitzerin eines namhaften Kunstbüros und Mäzenin vieler Ausstellungen der Avantgarde, darunter einer Einzelausstellung Natalja Gontscharowas 1914. Wie auch in ihren Selbstporträts stellt Kruglikowa Dobytschina bei der Arbeit dar:

Die Hände tief in den Hosentaschen versenkt, mit einer Papirossa im Mundwinkel, steht die Dobytschina da, ganz versunken in die Betrachtung eines Gemäldes auf einer Staffelei. Durch diese Art der Darstellung macht Kruglikowa die von ihr und ihren Zeitgenossinnen verkörperten Eigenschaften der »neuen Frau« zum Thema.

In Ostroumowa-Lebedewas Beschreibung von Kruglikowa lenken zwei Details die Aufmerksamkeit des Betrachters auf sich, nämlich die Papirossa in der Hand der Künstlerin und die Krawatte, Requisiten der männlichen Garderobe. »Die visuelle Darstellung rauchender Frauen war zu jener Zeit selten, da Rauchen nicht nur als Emblem der Männlichkeit, sondern auch als Zeichen lesbischer Sexualität galt.«[11] Dies bestätigt das von Matich angeführte Zitat von Havellock Ellis aus dem Jahr 1895, die »prononcierte Tendenz, männliche Kleidung zu tragen« sei ebenso wie ein »prononcierter Geschmack am Rauchen« Charakteristikum sexuell invertierter, sprich homosexueller Frauen.[12] Die männliche Erscheinung Kruglikowas, ihre »Bassstimme«, das zur Hälfte in »Männerfaçon geschnittene Kostüm« wie auch die Tatsache, dass sie eine leidenschaftliche Raucherin sei, bemerken alle, die sie kannten. Die einen mit Sympathie, wie etwas, das sich von selbst verstehe, andere hingegen sehen hierin »etwas Aufgesetztes« und beschreiben es mit Ironie oder leichtem Gräuel. So Alexandre Benois, der bei einer Frau augenblicklich jene Eigenschaften bemerkt, die mit seinem durchaus konservativen Frauenbild möglicherweise nicht übereinstimmen. Kruglikowa beschreibt er als eine »nicht eben schöne, alternde Jungfer«, von »komischem Äußeren (langnasig, eher einem alternden Mann als einer alternden Frau ähnlich)«.[13]

Olga Matich hat als erste ohne Euphemismen auf die sexuelle Orientierung Kruglikowas hingewiesen. Welch Wunder, dass dieses Thema in der sowjetischen Forschung hingegen diskret übergangen wurde. Dass sie sich selbst so annehmen konnte, wie sie war, wurde vor allem von der liberalen Atmosphäre, die in den Jahrzehnten um die Jahrhundertwende in den Kreisen der Künstlerboheme in Paris, Petersburg und Moskau herrschte, begünstigt – in der Atmosphäre der »sexuellen Anarchie« des Fin de siècle ist alles möglich. Im Karneval der Geschlechter werden Masken übergestreift, Geschlechterrollen gespielt und alle nur möglichen Spielarten der Beziehungen untereinander probiert.

Jelisaweta Kruglikowa: Vor der Eröffnung der russischen Ausstellung in Paris (1906)
(Scherwaschidse, Benois, Bakst, Diaghilew, Grabar und Kruglikowa)

Eine nicht unerhebliche Rolle bei der Befreiung vom Dogma der traditionellen Normen auf dem Weg Kruglikowas zu sich selbst spielte der Kontakt zur damals in Paris zahlreich vertretenen russischen Künstlerboheme, namentlich zu den Vertretern der Künstlervereinigung *Welt der Kunst*: Konstantin Somow, Walter Nuwel, Sergei Diaghilew und dessen Cousin und langjähriger Geliebter, Dmitri Filosofow, waren bekennende Homosexuelle. Im Vergleich zu den ebenso wie Kruglikowa mit den Geschlechterrollen experimentierenden Zeitgenossinnen Sinaida Gippius und Ida Rubinstein, gab jene sich »bewußt maskulin« und brachte »ihre sexuelle Identität eindeutiger zum Ausdruck«. »Im Gegensatz zu Gippius verbarg sie ihre lesbische Orientierung nicht, noch war sie eine Exhibitionistin wie Rubinstein.«[14]

Die offene Zurschaustellung der eigenen sexuellen Orientierung verlangte von Kruglikowa nicht wenig Mut. Viele, in anderen Fragen durchaus progressive Zeitgenossen brachten der gleichgeschlechtlichen Liebe nichts als Abscheu entgegen. Von jenen, die unter diesem »Laster« litten, wurde stillschweigend erwartet, dass sie ihr »Unglück« zumindest vor den

Jelisaweta Kruglikowa: Im Café (1916)

anderen verbargen und es nicht noch affichierten. Dass Kruglikowa ihre sexuelle Orientierung nicht versteckte, ist auch in ihrer überaus starken Emanzipiertheit begründet. So berichtet Benois in seinen Erinnerungen von der Attraktion, die Kruglikowa und ihre Freundin Mademoiselle Sellier unter der Bevölkerung der Bretagne, einem unter den russischen Künstlern bevorzugten Ort der Sommerfrische, hervorriefen, als sie in den ersten Jahren des 20. Jahrhunderts aus Paris angeradelt kamen, was man damals für eine »Höchstleistung« hielt. Besonderen Eindruck bei der Bevölkerung hinterließen die Sportkostüme der beiden Damen, vor allem die Knickerbocker. »In Paris war man ja an einen solchen Anblick gewohnt – wenn auch das Kostüm der cyclistes zeitweise zur Berufskleidung der Straßenmädchen geworden war – auf den Straßen außerhalb der Hauptstadt jedoch erschien eine solche ›tenue‹ [Kleidung] als Marotte von höchst anstößigem Charakter.«[15]

Ihre innere und äußere Unabhängigkeit erlaubten Kruglikowa, ohne jede Angst stundenlang die Straßen von Paris zu erkunden, wobei sie nicht selten in denkbar zweifelhafte Gegenden geriet. »Man muss es gesehen haben, mit welcher Leidenschaft des Jägers ihr Gesicht erfüllt ist, wenn sie sich mit dem Skizzenblock in der Hand unter die Müßiggänger auf den Boulevards mischt, Kneipen, Bistros, Bastringues, Music-Halls, den Zirkus und Bals publics, Pferderennen und Illuminationen ... besucht. In der Menge fühlt sie sich wie ein Fisch im Wasser, je lauter, je dichter die Menschenmenge, desto glücklicher ist sie, desto mehr Material für die Beobachtung, für ihre Skizzen.«[16]

Alles, was Kruglikowas Aufmerksamkeit und Neugierde beim Flanieren durch die Straßen von Paris auf sich zog, wurde auf dem Skizzenblock festgehalten, um später in den Monotypien wiedergegeben zu werden. In ihnen »finden wir alles, was am äußeren Antlitz von Paris bezaubert, entzückt, berührt und belustigt«, so Stepan Jaremitsch, einer ihrer Künstlerkollegen der *Welt der Kunst*. »Die Stammgäste der Cafés ... der vom bewegungslosen Leben fett gewordene Concierge ... die anmutige Schnittmeisterin eines Damenmodengschäfts ... Sängerin und Sänger des kleinen Kabaretts ... die Pferderennen, das Gedränge in den Geschäften ...«, an allem bemerkt die Künstlerin »jegliche neue Erscheinung, sei es eine Besonderheit des Kleides, eine neue Attraktion, einen gerade erst in Mode gekommenen Tanz – all dies findet bei ihr seinen Ausdruck.«[17] Benois hält sie für einen »Pariser Künstler«, aus derselben »Familie« stammend wie Théophile Steinlen, Félix Vallotton und andere »Sänger der Pariser Straßen«.[18] Viele der so entstandenen Monotypien fanden Eingang in das 1916 erschienene Album *Paris am Vorabend des Krieges in den Monotypien Je. S. Kruglikowas,* zu dem Benois die Einleitung schrieb.

Kruglikowa war eine der ersten Künstlerinnen, die sich dem »männlichen« Thema der Großstadt zugewandt und dieses mit ungewöhnlicher Beobachtungsgabe und Schärfe festgehalten hat. Die beiläufigen Worte von Benois und Jaremitsch sind »unerhört«, »denn sie billigen seiner Landsmännin eine Rolle und Räume zu, die Künstlerinnen dieser Zeit in Westeuropa erst allmählich zugänglich wurden. Als Teilhaber, Beobachter und vor allem Kommentator städtischen öffentlichen Lebens wurde selbstverständlich noch immer der Mann angenommen.«[19]

Das fröhlich lärmende Leben auf den Straßen von Paris, die belebte und malerische Atmosphäre der Cafés und Bars, waren vor nicht allzu langer Zeit für die Künstlerinnen allein aufgrund ihrer Zugehörigkeit

Jelisaweta Kruglikowa: Nationalfeiertag 14. Juli 1914 in Paris (1914)

zum weiblichen Geschlecht und des bürgerlichen Verhaltenskodexes eine verbotene Sphäre. Mit welcher Bitterkeit klagt fast drei Jahrzehnte zuvor Marija Baschkirzewa am 2. Januar 1879 in ihrem Tagebuch über die für Frauen ihres Kreises so eingeschränkte »Bewegungsfreiheit«: »Worauf ich neidisch bin, ist die Freiheit, ganz allein spazierenzugehen, zu kommen und zu gehen, sich auf die Bänke des Jardin des Tuileries und besonders des Jardin du Luxembourg zu setzen, vor den Schaufenstern der Kunstanstalten stehenzubleiben, in Kirchen und Museen zu gehen, abends in alten Straßen zu bummeln, darauf bin ich neidisch, das ist die Freiheit, ohne die man kein wahrer Künstler werden kann.«[20]

Noch in den 1890er Jahren stand es »anständigen Damen« nicht an, des Abends allein durch die Stadt zu spazieren, ihnen drohte aufgrund des Verdachts der Prostitution Festnahme und ärztliche Zwangsuntersuchung, allein, weil sie noch spät abends allein unterwegs waren. Um sich frei in Paris bewegen und die Theater besuchen zu können wählten einige Vorgängerinnen Kruglikowas die Verkleidung des Herrenanzugs.[21] Während sie also zum Herrenanzug griffen, um sich hinter ihm zu verstecken, um unerkannt zu bleiben und sich auf diese Weise Bewegungsfreiheit zu verschaffen, trägt Kruglikowa ihn, um sie selbst zu sein, ist er für sie wichtiger Bestandteil des Ausdrucks ihrer Persönlichkeit. Und doch ist alles nicht ganz so einfach, vielmehr muss von einem halben Herrenanzug gesprochen werden. Während ihrer Spaziergänge durch Paris und bei anderen gesellschaftlichen Anlässen zog sie es vor, sich in einem langen, engen Rock zu kleiden, mit Anzugsjacke und Krawatte. Der Rock war wohl eine Vorsichtsmaßnahme, um nicht gesteigertes Interesse oder gar Aggression hervorzurufen. Im Kreise von Freunden und Bekannten jedoch konnte sie den Rock mit der Hose tauschen und so bei den Maskenbällen, die oft in ihrem Atelier stattfanden, auftreten.

Einen dieser Maskenbälle beschreibt Kruglikowas Schülerin Ljubow Schaporina (1885–1967): »An einem dieser netten Abende veranstaltete Jelisaweta Sergejewna einen Kostümball ... Die Hausherrin selbst – schmal und immer in Bewegung – empfing ihre Gäste in einem leuchtend roten Herrenanzug, in einem sogenannten Frack.«[22] Die Zeitgenossen bemerken, dass Kruglikowa den Frack »mit großer Eleganz« trug.

Am Sommeranfang des Jahres 1914 reist Kruglikowa, wie all die Jahre zuvor, mit kleinem Gepäck nach Russland. Hier wird sie vom Ausbruch des Ersten Weltkrieges überrascht und wird nie wieder in ihr Pariser Atelier zurückkehren. Das Leben der Künstlerboheme in den letzten Jahren des alten Russlands gleicht, als der Krieg sich auf dem Höhepunkt befindet, einem »Gelage zu Zeiten der Pest«, eindrucksvoll beschrieben von Marina Zwetajewa in ihrem Essay *Ein Abend nicht von dieser Welt*. Diese Atmosphäre der Ausgelassenheit und immerwährender Maskerade – Ausdruck der Realitätsflucht und Zukunftsangst – zieht Kruglikowa schnell in ihren Bann. Sie wird, wie schon bei ihren früheren Aufenthalten in Petersburg, häufiger Gast im Künstlerkeller *Der Streunende Hund*, wo sich die Petersburger bzw. Petrograder Beau monde trifft. Bis in den Morgen tobt hier das Leben. Kruglikowa fühlt sich in ihrem Element. Hier herrscht ein ausgelassenes, freies Klima, die Gäste befinden sich im ständigen Wettstreit um die extravaganteste Toilette.

Allein der Auftritt einer Frau in Männerkleidern bietet hier noch keinen Gesprächsstoff. In seiner Hymne des *Streunenden Hundes* widmet Michail Kusmin dem »Général de Krouglikoff« eine ganze Strophe: »Wir machen keine strenge Miene, / Jeder ist zu trinken und zu singen bereit: / Es gibt hier Sängerinnen, Ballerinen / und Künstler aller Art. / Pantomimen und Porträts / erzeugt einfach so / Général de (drei Mal) Krouglikoff.«

Mit dem neuen Kapitel im Leben Kruglikowas beginnt auch ein neues Kapitel im Leben der Künstlerin. Sie widmet sich der Kunst der Silhouette und erreicht in ihr eine unübertroffene Meisterschaft. Als Kunstform des ausgehenden 18. und beginnenden 19. Jahrhunderts war die Silhouette eine weitere Technik, die von den Mitgliedern der Künstlervereinigung der *Welt der Kunst* zu neuem Leben erweckt wurde, von ihnen jedoch vor allem bei der Buchillustration verwendet wurde. Bei Kruglikowa wird die Silhouette ein selbstständiges Genre. Während ihre Künstlerkollegen aus der *Welt der Kunst* vor allem mit Tusche arbeiten, bevorzugt Kruglikowa die Technik des Scherenschnitts, die eine besondere Schärfe des Blicks und meisterhafte Beherrschung der Zeichentechnik erfordert. Ohne Übertreibung kann man Kruglikowa als eine Virtuosin des Scherenschnitts bezeichnen, die besonders Porträts meisterhaft ausführt. Kruglikowa schuf eine ganze Galerie von Scherenschnitt-Porträts zeitgenössischer Malerinnen und Maler, unter ihnen natürlich auch die Vertreter der *Welt der Kunst*, von Dichterinnen und Dichtern und Schriftstellerinnen und Schriftstellern des Silbernen Zeitalters. Viele von ihnen fertigte sie in jenem Künstlerkeller an, gemütlich irgendwo in einer Ecke sitzend. »Sie stellte ihre Silhouetten mit wunderbarer Leichtigkeit und erstaunlicher Schnelligkeit und Aufmerksamkeit her«, erinnert sich der bekannte Kunsthistoriker Alexei Sidorow, der sie viele Male bei der Arbeit an den Scherenschnitten beobachtet hat. Ihm fiel dabei ein bemerkenswertes Vermögen auf, »mit einem schwarzen Fleck Papier den porträtierten Menschen entsprechend wiederzugeben.«[23]

Und auch einige Selbstporträts in der Technik des Scherenschnitts stellte Kruglikowa her. Ihre Selbstdarstellung zu Beginn der 1920er Jahre ist jedoch eine ganz andere als die früher entstandenen Selbstbildnisse. Der Arbeitskittel und die Handschuhe des Druckereiarbeiters verschwinden und sie zeigt sich nun als Dandy à la Oscar Wilde, der als »aristokratischer Transvestit des Fin de Siècle das binäre Geschlechtssystem untergräbt.«[24] Die Figur des Dandy faszinierte auch andere Damen von ähnlicher Orientierung, nicht nur in Petrograd. »In der lesbischen Beau monde von Paris traten einige Künstlerinnen und Schriftstellerinnen wie Romaine Brooks, ... Radclyffe Hall in eleganter Männer- bzw. Dandykleidung auf.«[25] Die dandyhafte Erscheinung Kruglikowas ist den Zeitgenossen in Erinnerung geblieben: »Kurz geschnittenes Haar, mit kühn gerollter Tolle in der Stirn. Ein hoher, bis zum Kinn reichender, weißer Stehkragen mit einer schwarzen Fliege, eine Herrenweste, mit einer aus der Tasche hängenden Uhrkette.«[26]

Jelisaweta Kruglikowa: Selbstporträt (1934)

Auch in den Jahren nach der Revolution bleibt Kruglikowa sich und dem Bild, das sie von sich entworfen hatte, treu. Im Vergleich zu vielen anderen Zeitgenossen der Künstlerkreise, die seit Ende der 1930er Jahre Opfer des stalinistischen Terrors wurden oder zum Schweigen verurteilt waren, war Kruglikowas künstlerisches Leben vom Glück begünstigt. Sie arbeitete viel, experimentierte mit für sie neuen Techniken der Druckgraphik. In den Jahren von 1914 bis 1935 fertigte sie fast 1000 Silhouetten an. Ihre Werke waren auf den Ausstellungen sowjetischer Kunst vertreten. Wie schon in Paris unterrichtete sie auch, einige Jahre sogar als Professorin, am Lehrstuhl für Radierung an der Polygraphischen Fakultät der Leningrader *Akademie der Künste*. Jedoch war sie, wie alle anderen Menschen derselben sexuellen Orientierung, der immer stärker werdenden Homophobie in der sowjetischen Gesellschaft ausgesetzt. Die Jahre der Emanzipation gleichgeschlechtlich Liebender gehen zu Ende, in der stalinistischen Unzeit wird Homosexualität zu einem Übel erklärt, das es als Relikt des kapitalistischen Systems auszurotten gelte. Zeitgleich mit der Verfolgung homosexueller Männer in Nazideutschland beginnt auch in der Sowjetunion die Hetzjagd. 1934 wird das Strafgesetzbuch um den entsprechenden Paragraphen ergänzt. Auf Frauen konnte dieser Paragraph zwar nicht angewandt werden, doch gab es andere Möglichkeiten der Abrechnung mit ihnen, wie die Einweisung in psychiatrische Anstalten.

Nach langen Jahren des selbstbewussten und offenen homosexuellen Lebens in den Salons und Künstlerkellern werden homosexuelle Frauen und Männer genötigt, ihr eigenes Ich zu verstecken. In dieser Epoche des erbitterten Zwangs zum sozialen und politischen Konformismus sein eigenes, nicht alltägliches Leben zu führen, sein Anderssein kundzutun, kostete viel Mut, den Kruglikowa aufbrachte. Sie blieb jene Kruglikowa, die sie immer gewesen war, deren Erscheinung und Auftreten manchmal Erstaunen oder gar Angriffe hervorriefen. Ebenso wie früher trug sie das nach Männerfaçon geschnittene Jackett, mit dem sie sich von der gesichtslosen Masse der Sowjetbürger abhob. Einen ähnlichen Fast-Herrenanzug, bestehend aus Jackett, Hemd und Krawatte sowie einem knielangen Rock, pflegten übrigens auch die Dichterin Sofija Parnok und ihre langjährige Freundin, die Professorin für Mathematik an der Moskauer Universität, Olga Zuberbiller, zu tragen. Laut der Biographin Parnoks, Diana Lewis Burgin, war ein solcher Anzug in jenen Jahren nicht nur Ausdruck des eigenen Selbstverständnisses, sondern auch eine Chiffre, ein Erkennungszeichen der streng hermetischen lesbischen Subkultur der künstlerischen und universitären Kreise jener Jahre.[27] Ebenso wie früher spielte Kruglikowa die Hosenrolle, wie in einer privaten Operettenaufführung im Jahr 1926 im Hause Woloschins in Koktebel: »Je. S. Kruglikowa spielte die Rolle des Amerikaners ›Mister Hugh‹ grandios. Einfach, fröhlich, scharfsinnig, wie alles, was sie tat. Sie wusste den Herrenanzug so zu tragen, dass sie niemals in ihm komisch wirkte. Sie war geistreich und einnehmend. Damals war sie 61 Jahre alt, doch sie war jünger und einnehmender als alle anderen.«[28]

Ein »Lächeln über das ganze Gesicht«

Die Malerin Sinaida Serebrjakowa

In der vielstimmigen Nichtigkeit der zeitgenössischen Kunst klingt die Malerei Sinaida Serebrjakowas mit beschwingter und klarer Note, deren reine Anmut noch nicht vielen bekannt ist.
(Sergei Ernst)

»Sie hat dem russischen Publikum ein solch wunderbares Geschenk gemacht, ein solches ›Lächeln über das ganze Gesicht‹, dass es unmöglich ist, ihr nicht zu danken... Das Selbstbildnis Serebrjakowas ist die erfreulichste, erquicklichste Arbeit [der Ausstellung] ... Hier zeigen sich vollkommene Unbefangenheit und Einfachheit: ein wirkliches künstlerisches Temperament, etwas Harmonisches, Junges, Lachendes, Sonniges und Klares ...«, derart begeistert äußert sich Alexandre Benois über das im Jahr 1910 bei der Petersburger Ausstellung des *Verbandes russischer Künstler* gezeigte Selbstbildnis einer nur wenigen bekannten jungen Künstlerin mit dem Titel *Bei der Toilette* (1909).[1] Das Gemälde wurde umgehend von der Moskauer *Tretjakow-Galerie* erworben – ein Zeichen höchster Anerkennung. So selbstbewusst beginnt Sinaida Serebrjakowa (1884–1967) ihren Weg als Künstlerin. Später wird Benois sie als »einen der bemerkenswertesten russischen Künstler unserer Zeit« bezeichnen.[2]

Die Gemälde Serebrjakowas nehmen in den bedeutendsten Museen Russlands einen Ehrenplatz ein, in Westeuropa indes ist sie nur einem kleinen Kreis von Spezialisten bekannt, von denen manche ihre Malerei allerdings für »old-fashioned« halten.[3] Während das Werk der Künstlerinnen der russischen Avantgarde in einigen epochalen Ausstellungen im Westen gefeiert aufgenommen wurde, bleiben die Vertreterinnen der figurativen Kunst Russlands für das internationale Publikum Terra incognita, »weil das Feld des Abstrakten in der Kunstgeschichtsschreibung nach 1945 schnell ... zum Prüfstein des Innovativen erklärt wurde.«[4]

Sinaida Serebrjakowa in den 20er Jahren

Das Schicksal hat es gut mit Serebrjakowa gemeint. Sie wird in eine der besten Familien der kulturellen Elite Petersburgs von italienisch-französischer Herkunft geboren, wo die Kunst seit Generationen Beruf und Berufung war. Ihr Vater, Jewgeni Lanceray, ist ein bekannter Bildhauer. Der Urgroßvater mütterlicherseits war Architekt der beiden bedeutendsten Theater Russlands: des *Marinski-Theaters* in Petersburg und des *Bolschoi-Theaters* in Moskau. Der Großvater, Nikolai Benois, ist ebenfalls Architekt. Ein Onkel von Serebrjakowa ist Alexandre Benois, einer der Begründer der Künstlervereinigung *Welt der Kunst*. Auch ihre Mutter hatte in ihrer Jugend die *Akademie der Künste* besucht und malte besonders gern in Aquarell und Öl.

»Geboren wurde ich auf Neskutschnoje [dem Landgut der Familie in der Ukraine]«, berichtet die Künstlerin, »wo meine Eltern damals ihren Wohnsitz hatten. Mein Vater war damals schon sehr schwer an Schwindsucht erkrankt und starb am 23. März 1886. Eine seiner letzten Arbeiten war die Skulptur *Liegendes Kind*, die mich darstellt.«[5]

Kindheit und Jugend verbringt die Künstlerin in Petersburg, im Hause der Familie des Großvaters, in das die Mutter mit ihren Kindern nach dem Tode des Gatten gezogen war. Beide Brüder Sinaidas werden ihr Leben ebenfalls der Kunst verschreiben: Der nach dem Vater benannte

Jewgeni Lanceray wird als Maler und Graphiker von dem nur fünf Jahre älteren Onkel Alexandre Benois für die Künstlervereinigung *Welt der Kunst* geworben, Nikolai Lanceray wird Architekt. Alexandre Benois, der die beiden Neffen stolz als seine »Schüler« bezeichnet, erinnert sich auch an Sinaida: »Katjas jüngstes Kind, Sina, erwies sich als eine besondere Begabung. Doch ich habe nicht das Recht, sie meine Schülerin zu nennen. Als sie in unser Haus kam, war sie ein Kleinkind von zwei Jahren, wuchs gemeinsam mit ihren Schwestern ›weit entfernt von meinem Kabinett‹ auf, wo die Versammlungen und all unsere Unternehmungen mit Shenja, Kolja [den beiden Brüdern] und meinen Freunden abgehalten wurden. Dazu war Sina ein kränkliches und menschenscheues Kind... Und trotz allem ist unzweifelhaft, dass auch Sina durch jene Atmosphäre, die allgemein in unserem Hause herrschte, erzogen wurde.«[6]

Die Atmosphäre im Hause Benois war tatsächlich eine besondere. Alle in der Familie lebten das Interesse für die Kunst, bekannte Petersburger Architekten, Künstler, Schauspieler gingen hier ein und aus, man stritt über die Kunst, musizierte, sang. Man zeichnete in der Natur, beschäftigte sich mit der Aquarellmalerei. So war es nicht weiter verwunderlich, dass auch Sina zu zeichnen anfängt. Zeichnen wird ihre Lieblingsbeschäftigung. Auch sie beginnt mit der Aquarellmalerei, die ja »so etwas wie der Familienberuf« war. Im Gründungsjahr der Künstlervereinigung *Welt der Kunst* wird Sina fünfzehn Jahre alt. Aus dem Kabinett des Onkels drangen Gespräche, wilde Debatten und Lachen. »Ich war ja aufgrund meiner Schüchternheit und des Altersunterschieds niemals auf einer der Versammlungen der *Welt der Kunst* ...«, schreibt Serebrjakowa.[7] Und doch ging das Geschehen vermutlich nicht spurlos an der jungen Dame vorüber. »Der Widerhall dessen, was im Kabinett des Onkel Schura [Kosename für Alexandre], wo sie sich nur sehr selten blicken ließ, vor sich ging oder was dort entstand, muss auch bis zu ihr vorgedrungen sein und ihre Neugier geweckt haben«, so Benois.[8]

Je älter das Nesthäkchen Sina wird, desto eifriger nimmt sich der Onkel ihrer an. Von umfassender Belesenheit und Bildung, weckt er ihr Interesse für die klassische Kunst Westeuropas und für die vergessene russische Kunst der Wende des 18. zum 19. Jahrhunderts, die später ihre wichtigsten Inspirationsquellen werden sollen. Benois wird ihre künstlerische Entwicklung mit Ratschlägen begleiten. Als Serebrjakowa nach ihrer Heirat es für lange Zeit vorzieht, auf dem väterlichen Landgut, fernab vom hektischen Treiben der Hauptstadt zu leben, übernimmt Benois die Aufgabe, ihre Bilder auf Ausstellungen zu vermitteln und ermöglicht ihr so die Teilnahme am kulturellen Leben Petersburgs.

Nach Beendigung des Gymnasiums im Jahr 1901 beginnt Serebrjakowa, an der Schule der Fürstin Marija Tenischewa zu studieren, die dank der finanziellen Unterstützung der Mäzenatin entstand und den besten Ruf genoss. Doch drei Wochen nachdem Sina ihr Studium aufgenommen hatte, wird die Schule geschlossen. Die kurze Zeit reichte jedoch aus, um in Sina den Wunsch, Künstlerin zu werden, reifen zu lassen. Aufgrund ihrer schwachen Gesundheit kann sie diesen Plan zunächst nicht weiterverfolgen. Mit Mutter und Schwestern reist sie nach Italien, wo sich zu jener Zeit auch Alexandre Benois mit seiner Familie und Anna Ostroumowa-Lebedewa aufhielten. »Alexandre Nikolajewitsch [Benois] nahm sich unserer künstlerischen Bildung an. Man kann vielleicht nicht sagen, dass er sich ihrer gezielt ›annahm‹, allein der Kontakt mit ihm, die gemeinsame Besichtigung Roms, seine Hinweise und Kenntnisse ... dies alles war eine ausgezeichnete Schule«, schreibt Ostroumowa-Lebedewa in ihren *Autobiographischen Aufzeichnungen.* Mit einer bemerkenswerten Beschreibung des Verhaltens Serebrjakowas fährt sie fort: »An unseren Spaziergängen durch die Stadt nahm Serebrjakowa nur sehr selten teil, und wenn sie mit uns ging, dann hielt sie sich stets abseits. Ich habe mich oft darüber gewundert, dass ihr so wenig an der Gesellschaft des Onkels lag und dass sie die Schätze seiner Gelehrsamkeit und seines Wissens nicht nutzte.«[9] Möglich, dass hier ein weiteres Mal die bereits erwähnte besondere Schüchternheit der Künstlerin zu Tage tritt. Vielleicht ist ihr Verhalten aber auch Ausdruck einer besonderen Selbstständigkeit, ihres Wunsches, die aufregende Umgebung und Kunst der ewigen Stadt ganz für sich allein in sich aufnehmen zu wollen.

Nach ihrem Aufenthalt in Rom lebt Serebrjakowa geraume Zeit auf Capri, da das südliche Klima ihrer Gesundheit zuträglich ist. Sie arbeitet viel, zeichnet alles, was ihre Aufmerksamkeit erregt. Die auf Capri entstandenen Landschaftsaquarelle sind die ersten »ernsthaften Arbeiten« der Künstlerin.[10]

Sinaida Serebrjakowa: Selbstporträt in Rot (1921)

Nach der Rückkehr nach Petersburg tritt Serebrjakowa 1903 in das Atelier des bekannten Porträtmalers Ossip Bras ein. »Eigentlich hatte er kein Unterrichtssystem«, erinnert sich die Künstlerin. »Jeder zeichnete und malte, wie es ihm gefiel, das Modell war weiblich, da es mehr Schülerinnen als Schüler in der Klasse gab. Ossip Emmanuilowitsch erschien recht selten selbst im Atelier, da er mit seinen Aufträgen beschäftigt war.«[11] Und doch war die Zeit bei Bras nicht umsonst. Serebrjakowa erinnerte sich ihr Leben lang an den Rat des Lehrers an seine Schüler, beim Zeichnen »das Ganze« zu sehen, nicht in »Teilen« zu zeichnen. Als großer Kenner der westeuropäischen Malerei führte Bras ins Unterrichtsprogramm das Kopieren von Meisterwerken der Kunst in der *Eremitage* ein. Er warnte jedoch davor, die alten Meister nachzuahmen, sondern empfahl vielmehr, das Wesen des Werkes zu verstehen.

Alle, die Serebrjakowa kannten, erwähnen ihren unglaublichen Fleiß und ihre Strenge gegen sich selbst. Morgens war sie als erste im Atelier und ging als letzte. Neben den Aktstudien fertigte sie ausdrucksstarke Skizzen von ihren Mitschülerinnen und Mitschülern an. Vielleicht hat die Bekanntschaft mit Bras in ihr das besondere Interesse für die Porträtmalerei geweckt, die einen großen Platz in ihrem Werk einnimmt.

1905 heiratet Sinaida ihren Cousin Boris Serebrjakow, einen jungen Studenten des Instituts für Transportwesen. Das junge Paar bricht nach Paris auf. »Ungeachtet dessen, dass sie nun verheiratet ist«, teilt die Mutter ihrem damals in Paris lebenden Bruder über die Pläne der Tochter mit, »sind die beiden doch überaus vernünftig, wollen beide ihre Studien abschließen: er das Institut ... und Sinok ihre Malstudien.«[12]

Das Leben in Paris brodelt. Cézanne, Van Gogh und Gauguin sind die Abgötter der Jugend. 1905 findet die erste Ausstellung der *Fauves* statt. Im Gegensatz zu den meisten ihrer Altersgenossen empfindet Serebrjakowa jedoch »nicht den geringsten Enthusiasmus« für die »neuesten Strömungen und Moden«.[13] Wenn in ihrem Beisein jemand begann, Lobeshymnen auf Cézanne oder Matisse zu singen, die sie nicht für »geniale Künstler« hielt, war sie voller Unverständnis. Fremd blieb ihr auch die künstlerische Suche ihrer russischen Zeitgenossen, der Avantgardisten. Die letzte Grenze innerhalb der zeitgenössischen künstlerischen Richtungen war für Serebrjakowa der Impressionismus. Mit den

Sinaida Serebrjakowa: Ernte (1915)

Werken von Manet, Renoir und Degas setzte sie sich aufmerksam auseinander. Die Eindrücke, die ihre Arbeiten auf sie machten, finden ihren Ausdruck in ihren Studien aus der Pariser Zeit und auch in späteren Werken. Viel Zeit verbringt die junge Künstlerin auch im *Louvre*, wo sie sich mit den Werken der alten Meister beschäftigt.

Die Künstlerin besucht die damals bekannte *Académie de la grande Chaumière*. Doch schnell ist sie enttäuscht. Die Professoren zeigen sich nur selten und »die Schüler blieben sich selbst überlassen, um ›selbstständig‹ zu zeichnen.«[14] Mit dem Aufenthalt in Paris enden die Malstudien Serebrjakowas. Später antwortete sie auf die Frage nach ihrem Studium oft: »Ich hatte keinen einzigen ›Lehrer‹, doch ich hatte ›Unterricht‹ im Atelier.«[15]

Der fehlende Lehrer wurde indes durch die schöpferische Atmosphäre des Hauses Benois, in der sie aufgewachsen war, durch das Studium bei den alten Meistern und ihren besonderen Fleiß, mit dem sie an der ständigen Vervollkommnung ihrer Technik und ihres Stils arbeitete, aufgewogen. So wurde sie eine höchst professionelle Malerin und wahrhafte Virtuosin der Malerei.

Erfüllt von der Begeisterung des Lebens in Paris reiste sie nicht nach Petersburg, sondern auf das väterliche Landgut. Von Kindheit an war Serebrjakowa »vollständig verliebt« in die Natur, die sie dort umgab, »in die Weite der unendlichen Felder, in die malerischen Gesichter der Bauern, die sich so sehr von denen der Städter unterscheiden.«[16]

Hier entsteht das berühmte Selbstbildnis *Bei der Toilette.* »Im Herbst fuhren meine Mutter und die Schwestern nach Petersburg und ich entschied mich, mit den Kindern noch für einige Monate in Neskutschnoje zu bleiben ... Der Winter kam in diesem Jahr früh, alles war voller Schnee – unser Garten, die Felder rundherum – überall Schneeverwehungen, hinausgehen konnte man nicht, doch im Haus war es ... warm und behaglich. Ich begann, mich selbst im Spiegel zu malen und erfreute mich daran, allerlei Krimskrams auf dem Toilettentisch zu zeichnen.« Die Künstlerin malt das Selbstporträt für sich selbst, denkt gar nicht darüber nach, ob es bei einer Ausstellung gezeigt werden soll. »Anfang Dezember schrieb mir mein Bruder Jewgeni, dass die Ausstellung der *Welt der Kunst* Anfang des Jahres 1910 eröffnet werde, und dass ich dort etwas ausstellen solle. So schickte ich ihm mein Selbstporträt.«[17] So kam das Bild in die Ausstellung des *Verbandes russischer Künstler,* zu dem damals auch die *Welt der Kunst* gehörte, und wurde dort eine Sensation.

Benois sah in *Bei der Toilette* und anderen auf der Ausstellung gezeigten Werken der Künstlerin die Verkörperung eines »gesunden Realismus«, er unterstreicht die »völlige Unbefangenheit« und »Einfachheit« der Konzeption, ihr Vermögen, »einfach und fröhlich« allem zu begegnen, also alle Eigenschaften, die traditionelle Stereotypen in der Bestimmung »weiblicher Kunst« sind. So legte Benois, wenn auch unbeabsichtigt, die Grundlage zur weiteren Rezeption des Werks Serebrjakowas, welches für die Kritik für lange Zeit der Inbegriff des »Weiblichen« sein wird. »Das anziehendste an Serebrjakowa ist ihre Weib-

Sinaida Serebrjakowa: Bei der Toilette (1909)

lichkeit. Sie tritt sowohl in ihrem Werk als auch in ihrem Leben und in der Erscheinung der Künstlerin gleichmäßig zu Tage.«[18] Tatsächlich jedoch ist die »Einfachheit« des Selbstporträts ebenso wie das Gefühl, es sei mit Leichtigkeit und in einem Zug entstanden, trügerisch. Hinter der

Jelisaweta Kruglikowa: Sinaida Serebrjakowa (1921)

vermeintlichen Einfachheit verbirgt sich genaue Überlegung, jedes Detail ist mit Bedacht gewählt und die nach langer Suche entstandene Komposition, die Pose, in der sie sich darstellt, ihr Gesichtsausdruck sind in langen Stunden der Arbeit entstanden. Schon mit dem Motiv greift Serebrjakowa auf das bei den Meistern der Renaissance beliebte Sujet *Venus vor dem Spiegel* zurück. Die Komposition ist originell. Links ist der Rahmen des Spiegels und der davor stehende Kerzenleuchter zu sehen und so ist alles, was sich dem Auge des Betrachters zeigt – die Künstlerin selbst ebenso wie der Ausschnitt des Zimmers, in dem sie sich befindet, und die Gegenstände auf dem Toilettentisch – nur ein Bild im Spiegel.

Eine große Rolle im Bild spielt das im Spiegel zu sehende Stilleben. »Irgendwie ist mir froh zumute«, schreibt Benois, »wenn ich all diese ›Kleinigkeiten‹ betrachte, die Fr. Serebrjakowa so sorgfältig dargestellt hat: den einfachen Kerzenleuchter aus Messing, die blitzenden belanglosen Nadeln, die in das Kissen gesteckt sind, die Kollektion von Parfum und das sonstige Allerlei einer Frau, das auf dem Toilettentisch steht und sich im Spiegel widerspiegelt ... Diese Auswahl von unbedeutenden und wertlosen Dingen im Vordergrund verwandelt sich in ein phantastisches Blumenbeet, in Sträuße von zauberhaften Pretiosen.«[19] Die »Ästhetisierung und Psychologisierung der gegenständlichen Welt« in Einbeziehung in das »der russischen Seele nahen System der Behaglichkeit«, wie Benois es sagt, ist in der Kunst um die 1910er Jahre eine wichtige Tendenz. Der »Kult des Konkreten«, die »Verherrlichung der Dinge« ist auch dem künstlerischen Werk der Akmeisten eigen.[20] Die Beseeltheit der Dinge bei Serebrjakowa lässt an die Gedichte Achmatowas und Mandelstams denken.

Wie ist nun die Sensation, die Serebrjakowas Selbstbildnis bei der Ausstellung hervorrief, zu erklären? Jene Zeit ist geprägt von einer eindrucksvollen Vielstimmigkeit in der russischen Kunst. Nach und nach betreten die Linken die kulturelle Bühne. Die Vielzahl der künstlerischen Strömungen, sich einander ausschließender künstlerischer Programme ist bemerkenswert. »Es war, als ob sich alle Kriterien, Lehrmeinungen und häretische Ansichten miteinander vermischten. Nur wenig noch, und es beginnt das Chaos.«[21]

Die Theoretiker und Künstler des damals sich formierenden Neoklassizismus sehen in der Hinwendung zu den Traditionen der klassischen Kunst und dem russischen Klassizismus die Rettung der russischen Kultur vor dem »Chaos«. Im selben Jahr, als Serebrjakowa ihr Selbstbildnis fertigstellt, fordert Léon Bakst in dem Aufsatz *Die Wege des Klassizismus in der Kunst* eine künstlerische Ausdrucksform, die zuversichtliche Ideale verbreiten und froh und hoffnungsvoll sein soll. Das »Lächeln über das ganze Gesicht« erscheint den Zeitgenossen als die sichtbare Verkörperung des Traumes eines in Harmonie mit sich und der Welt lebenden Menschen.

Anfang der 1910er Jahre steht Serebrjakowa am Beginn ihres Ruhms. Jedes neue Gemälde ruft ein »entzücktes Gelärme« hervor, wird häufig Aufhänger in den Ausstellungen. In der Entstehung des Neoklassizismus wird sie eine gewichtige Rolle spielen und eine anerkannte Meisterin dieser Stilrichtung werden. 1911 tritt sie der neu gegründeten Künstlervereinigung *Welt der Kunst* bei. »Sie erwies sich als eine von uns, mit denselben Interessen und demselben Kunstverständnis ... Uns, den Künstlern der *Welt der Kunst*, schmeichelte es, ein weiteres derart gewinnendes Talent in unseren Reihen zu haben.«[22]

Das Werk Serebrjakowas zeichnet sich durch die vielfältigen Interessen der Künstlerin aus, in ihm finden auf ganz eigene Weise viele Themen, die sie und ihre Zeitgenossen bewegten, ihren Niederschlag.

Serebrjakowa hat sich, wie einige andere ihrer Künstlerkollegen, auch der Aktdarstellung gewidmet, die in der russischen Kunst für einige Jahrzehnte nicht existiert hatte. Ihre erste solche Arbeit ist das Bild *Badende* aus dem Jahr 1911. Die Badende, die Serebrjakowas Züge trägt, erinnert in Pose und durch den Stoff, mit welchem sie peinlich ihre Nacktheit zu verbergen sucht, an die Nymphe oder Diana der Meister der klassische Kunst. Im zwei Jahre später entstandenen Gemälde *Im Dampfbad* hingegen sind die Frauen ganz natürlich in einer realen Situation dargestellt. Nicht selten neigten die Aktdarstellungen in den Werken ihrer Zeitgenossen, so Alexei Sawinow, »zu etwas platt ›Verführerischem‹ oder zur gesichtslosen Idealisierung (manchmal auch zu beidem). Serebrjakowa indes ist weit davon entfernt: Die Frauen ihres Bildes sind durch Arbeit kräftig geworden ... ihre Nacktheit ist gesund und ruhig. Die Plastik starker Figuren und ruhiger Bewegungen lassen das Gefühl von keuscher Harmonie aufkommen, und die netten ... Gesichter strahlen Bescheidenheit und Unabhängigkeit aus.«[23] Zugleich jedoch verklärt Serebrjakowa auch das Bild der ihr Modell stehenden Bäuerinnen, sieht in ihnen die Verkörperung ihres Ideals.

In den Überlegungen der Philosophen, Schriftsteller und Künstler über das Schicksal Russlands in jener schweren Epoche, bei ihrer Suche nach Lösungen, wie die geistige Krise der russischen Kultur zu überwinden sei, klingen immer mehr die Frage nach dem Verhältnis von Intelligenzija und Volk und das Thema der nationalen Identität an. In der bildenden Kunst beginnt man erneut, sich mit der Thematik der »einfachen Leute«, den Bauern zu beschäftigen, ein besonderes Augenmerk liegt auf der Darstellung der Frau aus dem Volk. Ausgehend von eigenen Beobachtungen und den Traditionen der klassischen Kunst, erreicht Serebrjakowa in ihren monumentalen Gemälden, in denen sie die Arbeit und Schönheit der russischen Bäuerinnen darstellt, »eine gewisse mythische Qualität«.[24]

Voller Selbstbewusstsein widmet sie sich auch der Wandmalerei, die bis dato eigentlich als Männerdomäne galt, wie der Maler Fjodor Rerberg exemplarisch ausführt: »Weibliche Kunst ist überaus intim. Sie geht selten auf die Straße hinaus, baut keine Paläste oder Kathedralen, verziert nicht deren Wände mit Malereien oder Plätze mit Denkmälern. Doch ist

Sinaida Serebrjakowa: Im Dampfbad (1913)

sie näher am Leben, dringt tiefer in es ein, ist ihm überall zur Zierde und erfüllt es mit Freude.«[25] Anderer Ansicht war Alexandre Benois, der Serebrjakowa 1915 als einzige Frau zur Teilnahme am größten Projekt im Bereich der monumental-dekorativen Malerei jener Epoche einlud. Serebrjakowas Entwürfe zu den Wandmalereien des Kasaner Bahnhofs in Moskau stellen eindrucksvoll ihre Begabung in diesem Genre unter Beweis. Das Projekt selbst wurde nach der Revolution nicht verwirklicht.

Außergewöhnlich bescheiden im Leben, war Serebrjakowa in der Umsetzung ihrer künstlerischen Vorstellungen von besonderer Kühnheit und schaffte einen ganz ihr eigenen Stil. »Niemals und in keiner ihrer Arbeiten findet sich Routine, nirgends zeigt sich die Gefangenschaft in vorgefertigten Formeln ... Die Kunst Serebrjakowas bleibt *frei*.«[26] Benois

Sinaida Serebrjakowa: Das Kartenhaus (1919)

lobt auch als eine der wichtigsten Qualitäten in den Arbeiten Serebrjakowas das Fehlen jeglichen symbolischen Gehaltes. Es ist, als ob sie mit ihren Arbeiten nichts sagen wolle. Tatsächlich jedoch sind die wichtigsten Arbeiten Serebrjakowas durchaus auch metaphorisch zu verstehen. In ihnen gab sie ihre Antworten auf die wichtigen Fragen ihrer Zeit. Sie hatte keine Angst, ihr »weibliches Gesicht« zu verlieren oder ihre weibliche Sicht zu verleugnen. Das Werk Serebrjakowas ist eine »weibliche Antwort« auf die »allgemein menschlichen Fragen«.

Sie begann ihren Weg als Künstlerin, als in der Gesellschaft Enttäuschung und Verlorenheit herrschten, und glaubte doch mit ihren

Mitstreitern daran, dass »die Schönheit die Welt erretten wird«. In ihrem Selbstbildnis *Bei der Toilette*, als selbstbewusste junge Frau, die sich an ihrer Jugend und Schönheit erfreut und der alles offen steht, hat sie ein Bild geschaffen, in dem sie die konkrete Verkörperung ihres Traumes vom harmonischen Menschen sieht. In den Jahren des Bürgerkriegs, verwitwet mit vier Kindern, abgeschnitten von Petrograd und der Familie, malt sie *Das Kartenhaus* (1919). In ihrem fünf Jahr zuvor entstandenen Bild *Beim Mittagessen*, hatte sie in den Gesichtern ihre Kinder, die sich gemütlich am gedeckten Tisch niedergelassen haben und aufmerksam dem Betrachter entgegenblicken, noch das ungestörte Glück der Kindheit dargestellt. Das Kartenhaus zeigt dieselben Kinder, die traurig-konzentriert ganz dem Bau eines fragilen Hauses aus Spielkarten hingegeben sind. Das Bild wird zur Metapher der Erschütterbarkeit des menschlichen Lebens und zur »Ahnung des tragischen Ausgangs für den Einzelnen wie für das Ganze.«[27]

Von der »Welt der Kunst«

zu Sergei Diaghilews »Ballets Russes«

Der rote Vorhang erhob sich, und dies waren Festtage,
die Frankreich auf den Kopf stellten und die Menge,
dem Wagen des Dionysos folgend, in Ekstase versetzten.
(Jean Cocteau)

Am Ende einer langen Europareise trifft Sergei Diaghilew im Jahr 1906 in Paris bei seiner Tante Anna Filosofowa seinen Cousin Dima wieder, der dort seit Februar als Teil des Liebesdreiecks Gippius–Mereshkowski–Filosofow lebt. Die seit über einem Jahr erste Begegnung der beiden einstigen »Herzensfreunde«, die fünfzehn Jahre lang unzertrennlich gewesen waren, verläuft kühl, man grüßt sich und jeder geht nach dem Zusammentreffen wieder seiner eigenen Wege. Zum Zeitpunkt der vermutlich letzten Begegnung mit Filosofow steht der umtriebige Kulturvermittler Diaghilew am Beginn seiner Karriere als Impresario. Im Jahr 1899 hatte er in der ersten internationalen Ausstellung der *Welt der Kunst* dem breiten russischen Publikum erstmals die Bilder von Malern wie Degas, Monet, Renoir, Böcklin, Lenbach und Whistler gezeigt, nun will er der russischen Kunst ein europäisches Forum schaffen. Unter der Schirmherrschaft des Großfürsten Wladimir Alexandrowitsch wird 1906 die *Russische Kunstausstellung in Paris* im *Salon d'Automne* eröffnet und feiert einen umwerfenden Erfolg. Sergei Diaghilew hat die Aufnahmeprüfung in der Hauptstadt der Kunst bestanden und folgt seiner Berufung als Vermittler zwischen den Kulturen.

»Was mich betrifft, so ist zu sagen ..., dass ich erstens ein großer Scharlatan bin, wenn auch von einem gewissem Glanze, zweitens ein großer Charmeur, drittens ein Flegel, viertens ein Mensch von großer Logik und kleinen Prinzipien und fünftens ist meine Talentlosigkeit zu bemerken; übrigens habe ich meine wirkliche Bedeutung gefunden – als Förderer der Kunst. Alles ist vorhanden, außer dem Geld – mais ça viendra«, so die Selbstdarstellung des dreiundzwanzigjährigen Sergei Dhiaghilew.[1] Und er behielt Recht, das Geld fand sich, und seine kühnen Träume wurden Wirklichkeit. Schon im Jahr nach der von ihm organisierten *Ausstellung russischer Kunst* war er mit einem Gastspiel russischer Musik in Paris erfolgreich, und im Jahr 1908 wurde der Tenor Fjodor Schaljapin bei seinem ersten internationalen Auftritt als *Boris Godunow* in Mussorgskys gleichnamiger Oper vom Pariser Publikum frenetisch gefeiert. Der einst als »Provinzbursche« von seinen Freunden belächelte Serjosha [Diaghilew] greift nach den Sternen und wird zu Weltruhm gelangen.

Karikatur Sergei Diaghilews (1905)

Nach Erscheinen der ersten Nummern der Zeitschrift *Welt der Kunst* wird Sergei Diaghilew 1899 zum Beamten an die staatlichen Theater berufen, mit der Hauptaufgabe, die Jahreshefte der Kaiserlichen Theater herauszugeben. Schon bald jedoch kommt es zum Konflikt mit Obrigkeit und Bürokratie. Als Produzent des Balletts *Silvia* engagiert Diaghilew 1901 seine Mitstreiter der *Welt der Kunst* für die Ausstattung, die sich mit Feuereifer an ihre neue Aufgabe machen. Der allzu moderne Stil ihrer Entwürfe aber missfällt der Direktion, die die Produktion deshalb nur unter ihrer direkten Aufsicht gestatten will. Auf diese Bedingung will Diaghilew sich jedoch nicht einlassen und es kommt zum Eklat, an dessen Ende er seine Entlassung »ohne Recht auf Wiedereintritt in den Staatsdienst« erhält.

Fortan widmet Diaghilew sich ganz der freien Kunst und seiner Berufung als deren Förderer. Er ist hauptverantwortlicher Herausgeber der Zeitschrift *Welt der Kunst*. Nachdem Dmitri Filosofow verantwortlicher Redakteur für Literatur wurde, entwickelt sich die Zeitschrift immer mehr zum Sprachrohr der symbolistischen Bewegung und ihrer religionsphilosophischen Denker. Bereits hier beginnen sich die Wege Diaghilews und Filosofows zu trennen. Nach der Gründung der Zeitschrift *Neuer Weg* im Jahr 1903 durch Gippius und Mereshkowski wird Filosofow deren Mitarbeiter.

Das Jahr der ersten Europareise des Studenten der Jurisprudenz Sergei Diaghilew, 1891, war auch das Jahr seiner Bekanntschaft mit den Opern Richard Wagners. Die Faszination für die Wagnersche Idee vom Gesamtkunstwerk soll im Theater, das Diaghilew und den Mitgliedern der *Welt der Kunst* für die Verwirklichung des Traums von der Vereinigung der Künste besonders geeignet scheint, umgesetzt werden. Die »Theatermanie« der Künstlerfreunde legte die künstlerische Auseinandersetzung mit dem Theater nahe. Der erste, der sich an die Ausstattung von Bühnenstücken machte, war Léon Bakst, der 1902 mit *Das Herz der Marquise* sein Debüt als Kostümbildner im ehrwürdigen *Marinski-Theater* gab. Später widmete er sich, ebenso wie Benois, dem Ballett. »In meiner Vorstellung gingen tänzerisch-szenische Erscheinungen um, im Geiste einer größeren Natürlichkeit und Befreiung von den verbindlichen und unnötigen Bedingungen der ›Klassik‹«, schreibt Alexandre Benois über seine Auseinandersetzung mit dem Ballett.[2]

Im Jahr 1904 gibt die amerikanische Ausdruckstänzerin Isadora Duncan ihr erstes Gastspiel in Russland. »Die Tänze Isadoras machten auf mich (und auf viele andere, unter ihnen unser späterer enger Mitarbeiter M. M. Fokin) einen tiefen Eindruck«, erinnert sich Benois an den Auftritt Duncans, »und ich sage gleich, dass ich mich, wenn meine Begeisterung für den traditionellen oder ›klassischen‹ Tanz, gegen den Isadora einen wahren Krieg führte, auch nicht ins Schwanken geriet, bis an den heutigen Tag an das Entzücken erinnere, das die amerikanische ›Barfüßige‹ in mir hervorrief. Auch wenn mir nicht alles an ihr gefiel und überzeugte.«[3]

Michail Fokin (nach 1905)

Wie seine Freunde Benois und Bakst strebt auch der Tänzer und Ballettmeister des *Marinski-Theaters*, Michail Fokin, nach der Erneuerung der Kunst. Ebenso wie die Künstlerkollegen in ihren Bereichen, will Fokin den Tanz reformieren. Wenn Fokin auch später den Einfluss Duncans auf seine Ideen von der Reform des Balletts bestreitet und den Unterschied zwischen seiner »programmatischen Reform und dem ›natürlichen Tanz‹ Duncans« unterstreicht,[4] ist es doch offensichtlich, dass seine Bemühungen um Innovation nicht nur im Kontext des russischen Balletts zu sehen sind, sondern – mit allen Unterschieden, die es geben mag – Teil einer allgemeinen Bewegung waren.

Die Erfolgsgeschichte der *Ballets Russes* beginnt 1909 in Paris. »›Europa‹ bekommt erstmals den Tanz Nijinskys und das choreographische Genie Fokins zu Gesicht«, so der Chronist Benois.[5] Das Organisationstalent

Diaghilew überwindet alle Schwierigkeiten, und am 19. Mai haben die *Ballets Russes* mit dem *Pavillon der Armida* in Regie und Ausstattung von Alexandre Benois und Choreographie von Michail Fokin im *Théâtre du Châtelet* Premiere. Diaghilew versammelt die besten Kräfte des russischen Balletts in seiner Compagnie, die Primaballerinen des *Marinski-Theaters*, Anna Pawlowa und Tamara Karsawina, und die ersten Tänzer Waclaw Nijinsky und Michail Fokin werden enthusiastisch gefeiert. Den größten Erfolg jedoch hat die später vielfach als »Amateurtänzerin« geschmähte Ida Rubinstein in der Rolle der *Kleopatra*.

Die Ausstattung der Ballette wird wegweisend in der Geschichte der Bühne ebenso wie in der Mode. So erreicht Léon Bakst einen Ruhm, wie ihn kein Bühnen- und Kostümbildner vor ihm gekannt hatte, und wird der »leuchtende Stern der Theaterwelt«.[6] Seine opulenten Visionen machen Geschichte. Die französischen Modehäuser schickten gar ihre Couturiers in die Aufführungen, damit diese dort die interessantesten Kostüme und Posen für den eigenen Gebrauch skizzierten. »Besonders gefällt den französischen Couturiers die Farbgebung der Kostüme des russischen Balletts. Hieraus erklärt sich auch, dass in letzter Zeit alle möglichen bunten Schals mit allerlei bizarren Mustern, bunte Stoffe u.s.w. in Mode gekommen sind«, berichtet die Petersburger *Theater-Rundschau* im November 1912.[7]

Jahr um Jahr werden Diaghilew und die Auftritte seiner *Ballets Russes* vom Pariser Publikum gefeiert. So schreibt Isadora Duncan schon 1909: »Groß ist das Verdienst Diaghilews! Er hat vor den Franzosen wenn nicht alles, so doch sehr viel von dem ausgebreitet, was es im Russischen Theater an Begabung, Schönem, Lehrreichem und Malerischem gibt. Er gab dem Publikum das Gefühl, dass das Land, über dessen Kunst die Mehrheit nur sehr wenig weiß, in sich einen Tempel ästhetischer Freuden birgt und jede Kleinigkeit dieses Tempels voll von Schönheit und Interessantem ist.«[8] Die Erfolge führen die Compagnie bald zu Gastspielen durch die ganze Welt.

Die Erfolge der *Ballets Russes* liegen zu einem guten Teil in der Exotik und Erotik begründet, die einigen der Inszenierungen eigen war. Mit genialem Gespür für die Bedürfnisse des Publikums präsentierte Diaghilew mit seiner Compagnie in den ersten Jahren eine gute Mischung aus Tradition und Innovation. In Balletten wie *Giselle* (1910), einer vom *Marinski-Theater* übernommenen Choreographie, in der die Primaballerina Tamara Karsawina in der Titelrolle glänzte, zeigte Benois eine »lyrische Interpretation« des klassischen französischen Balletts, die von Publikum und Kritik begeistert aufgenommen wurde, in Inszenierungen wie *Cléopâtre* (1909), *Schéhérazade* (1910) und *Narcisse* (1911) wandten sich Choreographen und Ausstatter dem geheimnisvollen Orient und der griechischen Antike zu, die schon allein durch die epochenspezifische Thematik den Jubel garantierten. Die legendären Auftritte Ida Rubinsteins als Kleopatra und als Sultanin in *Schéhérazade* sind ebenso in die Geschichte des Balletts eingegangen wie der Tänzer und Choreograph Waclaw Nijinsky, der in Rollen wie dem Amoun in *Cléopâtre*, dem Goldenen Sklaven in *Schéhérazade* oder dem Faun in *L'Après-midi d'un Faune* (1912) das Verständnis vom Tanz grundlegend revolutionierte. Der androgyne Nijinsky bringt die »sexuelle Anarchie« der Epoche auf die Bühne und sorgt mit offener Erotik für Skandale, so in *Cléopâtre*, wo die ägyptische Königin und ihr Liebhaber Amoun sich auf der Bühne im Liebesakt vereinigen, und als Faun, der sich seiner Begierde nach der entschwundenen

Léon Bakst: Kostümentwurf für »L'Après-midi d'un Faune« für Nijinsky

Sergei Diaghilew und Sergei Lifar (1927)

Nymphe hingibt, was Nijinsky in der Presse den Vorwurf der Obszönität einbringt. Kein geringerer als Auguste Rodin nimmt sich der Verteidigung des Tänzers an: »Wenn sich der Vorhang hebt und Nijinsky der Länge nach ausgestreckt auf dem Boden liegt, ein Bein angewinkelt und die Flöte an den Lippen, könnte man ihn für ein bildhauerisches Kunstwerk halten; nichts ist ergreifender als die Bewegung, mit der er sich am Ende, das Gesicht dem Boden zugewandt, auf dem geraubten Schleier ausstreckt, den er mit der Leidenschaft brennender Begierde umarmt und küßt.«[9]

Im Laufe der Jahre werden die *Ballets Russes* mehr und mehr zum Laboratorium der modernen Künste. Alle, die heute als Klassiker der Moderne gelten, werden von Diaghilew zur Mitarbeit engagiert: Igor Strawinsky schrieb die »heidnische« Musik zu *Le Sacre du Printemps* und schuf *Petruschka*, bei dessen erster Orchesterprobe die Musiker laut aufgelacht haben sollen. Claude Debussy komponierte *L'Après-midi d'un Faune* und *Jeux* (1913). Diese von Bakst ausgestattete »›moderne‹ Erzählung über einen Flirt bei einem Tennisspiel«[10] nimmt die konstruktivistischen Produktionen der letzten Jahre der *Ballets Russes* vorweg.

Diaghilew führt Komponisten wie Strawinsky, Debussy, Poulenc, Ravel, Satie und Prokofjew mit bildenden Künstlern wie Benois, Bakst, Matisse, Gontscharowa, Larionow, De Chirico, Utrillo und Picasso zusammen, Jean Cocteau schreibt für zwei Ballette das Szenarium. In

Zusammenarbeit mit Choreographen wie Fokin, Nijinsky und Balanchine entstehen Stücke, die das moderne Ballett prägten und bis heute in aller Welt gezeigt werden. Die Gesamtkunstwerke der *Ballets Russes* erobern in den zwei Jahrzehnten ihres Bestehens die Herzen des Publikums in der ganzen Welt. Nur in Russland werden die *Ballets Russes* nicht aufgeführt.

Nach Diaghilews Tod im Jahr 1929 fällt die Compagnie auseinander. Seine geniale Begabung, die Visionen anderer umzusetzen, und sein Organisationstalent konnte niemand ersetzen. »Wenn er selbst auch keine der Arbeiten zu verantworten hatte, war er doch der ›Deus ex Machina‹, der Professor der Energie, der Wille, der den Konzepten anderer Gestalt verlieh. Er trieb jeden zum Besten an, er wusste, wie man Gold aus der es umgebenden Erde gewinnt.«[11]

Im Gedächtnis seiner »zweiten Heimat« nimmt er bis heute seinen Platz ein - im übertragenen ebenso wie im direkten Sinne: 1966 wird die »Place Diaghilev« im Beisein des letzten Herzensfreundes des Impresarios, des Tänzers Sergei Lifar, in Paris feierlich eingeweiht.

»Weiße Azalee«

Die Tänzerin Ida Rubinstein

Ich kann nicht an der Seite von wem auch immer gehen.
Ich kann nur alleine gehen.
(Ida Rubinstein)

Fast wäre die Geschichte der *Ballets Russes* zu Ende gewesen, bevor sie begonnen hatte. Am 8. März 1908 findet im Petersburger *Marinski-Theater*, das seit 1889 Sitz des Kaiserlichen Balletts Russlands ist, die Premiere des Balletts *Eine Ägyptische Nacht* statt. In den Hauptrollen der Choreographie von Michail Fokin tanzen die Stars des russischen Balletts jener Jahre: Anna Pawlowa und Waclaw Nijinsky. Die Kostüme der Solisten entwarf Léon Bakst. Mit einigen Änderungen übernimmt Sergei Diaghilew, der mittlerweile zum erfolgreichen Kulturvermittler und -manager arriviert ist, das Ballett für die Truppe, die er gerade für ein Gastspiel in Paris zusammenstellt.

Im Vorfeld der Produktion kommt es zu einer Auseinandersetzung über die Besetzung der Hauptrolle. Natürlich wollten die in Russland verehrten Tänzerinnen auch im Ausland in den besten Rollen glänzen, und die Primaballerina des *Marinski-Theaters*, Matilda Kshesinskaja, erwartete wie selbstverständlich, dass sie bei der Tournee die Rolle der ägyptischen Königin tanzen werde. Der Choreograph Fokin widersetzte sich jedoch dem Wunsch der ersten Tänzerin, da sie als Vertreterin der traditionellen Schule seiner Vision von der Erneuerung des Balletts entgegenstand. Fokin war zwar bereit, ihr die Hauptrolle in einem anderen Ballett zuzugestehen, das in Paris zur Aufführung kommen sollte, doch für die *Ägyptische Nacht* hatte er andere Pläne. Die derart beleidigte Kshesinskaja, als Favoritin Nikolais II. eine einflussreiche Frau, brachte ihre Verbindungen zum Einsatz. Der Zar zog umgehend die finanzielle Unterstützung für die Produktion der Tournee zurück und Diaghilews neugegründete Compagnie stand vor dem Aus. Doch der Impresario ließ sich von solchen Schwierigkeiten nicht weiter beeindrucken, er setzte sein ganzes Organisationstalent und alle seine Kontakte daran, neue Mäzene zu finden, die bereit waren, seine kühnen Ideen zu finanzieren. Kurz vor der Vorstellung des Balletts in Paris warf der geniale Öffentlichkeitsarbeiter Diaghilew die Werbekampagne an, und Gerüchte um eine Dame der russischen Gesellschaft, von blendender Schönheit und animalischer Anziehungskraft, die die Hauptrolle tanzen werde, machten in Paris die Runde.

Am Ende des mehrtägigen Gastspiels der *Ballets Russes* in Paris wird am 2. Juni 1909 im *Théâtre du Châtelet* das »choreographische Drama in einem Akt« mit dem Titel *Cléopâtre* uraufgeführt. Die Vorstellung schlägt ein wie eine Bombe und der Triumphzug der *Ballets Russes* durch Europa nimmt seinen Anfang. Der Star der Compagnie ist Ida Rubinstein, die mit ihrer Verkörperung der Kleopatra ganz Paris um den Verstand bringt. Eine Tänzerin, die im traditionellen Sinne gar keine ist – Ida Rubinstein hatte vor ihrem legendären Erfolg nicht einmal zwei Jahre privaten Tanzunterricht – wird als Reinkarnation der grausamen ägyptischen Königin in die Ballettgeschichte eingehen.

Ida Lwowna Rubinstein wurde am 5. Oktober 1885 geboren. Doch wie so vieles in Rubinsteins Biographie, ist nicht einmal dieses Datum gesichert.[1] Nach dem Tod ihrer Eltern nimmt ihre Tante sie an Kindes statt an und fortan wächst die kleine Ida in einer wohlhabenden Familie der jüdischen Oberschicht in Petersburg auf. Die Villa der Familie Horwitz ist in einer der besten Wohngegenden gelegen, Ida hat eine französische Gouvernante und einen russischen Hauslehrer. Sie wächst in einer Zeit, die geprägt ist von Hungersnöten und sozialen Unruhen, in unermesslichem Luxus auf. In die Reihen der Elite des Landes zu gelangen, war für eine jüdische Familie im Russland des ausgehenden 19. Jahrhunderts durchaus nicht an der Tagesordnung. Was zählte, war Bildung, denn eine solide Ausbildung ermöglichte der jüdischen Bevölkerung, sich außerhalb der ihnen zugewiesenen Siedlungsgebiete in den großen Städten niederzulassen. Erst gut zwei Jahrzehnte vor der Geburt Ida Rubinsteins hatte die Regierung unter Alexander II. ein Gesetz verabschiedet, das Angehörigen bestimmter Berufsgruppen und Selbstständigen, die einen wissenschaftlichen Grad besaßen, die Ansiedlung in Städten gestattet. So galt denn für viele Bewohner der osteuropäischen Schtetl die Devise, die

Antonio de la Gandaras Porträt Ida Rubinsteins auf der Titelseite der Comoedia Illustré am 20. Juni 1913

auch Ilja Ehrenburg als Erziehungsmaxime seines Vaters verinnerlicht hatte: »Wenn du keine höhere Bildung hast, kannst du nicht in einer der großen Städte wohnen.« Die Lage der Juden in den Großstädten war jedoch keineswegs sicher. So beschloss zum Beispiel der Generalgouverneur Moskaus im Jahr 1891, die Stadt von den Juden zu »reinigen« und ließ 20.000 der 35.000 dort ansässigen Juden willkürlich ausweisen. Doch ungeachtet aller Schwierigkeiten, denen die jüdische Bevölkerung im Russischen Reich ausgesetzt war – Einschränkung der Bewegungsfreiheit, Rechtlosigkeit, Armut und ständige Angst vor Pogromen – begann in den Jahren um die Jahrhundertwende der Aufstieg einiger Mitglieder der jüdischen Bevölkerung in die höchsten gesellschaftlichen und kulturellen Kreise. Der Beitrag der Juden ist aus der russischen Kultur nicht mehr wegzudenken.

Die Familie Horwitz, bei der Ida aufwächst, ist eine derer, die es geschafft haben. Ein Preis, den sie, wie viele andere Juden in ähnlicher Stellung, zahlen mussten, war der Verzicht auf die offene Ausübung ihres Glaubens. Vielleicht sind sie gar zum orthodoxen Glauben konvertiert, denn dies war eine verbreitete Methode, die Schwierigkeiten zu umgehen, die die Zugehörigkeit zum jüdischen Glauben mit sich brachte. Ida jedenfalls wird ganz im Kanon der russischen Intelligenzija erzogen. Neben dem Unterricht in den gewöhnlichen Disziplinen legt man besonderen Wert auf ihre kulturelle Bildung, die Theater- und Opernbesuche ganz selbstverständlich einschließt. Sie erhält, wie in diesen Kreisen üblich, privaten Unterricht in Schauspiel, Gesang und Tanz bei Künstlern der Kaiserlichen Theater. Die junge Frau beginnt, sich mehr, als ihrer Tante lieb ist, für Schauspiel und Tanz zu interessieren. Das Theater als Anstalt der moralischen Erziehung, das mag ja noch angehen, aber alles, was darüber hinaus geht, die Idee, das Theater zum Beruf zu machen, ist für eine Familie in ihrer Stellung absolut inakzeptabel. Doch die verwöhnte Ida ist es gewohnt, ihren Willen durchzusetzen.

Im März 1907 lädt Ida Rubinstein ihren Verehrer Akim Wolynksi (1861–1926) zu den Abschlussprüfungen ihres Studiums an der *Moskauer Hochschule für dramatische Kunst*, die sie gegen den Willen der Familie besucht hatte, ein. Der Literatur- und Theaterkritiker Wolynski und Rubinstein hatten sich gut ein Jahr zuvor kennen gelernt und beide verband nicht nur die Liebe zum Theater, sondern auch die Idee seiner Erneuerung. Als Wolynski ihr im Salon des Schauspielerehepaares Osarowski das erste Mal begegnet, ist die junge Ida Rubinstein bereits Stadtgespräch: »[Hier] sah ich eines Tages eine junge, schlanke, hochgewachsene Frau in außergewöhnlicher Toilette, mit aufmerksam-bescheidenem Blick, der die Sonne widerspiegelte. Sie sprach nur einzelne Worte, sagte nichts Zusammenhängendes, sehr geheimnisvoll und verschlossen, und trotz allem stand sie im Mittelpunkt des allgemeinen Interesses. Dieser jungen Dame eilte der Ruf von märchenhaftem Reichtum und blendender Schönheit voraus. Über ihren Reichtum rankten sich Legenden. Es war dies Ida Lwowna Rubinstein. Sie studierte damals Schauspiel bei Lenski an der Moskauer Hochschule für dramatische Kunst, verbrachte die Sommerferien in Petrograd [sic!] und während ihres Aufenthaltes peitschte sie um sich herum konvulsivische, phantastisch-sensationelle Wogen auf. Die junge Dame träumte davon, die Innovatorin in der zeitgenössischen Theaterwelt zu werden, und für die Errichtung des neuen Theaters durch sie entschied sie, ein Gebäude aus rosa Marmor bauen zu lassen. Dieses Theater aus rosa Marmor war in aller Munde und das leichtgläubig-naive Paar Osarowski machte schon praktische Pläne, um sich selbst die Teilnahme und Teilhabe an den unglaublichen Gewinnen dieser grandiosen Unternehmung zu sichern ... Ida Rubinstein stand im Zentrum einer völlig beispiellosen literarischen Halluzination.«[2]

Auch die Faszination für die Antike verbindet die beiden Theaterbegeisterten, und Ida, die beseelt ist von der Vorstellung, die antiken und biblischen Heldinnen zu verkörpern, plant mit dem Verehrer eine Reise nach Griechenland, um auf den Spuren der alten Griechen zu wandeln. »Ich denke Tag und Nacht an unsere Reise ... Ich kann diesen Sommer nach Griechenland reisen oder niemals mehr. Und auch nach Palästina kann ich reisen, ich möchte eine Nacht lang dort die Sterne betrachten. Ich werde klar sein und wahnsinnig, dann wird es soweit sein! Die Tränen dieser Nacht bringe ich in Ihr Theater und das wahnsinnige Entzücken der hellenischen Nacht. Sie wissen, dass ich im nächsten Frühjahr Antigone, Kassandra, Rebekka und Salomé spielen möchte«, schreibt sie ihm am 10. Mai 1906.[3] Rubinstein reist auch tatsächlich nach Griechenland und Palästina, doch nicht in Begleitung ihres Bewunderers. Im Herbst 1907 trennen sich die Wege der beiden. Wolynski, der sich vielleicht die Chance auf eine »gute Partie« nicht entgehen lassen wollte, geht einen Schritt zu weit: Er bittet die »göttliche Ida« um ihre Hand: »Erlauben Sie mir, Sie als meine Braut bezeichnen zu dürfen. Mit seliger Wonne, mit quälendster Ergebenheit der Welt küsse ich Ihr Billet und warte. Senden Sie mir zwei eilige Worte. Ihr Wille wird die Quelle meines Glücks sein.«[4] Doch Idas Antwort lässt auf sich warten, der Bräutigam in spe muss einige Tage später die Angebetete erinnern. Diese schickt ihm daraufhin zwei eilige Zeilen: »Ich kann nicht an der Seite von wem auch immer gehen. Ich kann nur alleine gehen.«[5]

Als Rubinstein und Wolynski sich 1906 kennen lernten, hatte die angehende Schauspielerin bereits mindestens einmal die Aufmerksamkeit der

Romaine Brooks: Weiße Azaleen (1910)

Beau monde auf sich gezogen. Zwei Jahre zuvor war sie, noch nicht einmal zwanzigjährig, bei einer privaten Aufführung in der Rolle der Antigone aufgetreten. Kostüme und Bühnenbild hatte kein geringerer als Léon Bakst zu verantworten. Kurze Zeit zuvor hatte Ida Rubinstein, begleitet von ihrer Gouvernante, den in jenen Jahren schon recht bekannten Maler und Bühnenbildner unangemeldet in seinem Atelier aufgesucht und zu einer gemeinsamen Produktion der *Antigone* von Sophokles überredet. Seine Einwände, er habe gerade erst am *Alexandrinski-Theater* die Ausstattung zweier griechischer Tragödien von Euripides und Sophokles abgeschlossen und sie sei viel zu jung, wischt sie vom Tisch. Sie ist gewohnt, ihren Kopf durchzusetzen, und auch dieses Mal bleibt sie Siegerin. Es beginnt eine freundschaftliche Zusammenarbeit des begnadeten Malers und Bühnenbildners mit der androgynen Schönheit, die erst mit seinem Tode im Jahr 1924 endet. Später wird er die Inneneinrichtung ihres Pariser Hauses und Gartens sowie ihre Garderobe entwerfen und so an der Inszenierung des Gesamtkunstwerks der Person Ida Rubinstein mitwirken.

Der Saal bei der Aufführung der *Antigone* ist überfüllt, alle sind gekommen, um dem Ereignis beizuwohnen, das der Auftritt der jungen, schönen und reichen Dame der Gesellschaft zu werden verspricht. Unter den Gästen ist auch Sergei Diaghilew, dessen *Ballets Russes* Rubinstein später weltberühmt machen werden. »Ich erinnere mich an diese einzigartige Produktion«, beschreibt der Kritiker André Levinsohn seine Eindrücke vom ersten Auftritt Rubinsteins. »Ich habe das stolze Mädchen vor Augen, wie sie in die vielen und komplizierten Falten ihres schwarzen Trauergewandes eingehüllt ist ... Diese junge Frau mit ihrer aufregenden geheimnisvollen Schönheit, diese geheimnisvolle Jungfrau, wollüstig und zugleich leidenschaftslos kalt, mit einem eisernen Willen hinter einer zerbrechlichen Erscheinung, besaß eine hochmütige und kühle Intelligenz ... und wurde eine der Musen unseres Künstlers [Bakst]. ... Seine Muse ist vielleicht nicht der richtige Ausdruck, sein gutartiger Dämon.«[6] »Aus der Tiefe der Zeit holte er [Bakst] das robuste Schaffen und die Nacktheit der Jahrhunderte hervor, als Ödipus schrie und Antigone weinte. Er verlieh der menschlichen Silhouette jene Schärfe und jene Tragik, die man spürt, wenn man die Zeilen der Klassiker liest«, so Ida Rubinstein selbst über ihr Debüt.[7]

Gegen Ende des Jahres 1907 beginnt Ida Rubinstein, bei Michail Fokin, einem der ersten Tänzer und Ballettmeister des *Marinski-Theaters*, privaten Tanzunterricht zu nehmen. »Fast immer, wenn ich bei den Fokins war, begleitete mich Bakst, doch schon bald entwickelte sich zwischen ihnen eine berufliche Zusammenarbeit von einer gewissen konspirativen Art«, erinnert sich Benois an diese Zeit. »Fokin begann damals, einer Unbekannten ›aus der Gesellschaft‹, mit der auch ›Ljowuschka‹ [Bakst] bekannt war, Ballettstunden zu geben ... über sie steckten sie fortwährend flüsternd die Köpfe zusammen. ... Sie tauschten ständig vor mir irgendwelche nur ihnen verständlichen Andeutungen aus, was mich einigermaßen verärgerte.

Erst einige Monate später wurde das Geheimnis gelüftet. Die geheimnisvolle Schülerin Fokins war Ida Rubinstein, doch bis zu unserer ersten Pariser Saison im Jahr 1909 hielten die beiden Verschwörer den ›von ihnen entdeckten Schatz‹ unter Verschluss, was der Geburt der Legende, die bald in prächtiger Blüte stehen sollte, in keiner Weise schadete. Die geheimnisvolle Person war eine geniale Schauspielerin und unermesslich reich. Zugleich zeichnete sie sich durch bemerkenswerte und einzigartige Besonderheiten aus: sie war bereit, für das Erreichen des gesetzten künstlerischen Zieles bis an die äußersten Grenzen des Erlaubten, ja sogar des Anstandes zu gehen, bis hin dazu, sich öffentlich nackt auszuziehen. Dazu war sie unvergleichlich schön und erstaunlich begabt in jeglicher Hinsicht. Nicht zuletzt gehörte sie der höchsten jüdischen Oberschicht an, welche sich höchst mißbilligend einer solchen szenischen Besessenheit gegenüber verhielt und Idas Weg, das Ideal zu erreichen, vor alle nur möglichen Hindernisse stellte. Dies alles umgab die Schülerin Fokins mit einem faszinierenden Nimbus. Bakst war richtiggehend außer sich, wenn er von ihr sprach (und immer noch nicht ihren Namen nannte), und Fokin bekräftigte seine Worte fleißig.«[8]

Romaine Brooks: Ida Rubinstein (1917)

Fokin und seine Elevin nahmen sich gleich die konkrete Arbeit an einer Rolle vor. Es überrascht nicht, dass die Schülerin Fokins, die bekanntlich nicht unter mangelndem Selbstbewusstsein litt, sich gleich an die Rolle einer der wichtigsten mythologischen Frauengestalten jener Epoche wagte, die in der Rezeption zur »Königin der europäischen Décadence« wurde – die Tänzerin des berühmten Schleiertanzes, die sich als Lohn für den Tanz von ihrem Stiefvater den Kopf des Johannes erbat. »Die Arbeit an der Salomé war völlig ungewöhnlich und einmalig in meinem Leben. Gleichzeitig mußte ich Ida Lwowna [Rubinstein] in der Tanzkunst unterrichten und zusammen mit ihr den Tanz der Salomé erschaffen. Zuvor hatte sie sich sehr wenig mit Tanz beschäftigt und keinerlei Erfolg aufzuweisen. So stand vor uns die Aufgabe, für die Vorstellung nicht nur den Tanz der Salomé, sondern auch die Tänzerin zu erschaffen. Ihre Energie und ihr ungewöhnliches Äußeres kamen mir sehr zu Hilfe. Es schien mir, daß man mit ihr etwas im Stil Beardsleys erreichen könne. Groß, schlank und schön, brachte sie beste Voraussetzungen mit, aus denen ich eine interessante Bühnenerscheinung zu formen hoffte.«[9]

Spätestens seit im Jahr 1904 die Übersetzung von Oscar Wildes *Salomé* erschienen war – Rubinstein selbst soll sie in Auftrag gegeben haben –, herrschte in Russland eine regelrechte »Salomé-Manie«.[10] Durch die Verbindung von Erotik und Tod ist die Rolle der *Salomé* das Sinnbild der Femme fatale, und Ida Rubinstein scheint wie keine andere berufen, diese Rolle zu verkörpern. Sie beauftragt Bakst mit den Entwürfen zu Bühnenbild und Kostümen, ihr Lehrer Fokin übernimmt die Choreographie, Wsewolod Meyerhold die Regie, und zur allgemeinen Überraschung erklärt sich ein Mann von bester Reputation, der anerkannte Komponist und Direktor des Petersburger Konservatoriums, Alexander Glasunow, bereit, für diese Produktion einer Amateurtänzerin die Musik zu komponieren. Der Höhepunkt in Fokins Choreographie war der *Tanz der sieben Schleier.* Zu einer Aufführung des Balletts, das als Privataufführung im *Michailowski-Theater* geplant war, sollte es indes nicht kommen.

Zunächst einmal legt die Familie der engagierten Ausdruckstänzerin Steine in den Weg. Als Ida Rubinstein bei einer Reise nach Paris ihrer dort lebenden Schwester und deren Ehemann die Kostümentwürfe von Bakst zeigt und von ihren Plänen berichtet, nehmen die Dinge eine dramatische Wendung. Dr. Lewinson ist außer sich, als er vernimmt, dass seine Schwägerin am Ende des Schleiertanzes offensichtlich völlig nackt auf der Bühne zu stehen gedenke, und versucht, sie mit ärztlichen Maßnahmen an der Ausführung ihrer Pläne zu hindern. Er lässt Ida in eine Nervenheilanstalt einweisen. Kaum hat die Tante in Petersburg davon erfahren, veranlasst sie umgehend Idas Entlassung und ihre Rückkehr nach Petersburg. Um fortan von der Familie unabhängig zu sein, heiratet Ida wenig später ihren Cousin Wladimir Horwitz, der schon immer von der Ehe mit der schönen Ida geträumt hatte. Allerdings stellt die junge Braut eine Bedingung: Die Ehe dürfe nicht vollzogen werden. Nachdem die Familie sich jetzt nicht mehr in Idas Angelegenheiten einmischen kann, stellen sich nun die staatlichen Instanzen der Aufführung der *Salomé* in den Weg. Nach der Generalprobe wird das Stück von der Zensur verboten, »da der Klerus darin eine Beleidigung des orthodoxen Christenglaubens erblickte«. Doch die Arbeit aller an der Produktion Beteiligten war nicht umsonst, »anderthalb Monate später tanzte die Rubinstein diesen Tanz in einem Konzert des Petersburger Konservatoriums in dem Kostüm und mit den Dekorationen, die für die *Salomé* geschaffen worden waren.«[11]

Léon Bakst: Ida Rubinstein als Kleopatra

Der aufregende und Anstoß erregende Schleiertanz *Salomés* wird in die Choreographie der *Cléopâtre* übernommen, als die Ida Rubinstein mit ihrem Auftritt mit den *Ballets Russes* in Paris Weltruhm erlangen wird. Am letzten Abend des gefeierten Gastspiels der *Ballets Russes* in Paris tritt Ida Rubinstein als Kleopatra auf. Allein der Titel erregt in einer von Exotik und Orient faszinierten Zeit das Interesse des Publikums, und so ist das Theater restlos ausverkauft. Unter dem Premierenpublikum befinden sich alle, die Rang und Namen haben: der französische Außenminister ebenso wie der russische Botschafter nebst Gattin sowie andere

Vertreter der Politik, Gesellschaft und Kultur wie Auguste Rodin, Isadora Duncan, Claude Debussy oder Maurice Ravel.

Als sich der Vorhang erhebt, zeigt sich dem Publikum ein ägyptischer Tempel am Ufer des Nils. Es erscheint eine rituelle Prozession, als deren Höhepunkt, begleitet von Lauten- und Flötenspielern, ein von sechs Knappen getragener Schrein aus Gold und Ebenholz aus einem Schiff in den Tempel gebracht wird. »Der Schrein wurde inmitten des Tempels niedergelassen, seine Türen geöffnet und aus ihm eine herrliche, mumienhaft in Schleier gehüllte Figur gehoben, die auf einen Sockel aus Ebenholz gestellt wurde. Dann begannen vier Sklavinnen eine kunstfertige Verrichtung. Sie wickelten den ersten Schleier ab, welcher rot war und mit Lotusblüten und silbernen Krokodilen geschmückt, den zweiten, welcher grün war und mit der gesamten Geschichte der Dynastien filigran bestickt, der dritte war orange, durchschossen von hundert prismatischen Tönen und so weiter, bis der zwölfte Schleier sichtbar war, der indigofarben war und unter welchem die Gestalt einer Frau zu erkennen war ... Der zwölfte Schleier gab Madame Rubinstein frei, die ihn selbst mit einer ausholenden kreisenden Bewegung fallen ließ und hoch oben schwankend auf ihrem Sockel vor uns stand ... Auf ihrem Haupte trug sie eine blaue Perücke mit kurzen goldenen Zöpfen zu jeder Seite ihres Gesichts, und sie stand, mit leerem Blick, bleichen Wangen und geöffnetem Mund vor dem gefesselten Publikum, durchdringend schön, wie der intensive Duft einer exotischen Essenz.« So erinnert sich Jean Cocteau an den legendären Auftritt Ida Rubinsteins.[12] Als die ägyptische Königin aller Hüllen entledigt ist, gibt sie sich »vor aller Augen der Ekstase der Liebe hin, wobei erst im allerkritischsten Moment die bediensteten Hofdamen erschienen und das Lager der Liebenden mit ihren Schleiern verhüllten (was in gewisser Weise die Unziemlichkeit der Situation sogar noch unterstrich)...«[13]

Ob Ida Rubinstein am Ende des Schleiertanzes nun tatsächlich vollständig nackt auf der Bühne stand, wie die Überlieferung es erzählt, oder ob sie, wie Benois berichtet, der ja als einer der wenigen, die darüber schreiben, tatsächlich dabei gewesen ist, von einem »wunderbaren halbdurchsichtigen Gewand bedeckt war«, sei dahingestellt.[14] Dieser Auftritt macht Ida Rubinstein zu einer Ikone der Décadence in Paris, Petersburg und der ganzen Welt. Nicht jedoch, weil hier eine »hübsche Actrice in

Valentin Serow: N.W. Golubewa, Ida Rubinstein und Gabriele d'Annunzio (1910)

einem offenherzigen Negligee« auftrat, sondern weil das Publikum in ihr »eine wahrhafte Zauberin, die das Verhängnis mit sich brachte«, sieht.[15] Wie die Salomé verkörpert Kleopatra die Verbindung von Erotik und Tod – der junge Mann, mit dem die ägyptische Königin die Ekstase der Liebe erlebt, ist dem Tode geweiht. Nach dem Liebesakt wird er hingerichtet.

Ida Rubinstein kultiviert ihre morbide Schönheit und die Legenden, die um sie ranken. »Hier gehen die wildesten Gerüchte um, die ... unter anderem von Walter [dem Kapellmeister des *Marinski-Theaters*] verbreitet werden«, berichtet Benois einem Freund aus Petersburg über die Aufnahme der *Cléopâtre* in der Heimat. »Diese Kanaille hat einen solch niederträchtigen Verriss über die Aufführungen geschrieben, dass [der Verleger] es für unmöglich hielt, ihn zu drucken, auch nicht in überarbeiteter Form. In diesem Verriss wurde der Teufel weiß was über Serjosha [Diaghilew] und Nijinsky behauptet, über das Ballett und die Verunstaltung der Musik und ähnl. In Gesprächen erzählte er jedem, dass

Valentin Serow: Ida Rubinstein (1910)

Rubinstein Serjosha für jeden Auftritt 30.000 Franc gezahlt habe u.s.w. Unsinn! Überhaupt könnt Ihr Euch nicht vorstellen, mit welchen Vorräten an Ironie (Neid?), Skepsis und Niedertracht hier diese Triumphe aufgenommen werden. Die Aktien Serjoshas sind keineswegs gestiegen. Einige Tage später schüttet die *Petersburger Zeitung* Mistkübel aus.«[16]

Doch ungeachtet aller üblen Nachrede bleibt Ida Rubinstein Objekt der Begierde und wird beliebtes Modell. Valentin Serow malt ein skandalträchtiges Porträt von ihr, das im Jahr 1911 bei der Weltausstellung in Rom gezeigt wird. Als sein Lehrer Ilja Repin es vor der Eröffnung zu Gesicht bekommt, erleidet er fast einen Infarkt. »Was ist das? Ein galvanisierter Leichnam? Was für eine harte Darstellung: trocken, leblos, unnatürlich, welch missförmige Linie des Rückens bis hinunter zur Liege; die ausgestreckte Hand, der leidende, wie aus einem anderen Werke stammende Kopf. Warum nur musste ich so etwas sehen! Was hat Serow nur??? Ja, und diese Falten, wie Tannen in einer primitiven Zeichnung der Dekadenten ... von Matisse ... Will denn Serow tatsächlich Matisse nacheifern?!«[17] Auch auf der Ausstellung der *Welt der Kunst* im selben Jahr in Russland ruft Serows *Porträt von Ida Rubinstein* Empörung hervor, noch einmal wird der Zwiespalt zwischen alter und neuer Künstlergeneration sichtbar. Das Aktgemälde, das den Star der *Ballets Russes* in Rückenansicht zeigt und mithin mehr verdeckt als offenbart, wird ein Jahr später von Alexei Radakow (1879–1942) im Stile der Avantgarde karikiert, die Femme fatale erscheint vor dem Betrachter als Streichholzfigur.

Auch für das lesbische Paris stellt »La belle Ida« die Verkörperung der idealen androgynen Schönheit dar. »Sie gefiel mir, weil sie unersättlich war. Sie war sehr russisch, dostojewskihaft, doch ohne die russische Widersprüchlichkeit ... Ihre Kleidung richtete sich nicht nach dem Stil einer Kollektion. Sie folgte nicht der Mode der Zeit. Sie hatte ihren eigenen Stil und dieser verlieh ihr das Aussehen eines Geistes. Ich erinnere mich, wie wir an einem sehr kalten Morgen, an dem es schneite, spazierengingen und Ida einen langen, offenen Hermelinmantel trug, der ihren weißen Nacken freigab. Ihr Gesicht war spitz, ihre schmalen Augen golden. Ihre feine Nase adlerhaft. Ihr Kopf war zum Teil bedeckt und ihr schwarzes Haar wehte elegant um ihre Schläfen«, beschreibt sie ihre Geliebte, die Malerin Romaine Brooks,[18] die in Ida Rubinstein ein ideales Modell für Bilder wie *Die Tote Frau* und *Weiße Azaleen* fand. Romaine Brooks, eine Amerikanerin in Paris, deren Name verbunden ist mit dem ihrer langjährigen Freundin, der Dichterin Natalie Barney, die ebenso wie Gertrude Stein mit ihrem Salon in die Geschichte des weiblichen Paris einging, war eine der zwei großen Lieben im Leben der Ida Rubinstein. Ihre Affäre währte nicht lange, doch für viele Jahre war Rubinstein wichtigstes Modell der Malerin. Die morbide Schönheit der Tänzerin und Darstellerin im Gesamtkunstwerk ihres eigenen Lebens war ideale Quelle für Projektionen von Begierde und Verhängnis. Weiße Azalee, Wesen von der Schönheit einer Lilie, einer »exotischen Orchidee«, einer »schönen Tulpe, unbescheiden und blendend«.

Im Jahr 1910 tritt Ida Rubinstein noch einmal mit den *Ballets Russes* in Paris auf. Nunmehr unangefochtener weiblicher Star der Truppe Diaghilews – Anna Pawlowa hatte, möglicherweise ein wenig verstimmt darüber, dass eine Amateurtänzerin mehr Erfolg hatte als eine Primaballerina des Kaiserlichen *Marinski-Theaters*, die *Ballets Russes* nach der Aufführung der *Cléopâtre* verlassen –, enttäuscht Rubinstein als herrische Sultanin Zobeida in der *Schéhérazade* die Erwartungen des Publikums nicht. Schon ein Jahr später hat sie ihre eigene Compagnie, in deren Produktionen sie die Hauptrollen tanzt. Ida Rubinstein ist auf dem Höhepunkt ihres Ruhms. Diaghilew und einige andere frühere Weggefährten finden für ihre einstige Primadonna und nunmehrige Konkurrentin kein gutes Wort mehr. Doch ungeachtet aller Feindschaften wird Ida Rubinstein auf ihrem weiteren Weg von vielen begleitet und spielt weiterhin eine wichtige Rolle im kulturellen Leben Europas. Als finanzkräftige Mäzenin fördert sie junge Talente, deren Werke in die Musikgeschichte eingehen sollten: Maurice Ravels *Boléro* und *La Valse* gab sie ebenso in Auftrag wie Igor Strawinskys *Le Baiser de la Fée*, Claude Debussys *Le Martyre de St. Sébastien* nach einer Dichtung, die Gabriele d'Annunzio für sie schrieb, und Arthur Honeggers *Jeanne d'Arc*. 1950 nimmt Ida Rubinstein ihren Wohnsitz im Süden Frankreichs, unweit von Nizza, in dem in den Bergen gelegenen Städtchen Vence. Sie lebt zurückgezogen, ihre einzigen Gefährtinnen sind die Sekretärin Mademoiselle Ollivier und die Haushälterinnen Gracieuse Savattero und Anna Korvik. Ein einziges Mal nur nimmt sie Kontakt zu einer alten Freundin auf. Als sie hört, dass Romaine Brooks sich in Nizza aufhält, lädt sie sie in ihr Haus ein. Die Malerin jedoch verspürt keine Lust, die einstige Freundin wiederzusehen. Nicht aufgrund von Zeitmangel oder Animositäten, war ihre Begündung: »She is no longer like a lily.«

Am 29. September 1960 wird Ida Rubinstein auf dem Friedhof von Vence beerdigt. Die einzigen Trauergäste sind Mademoiselle Ollivier, Gracieuse Savattero und Anna Korvik. Ida Rubinsteins Nachlass – Photographien, Schmuck, Kostüme, – ist ebenso wie Mademoiselle Ollivier bis heute spurlos verschwunden.[19]

Natalja Gontscharowa und »Der goldene Hahn«

Ich will alle aktuellen Experimente ausprobieren.
Ich will keine Grenzen in der Kunst respektieren.
(Natalja Gontscharowa)

In einem fernen Land lebte der Zar Dadon. In der Jugend war er grausam und schonte seine Nachbarn nicht. Als er aber alt geworden war, wollte er keine Kriege mehr führen, nun aber griffen die Nachbarn ihn an und fügten ihm schreckliches Ungemach zu. Um sein Land zu verteidigen, musste Zar Dadon ein großes Heer von Bojaren unterhalten, denn von allen Seiten fielen die Feinde seines Landes ein.

Da er nicht ein noch aus wusste, suchte Zar Dadon Rat bei einem weisen Manne. Der Mann schenkte dem Zaren einen goldenen Hahn. »Setze ihn auf einen hohen Turm und mein goldener Hahn wird dir ein getreuer Wächter sein. Wenn ringsum Ruhe ist, wird er ruhig sitzen, wenn jedoch Gefahr droht, wird er seinen Kamm aufstellen, sich aufplustern und krähen und in die Richtung wenden, aus der die Gefahr kommt.« Der Zar dankte dem Weisen und versprach ihm, ihm jeden Wunsch zu erfüllen.

Wie der Weise vorhergesagt hatte, beschützte der Hahn das Reich Dadons und es kehrte wieder Frieden ein. So vergingen die Jahre, bis der Hahn eines Tages plötzlich zu krähen begann und sich Richtung Osten drehte. Sofort sprangen die Reiter auf ihre Pferde, um vom ältesten Sohn Dadons geführt den feindlichen Angriff abzuwehren. Acht Tage vergingen ohne Nachricht von der Schar. Wieder begann der Hahn zu krähen, wieder drehte er sich gen Osten. Nun schickte der Zar eine Schar Reiter unter Führung des jüngeren Sohnes. Und wieder vergingen acht Tage ohne Nachricht. Dann begann der Hahn ein drittes Mal zu krähen und sich gen Osten zu drehen. Dieses Mal führte Zar Dadon selbst eine Schar von Reitern an. Sie ritten Tag und Nacht. Nach acht Tagen kamen sie in die Berge, wo sie ein Zelt aus Samt erblickten. Vor dem Zelt fand der Zar seine beiden Söhne getötet und es erhob sich ein Weinen und Wehklagen.

Plötzlich trat aus dem Zelt die Königin von Schemacha, die so wunderschön war, dass Dadon sofort den Kummer über den Tod seiner Söhne vergaß. Acht Tage lang blieb er bei der Königin in ihrem Zelt, bis er sich mit seiner Schar und der Königin auf den Weg nach Hause machte. Dort wurden sie mit Freuden empfangen. In der Menge sah er den Weisen, der zu Dadon sagte: »Jetzt ist die Zeit gekommen, meinen Wunsch zu erfüllen, wie du es versprochen hast. Ich wünsche mir, dass du mir die junge Königin zur Frau gibst.« Der Zar aber wollte den Wunsch des Alten nicht erhören. Alles war er bereit, dem Weisen zu geben, nicht aber die junge Königin. Die beiden stritten und der Zar tötete in seiner Wut den Weisen.

Als der Zar mit seiner Schar in die Stadt hineinritt, erschallte plötzlich ein Klingeln. Vor aller Augen kam der goldene Hahn auf den Zar zugeflogen und setzte sich auf seinen Kopf, hackte ihm auf den Schädel und flog hinfort. Der Zar fiel aus seinem Wagen, stöhnte laut auf und starb. Die junge Königin aber war plötzlich verschwunden, als ob sie nie dagewesen wäre.

Im Jahr 1913 hat Diaghilew die Idee, Puschkins von Rimsky-Korsakow vertontes Märchen *Der goldene Hahn (Le Coq d'or)* mit den *Ballets Russes* auf die Bühne zu bringen. Binnen kurzem kolportiert die Presse, mit der Ausstattung der Aufführung sei die junge Moskauer Künstlerin Natalja Gontscharowa (1881–1962) beauftragt worden, der beim breiten Publikum und bei der konservativen Presse damals der Ruf der »Futuristin« und des Bürgerschrecks vorauseilte. Dabei nahm man es mit den Bezeichnungen der Kunstrichtungen nicht so genau – ebenso wie zuvor »dekadent« war nun »futuristisch« zum Schimpfwort geworden, mit dem jede neue Bewegung in Kunst und Literatur gebrandmarkt wurde. »Wenn das Pariser Publikum mit dem dekorativen ›Werk‹ unserer Futuristen bekannt gemacht werden soll – dann ist der Misserfolg garantiert«, so die Überzeugung eines Korrespondenten der russischen Presse.[1]

»Die Berühmteste unter den Progressiven ist eine Dame. Tout-Moskau und Tout-Petersburg läuft ihr nach und versucht, nicht nur ihre Bilder, sondern auch ihre Person zu imitieren. Sie hat die Mode von schwarzen, blauen oder orangenen Nachthemden für Gala-Abende lanciert und noch einiges mehr. Sie bemalt sich den Körper mit Blumen, zeichnet sich Elefanten und Häuser auf die Stirn und Wangen, oder färbt sich eine Ge-

Natalja Gontscharowa

sichtshälfte blau, die andere gelb«, begeistert sich Sergei Diaghilew über Natalja Gontscharowa.[2]

1881 in einer fortschrittlichen Familie des russischen Landadels geboren – ihre Großtante von gleichem Namen war die Gattin des russischen Nationaldichters Alexander Puschkin, deren unwiderstehliche Schönheit zum verhängnisvollen Duell führte und dem Dichter im Alter von 37 Jahren den Tod brachte – wuchs Natalja Gontscharowa auf den Familiengütern »im Herzen« Russlands auf, liebte das Landleben, die alten Bräuche und Lieder. Als sie elf Jahre alt ist, »verpflanzt« man sie in die Stadt, nach Moskau, doch sich dort einzuleben, fällt ihr schwer. »Wo ein Hälmchen zwischen den Steinen ist – da ist es gut, aber besser noch – ganz ohne Steine.«[3]

Im Jahr 1900 lernt Gontscharowa den gleichaltrigen Michail Larionow (1881–1964), Student der *Moskauer Lehranstalt für Malerei, Bildhauerei und Architektur*, kennen. Im Jahr darauf wird Gontscharowa selbst Studentin an der Schule ihres jungen Freundes, der ihre künstlerische Entwicklung in jeglicher Hinsicht unterstützen wird. Von nun an werden die beiden ihren Weg in Leben und Kunst gemeinsam gehen. 1907 endet die »Vorbereitungsphase« des künstlerischen Lebens Gontscharowas. »Die ehemals ruhige Impressionistin verwandelte sich nunmehr in eine Amazone der Avantgarde«.[4] Von Beginn an ist Gontscharowa auf den wichtigen Ausstellungen der »Linken« vertreten, die von lauten Skandalen begleitet werden. Gemeinsam mit Larionow und anderen ist sie eine der Organisatorinnen des *Karo-Buben* (1910), der ersten »linken« Moskauer Ausstellungsgruppe. Allein der Name dieser Gruppierung war ein Affront, assoziierte man damit doch Boulevardliteratur und das auf den Rücken der Sträflingsuniform genähte Quadrat. Nach dem demonstrativen Austritt der beiden aus der Gruppe, den Gontscharowa damit begründete, dass die *Karo-Buben* sich allzu sehr an den französischen Vorbildern orientierten, organisieren Gontscharowa und Larionow eine neue Gruppe, deren Ausstellung den nicht weniger provokativen Titel *Der Eselsschwanz* (1912) trug. Obwohl Gontscharowa das einzige weibliche Mitglied dieser Gruppierung war, wurden auf dieser Ausstellung über fünfzig ihrer Bilder gezeigt. Gontscharowa wird getrieben von dem Drang, immer weiter gehen zu müssen, die Grenzen des Gewohnten in der Kunst zu bewegen. Ihr »Œuvre diente in seinem ausgreifenden Dialog mit östlichen und westlichen Traditionen als Katalysator für verschiedene Bewegungen und Manifeste, und ihre Gemälde, Publikationen und Ausstellungen wirkten bahnbrechend für den Kubo-Futurismus und den Rayonismus.«[5]

»Die äußere Erscheinung Gontscharowas. Erstens: Mannhaftigkeit. – Die einer Äbtissin. – Einer jungen Äbtissin. Geradheit der Züge und des

Natalja Gontscharowa: Entwurf für den Bühnenvorhang für »Der goldene Hahn« (1914)

Blickes, Ernsthaftigkeit – oh, nicht Strenge! – im ganzen Gebaren. Ein Mensch, der alles ernst nimmt. Fast ohne Lächeln, doch wenn, dann ein bezauberndes Lächeln. Das Kleid, die Augen, das Haar – in der Farbe abgestimmt. ›Die ruhigste von allen!‹ ... Nicht grau. Leichtigkeit des Ganges, Unhörbarkeit. Bei dieser Gewichtigkeit des Kopfes – ein Gleiten fast. So auch die Stimme. Nicht Nonnenstille, stets klingt sie nach Donnergrollen. Die Stille über dem Donner. Hinter-grollend. Die Geste knapp, aufs Wesentliche zielend, die eines Menschen, der *zu tun* hat.«[6]

Gontscharowa wird eine der leidenschaftlichsten Vertreterinnen der neuen Kunst. Den Eindruck, welchen sie mit ihren Diskussionsbeiträgen bei den anderen hinterließ, beschreibt der Dichter Benedikt Liwschiz: »Glatt gekämmtes Haar, glühender Blick und stark eckige Bewegungen verliehen ihr eine gewisse Ähnlichkeit mit den Sozialrevolutionärinnen, die uns im Jahr 1905 aus den Universitäten herbeiriefen, damit wir uns

Natalja Gontscharowa: Kostümentwurf für »Der goldene Hahn« (1914)

unter die Hufe der Kosakenpferde werfen.«[7] In Gontscharowa vereinigt sich ernster, fast religiös-fanatischer Dienst an der Kunst mit unerschöpflichem Übermut und Lust an der Provokation des »bürgerlichen Publikums«, wenn sie zum Beispiel mit ihren Futuristen-Kollegen mit grell angemalten Gesichtern über den Moskauer Arbat spaziert. »Wir verbanden die Kunst und das Leben. Nach der langen Einsamkeit der Meister riefen wir laut das Leben herbei, und das Leben brach in die Kunst ein, wie die Kunst in das Leben einbrach. Deshalb schlagen unsere Herzen so laut.«[8]

Das Werk Gontscharowas bezieht die neuen Errungenschaften des westeuropäischen Modernismus wie selbstverständlich ein. Die wichtigste Quelle ihres Schaffens ist jedoch die Ikone und die Volkskunst mit den Volksbilderbögen, Ladenschildern und Jahrmarktsspielzeugen: »Die Kunst meines Landes erschließt weitaus tiefere und bedeutendere Dimensionen als alles, was ich vom Westen kenne ... Ich möchte uns wieder den Weg nach Westen aufschließen, und ich bin überzeugt, viele werden mir folgen«, so Natalja Gontscharowa im Vorwort des Katalogs zu ihrer Ausstellung im Jahr 1913.[9] Der direkte Bezug zur russischen Volkskunst zeigt sich in den Darstellungen der Heiligen und Bäuerinnen ihrer neoprimitivistischen Arbeiten. Unvergleichlich sind ihre Bäuerinnen, die den

Höhepunkt dieser Phase darstellen und sie als eine der begabtesten Vertreterinnen der neuen Kunst gelten lassen. Die Bäuerinnen sind bei ihren alltäglichen Beschäftigungen dargestellt: beim Aufsammeln von Äpfeln, Aussäen von Kartoffeln und beim Fischfang. Ihre Bewegungen sind konzentriert und fast rituell. Sie sind ganz eins mit der Erde. Was ist das Typische an Gontscharowas Kunst, der ihr eigene, sofort zu erkennende Stil? Wahrscheinlich ist es vor allem das Grobe, Bäuerliche, das der Kritiker Jakow Tugendhold an ihren Werken so abstoßend fand. Diese auf ganz eigene Weise reflektierten Quellen der russischen Volkskunst sind selbst in ihren radikalsten Arbeiten zu finden und verleihen ihrem Stil die typisch Gontscharowsche lyrische Grobheit.

Publikum und Kritik sind ob der innovatorischen Ungewöhnlichkeit der Werke Gontscharowas schockiert und gespalten. Ihre erste Ausstellung im Jahr 1910 in den Räumlichkeiten des Zirkels der *Gesellschaft der Freien Ästhetik* endet mit einer gerichtlichen Untersuchung. Einige ihrer Aktbilder werden wegen des Vorwurfs der Pornographie beschlagnahmt.[10] Am nächsten Tag erscheint in der Zeitung *Stimme Moskaus* eine Notiz über die Ausstellung. Besonders empörte sich der Autor darüber, dass der Urheber dieser »völlig dekadenten« und »unanständigen« Bilder »eine Frau ist, die sich unter dem Einfluß halbkranker Typen ... erlaubt hat, die Anstandsgrenze zu überschreiten.«[11] Einen ähnlichen Vorwurf hatte einige Jahre zuvor der Kritiker Nowopolin an die Adresse Sinowjewa-Annibals im Zusammenhang mit deren *Dreiunddreißig Ungeheuern* gerichtet, und gerade die Tatsache, dass eine Frau sich erdreistete, die allgemein anerkannten Normen zu überschreiten, scheint von vielen als Zumutung empfunden worden zu sein.

Gontscharowas religiöse Gemälde fallen als blasphemisch beschimpft der Zensur zum Opfer und werden aus Ausstellungen entfernt. »Da schimpfen sie und streiten mit mir darüber, dass ich kein Recht hätte, Ikonen zu malen – dabei ist mein Glaube an den Herrgott fest genug, und wer kann schon beurteilen, wer glaubt und wie ... Meine Ikonen, so behaupten sie, hätten ein anderes Aussehen als die alten. Aber was für alte denn? Russische, byzantinische, ukrainische oder georgische aus den ersten Jahrhunderten oder aus der jüngsten nachpetrinischen Zeit? Jedes Volk, jedes Jahrhundert hat ein eigenes Gesicht.«[12]

Reges Aufsehen erregten auch die ersten Einzelausstellungen Gontscharowas in Moskau (1913) und Petersburg (1914). Es wurden über 700 Arbeiten der Künstlerin gezeigt, Ergebnis ihrer wirklich übermenschlichen, zwölfeinhalb Jahre währenden Arbeit. Die Ausstellung war »nicht allein die erste große Rückschau auf das Werk eines Avantgardekünstlers, sondern auch die erste dem Œuvre einer Frau gewidmete Retrospektive.«[13] Darüber hinaus wurden in beiden Fällen die Ausstellungen von Galeristinnen organisiert: in Moskau von Klawdija Michailowa, in Petersburg von Nadeshda Dobytschina. Natalja Gontscharowa wurde über Nacht zur Sensation.

In der Rezeption von Gontscharowas Werk wird häufig mit den Kategorien »Weiblichkeit«/»Männlichkeit« hantiert. Einer der zeitgenössischen Kunstkritiker kommt gar zu dem Schluss, alle Künstlerinnen seiner Zeit, besonders jedoch die russischen, seien »mannhaft«. So ist für ihn die künstlerische Persönlichkeit Gontscharowas eher eine männliche, ihre wichtigste Eigenschaft sei ein »männlich klarer und energischer Ausdruck«, und »das männliche Auge« überwiege bei ihr den »weiblichen Lyrismus«.[14] Auf solche und ähnliche Überlegungen antwortete Gontscharowa einmal: »Wenn die Männer noch immer vom Turgenjewschen Fräulein träumen, werden sie ganz und gar verzichten müssen. Der ganze Charme dieser jungen Mädchen besteht in ihrer unbewußten Einfachheit, während doch im modernen Leben die Einfachheit nur eine bewußte sein kann. In diesem Fall ist eine bewußte Nichteinfachheit vorzuziehen.«[15]

Die Gerüchte, Diaghilew plane, Gontscharowa mit Bühnenbild und Kostümentwürfen für *Der Goldene Hahn* zu beauftragen, bestätigten sich bald. Die Entscheidung Diaghilews für die junge Künstlerin wurde nicht nur in konservativen Kunstkreisen, sondern auch von einigen seiner Mitarbeiter mit Skepsis aufgenommen. Doch dem Impresario, der sich mehr und mehr für die neuesten Bewegungen in Kunst und Musik zu interessieren beginnt, gelang es, Zweifel und Vorbehalte in der Truppe auszuräumen.

Diaghilew stand bereits seit einigen Jahre in engem Kontakt mit Gontscharowa und Larionow. Bei der *Russischen Kunstausstellung* in Paris 1906, die im darauf folgenden Jahr in Berlin und Venedig gezeigt wurde, waren Gontscharowa und Larionow mit ihren Bildern vertreten,

Natalja Gontscharowa und Michail Larionow beim Malen der Dekorationen für »Der goldene Hahn« (1913/14)

später beteiligten sie sich an den Ausstellungen der neu gegründeten *Welt der Kunst*, die für Vertreter der unterschiedlichsten neuen Kunstrichtungen offen waren.

Ein besonderes Verdienst der Aufführungen der *Ballets Russes* mit ihrem Anspruch, ein Gesamtkunstwerk zu schaffen, sind die Ausstattungen ihrer Inszenierungen, die der Auffassung folgen, dass Bühnenbild und Kostüme »eines musikalischen Dramas sich von jenen des dramatischen Theaters grundlegend unterscheiden und eine Symphonie der Farben sind, die im Einklang steht mit der Symphonie des Orchesters.«[16] Eine solche »Symphonie der Farben«, die im Einklang steht mit Musik, Gesang und Tanz, wurde Gontscharowas Ausstattung von *Der goldene Hahn*, eine Aufführung, die zeigte, »wie überwältigend die Synthese der verschiedenen Künste, aus denen das Ballett besteht, sein kann.«[17]

»Ich dachte nicht ernsthaft über das Theater nach«, erinnert sich Natalja Gontscharowa, »bis eines Tages mein Freund Sergei Prokofjew

Natalja Gontscharowa: Ausschnitt des Entwurfs für den Bühnenvorhang für »Der goldene Hahn« (1914)

mir ausrichtete, dass Diaghilew mich zu sehen wünsche. Dies hat alles in meinem Leben verändert. Statt eine Moskauer Malerin zu bleiben, wurde ich eine Bühnenbildnerin, die die ganze Welt bereiste.«[18]

Ebenso wie in den Balletten mit orientalischer Thematik, setzte Diaghilew mit Inszenierungen, die sich russischen Motiven widmeten, auf die Exotik des Ungewöhnlichen. So ist die Entscheidung, *Der goldene Hahn* mit den *Ballets Russes* aufzuführen, naheliegend, da hier das russische und das orientalische Element in einem Sujet verbunden sind. Von den Entwürfen Gontscharowas ist Diaghilew hellauf begeistert: »Die Entwürfe Gontscharowas sind ausgezeichnet. Sie erinnern ein wenig an die Volksbilderbögen, aber nach Maßen, aber das wichtigste, würde ich sagen, ist, dass sie sehr märchenhaft und überaus interessant in der Farbgebung sind.«[19] Zunächst jedoch musste der Choreograph Michail Fokin von der mit Bühnenbild und Kostümen beauftragten Künstlerin überzeugt werden. »Ich kannte sie nicht, hörte nur, daß sie und M. F. Larionow zu der Gruppe der Moskauer Futuristen gehörte, die sich ihre Gesichter bemalten, stürmische Lektionen über ›neue‹ Kunst, über die Kunst der Zukunft abhielten und daß bei diesen Lektionen als ausdrucksvollstes Argument Karaffen mit Wasser ins Publikum flogen. Mir war bei dem Gedanken etwas bange, die Oper Rimsky-Korsakows mit diesen Mitarbeitern gestalten zu müssen.«[20]

Diaghilew und Benois fahren mit Fokin nach Moskau, um ihn mit Gontscharowa und ihrer Kunst bekanntzumachen. »Wieviel Besonnenheit, Konzentration und Ehrlichkeit lag in allem, was sie sprach. Von ihren Bildern war ich zunächst erschüttert ... Aber allmählich fand ich Geschmack an der Malerei dieser schmalen, anregenden Frau ... Ich fuhr in der festen Überzeugung davon, daß die Gontscharowa etwas Unerwartetes, Farblich-Schönes, zutiefst Nationales und zugleich Märchenhaftes gestalten würde.«[21] Fokin sollte Recht behalten.

Gontscharowa macht sich mit Eifer an die Ausführung des Auftrags. Sie erforscht in Museen die historischen Kostüme der Zaren und Bojaren. Fokin begeistert sich über ihre »unwahrscheinliche, unvorstellbare Liebe zur Arbeit am *Goldenen Hahn*«: »Rührend war es mit anzusehen, wie sie zusammen mit Larionow eigenhändig alle Requisiten bemalte. Jeder Gegenstand war ein Kunstwerk.«[22]

Die Aufgabe, vor die Gontscharowa gestellt wurde, war keine leichte. Benois hatte die kühne Idee, die Oper Rimsky-Korsakows in eine Form zwischen Oper und Ballett zu bringen. »Ich wollte ganz unbedingt meinen innersten Wunsch verwirklichen, nämlich die Ausführung der Handlung der Oper den Tänzern übertragen, dabei jedoch das vokale Element aber unbedingt beibehalten.«[23] Im Verlaufe der Arbeit an der Inszenierung stand man vor der Schwierigkeit, den aus neunzig Personen bestehenden Chor unterbringen zu müssen. Zuerst hatte man Solisten und Chor im Orchestergraben unterbringen wollen, doch der Platz dort reichte dafür nicht aus. Ausgehend von Ikone und Volksbilderbogen, bei denen die Figuren der Heiligen und Engel in Reihen übereinander zu sehen sind, entscheidet man, Solisten und Chor auf steilen Rampen zu beiden Seiten der Bühne zu gruppieren, und es gelingt Gontscharowa, eine völlige Einheit von Sängern, Tänzern und Bühnenbild zu erreichen. »Die Sänger wirkten an den Handlungsvorgängen nicht mit. Sie alle, sowohl der Chor wie auch die Solisten, waren gleich angezogen und saßen völlig unbeweglich auf beiden Seiten der Bühne, auf nach hinten ansteigenden Bänken. Farblich waren sie ganz auf die Kulissen abgestimmt: Ruhige, warme himbeerfarbene bis braune Töne der Kostüme bildeten einen wunderbaren Rahmen für die im grellen Gelb, Orange, Grün und Blau flammende Bühne.«[24]

In ihrer Ausstattung schafft Gontscharowa eine nie zuvor gesehene exotische Welt, in der, wie in Puschkins Märchen und der Musik Rimsky-Korsakows, die Welten des russischen Altertums und des phantastischen Orients ineinander fließen. »*Der Goldene Hahn*. Volkstümlich, östlich, bäuerlich«, so Marina Zwetajewa. »Ein östlich-bäuerlicher Zar, von Mushiks und Bauernweibern umgeben. Keine Kaftane, sondern Schoßröcke, Poddjowkas. Keine Zierhauben, sondern Stirnbänder. Die Kleider der Frauen – Sarafane, Panjowas. Bauernweiber wie eh und je. Leuchtende Grellheit – nicht die im scheinrussischen Stil verabredete Grellheit des herzig-bunten Moosbeeren-Souvenirs, sondern die unverabredete Grellheit des Ewig-Bäuerlichen und Östlichen. Nicht das Wiederzurechtrücken durch Historiker und Archäologen, sondern das archaische Gefühl der Fernen. Mit anderen Worten: *Tradition*, und nicht Restauration, *Revolution*, und nicht Restauration, auf den Punkt genau das, was Puschkin mit dem Volksmärchen *Der Goldene Hahn* gemacht hatte ... Gontscharowa kann kühn mit Puschkin sagen: ›Ich bin selbst das Volk.‹«[25]

Eine andere Zeitgenossin berichtet begeistert ihrem Mann von der Aufführung in Paris: »Natalja Gontscharowa hielt die gesamte Bühne im Stil unserer russischen Speisezimmer, insbesondere im Stil der folkloristischen bemalten Tabletts. Der Vorhang hob sich bei Dunkelheit, und als plötzlich die Lichter angingen, sah man eine glühendrote Landschaft - eine glühendrote Stadt, einen gelben Himmel, eine rote Sonne in Form eines Gesichts und rote Bäume mit riesenhaften Blüten. Alles war so unwirklich, daß auch die Darsteller wie Marionetten wirkten. Das Publikum würdigte das Bühnenbild mit donnerndem Applaus und Rufen wie ›C'est épatant!‹ Trotz der übersteigerten Prunkhaftigkeit hatte das Ganze nichts Geschmackloses. Der zweite Akt spielt in der Nacht. Das Ganze erinnerte nun an unsere blauen Tarusa-Tabletts und war wunderschön arrangiert. In der Mitte des Aktes steigt das Zelt einer morgenländischen Königin aus dem Bühnenboden empor. Über dem Zelt erscheint zuerst ein Halbmond und dann die ganze dekorative Konstruktion, die das gesamte Ballett verbirgt. In wunderbaren Arabesken tritt es schließlich aus dem Zelt heraus. Alles ist sehr schön.«[26]

Die französische Presse bejubelt die Aufführung und die Künstlerin. »Wie schon zuvor bedeutet dieses ungewöhnliche Abenteuer, orchestriert, gespielt, in Kostüme gesteckt und inszeniert von Russen und dem ihnen eigenen Theatergenie, ein Datum, eine Etappe, einen Sprung nach vorne.«[27]

In der russischen Presselandschaft hingegen sind eher Verrisse als Lobeshymnen zu finden. Kritisiert wird alles: das Bühnenbild, die Kostüme, die Tänzer und Sänger und wie immer auch Diaghilew. »Fr. Gontscharowa hat für die Aufführung eine solche Ausstattung geschaffen, dass sich der ehrwürdige Komponist im Grabe umdrehen wird«, so einer der Rezensenten.[28]

Gontscharowa wird fortan immer wieder mit den *Ballets Russes* und anderen Theatern in Paris und den Vereinigten Staaten zusammenarbeiten und bald als eine der besten TheaterkünstlerInnen der Zeit gelten. Doch auch, als sie eine um die Welt gereiste Bühnenbildnerin ist, wird sie sich als russische Malerin fühlen. »Theater? Ja, so ähnlich wie mit Paris: ich wollte nach Osten und geriet nach Westen. Dem Theater zu begegnen, war ich *gezwungen*. Stellen Sie sich vor, man trägt Ihnen eine

Theaterarbeit auf, die Arbeit gelingt – nicht nur bei Ihnen, sondern auch auf der Bühne, – Erfolg – und der nächste Auftrag ... Ablehnen geht nicht an, *jeder Auftrag* ist ja letzten Endes Aufforderung: auch das mußt du zustande bringen! Doch meine liebste Arbeit ist das Theater niemals gewesen und nie geworden.«[29]

Epilog

Das russische Schicksalsjahr 1917

und die Boheme des Silbernen Zeitalters

O Kinder wüßtet ihr etwas
Von kommender Zeiten Frost und Nacht!
(Alexander Blok, 1910)

»Das 20. Jahrhundert begann im Herbst 1914 mit dem Krieg, wie das 19. Jahrhundert mit dem Wiener Kongreß. Kalenderdaten sind bedeutungslos«, schreibt Anna Achmatowa in ihrer Skizze *Das zweite Jahrzehnt.*[1] Tatsächlich stand nach dem Eintritt Russlands in den Ersten Weltkrieg und dem, was folgte, nicht nur dem alten Russland ein erschütternder Umbruch bevor. Eine wirkliche Zäsur aber setzt erst das Epochenjahr 1917 mit seinen zwei Revolutionen. Das Russische Reich geht unter und die Union der sozialistischen Sowjetrepubliken entsteht.

Nach der grausamen Unterdrückung der Demonstration am Blutsonntag im Januar des Jahres 1905 wurde das Russische Reich von einer Welle der Unruhen und Aufstände überzogen. Die fortschrittlichen Intellektuellen, entsetzt von der Erbarmungslosigkeit des zaristischen Regimes, erklärten ihre Solidarität mit dem Proletariat und den Bauern und forderten eine Demokratisierung des Systems. »Zur Befriedung des öffentlichen Lebens« kündigt Nikolai II. die Einführung der Reichs-Duma an, einem faktisch jedoch rechtlosen Parlament, und erreicht eine Atempause. In den Jahren danach unternimmt das zaristische System alles, um seine Macht zu festigen. Im Jahr 1913 feiert die Dynastie der Romanows ihr 300-jähriges Jubiläum. Nur vier Jahre später sollte »Nikolai der Letzte« seiner Macht enthoben werden.

Nach Eintritt in den Krieg spitzte sich die ohnehin desolate Lage der Staatsfinanzen Russlands zu. Am Jahrestag des Blutsonntags, dem 9. Januar 1917, finden in verschiedenen Städten Russlands Antikriegsdemonstrationen statt. Im Februar wird Petrograd von einem von den Bolschewiki ausgerufenen Generalstreik erfasst, die Massen fordern nicht mehr nur Brot, sie wollen den Umsturz. Am 15. März dankt der Zar ab und eine provisorische Regierung wird eingesetzt. Doch obwohl die neue Regierung schon wenige Tage später von den Vereinigten Staaten und einigen Staaten Westeuropas anerkannt wurde, war ihr nur eine kurze Lebensdauer beschieden. Schon im Oktober desselben Jahres wird die bürgerliche Demokratie Russlands von den Bolschewiki gestürzt und die »Diktatur des Proletariats« installiert. Die Bürgerlichen und Konservativen jedoch geben sich so schnell nicht geschlagen, es kommt zum Bürgerkrieg zwischen »Weißen« und »Roten«. Nikolai II. und seine gesamte Familie werden 1918 an ihrem Verbannungsort erschossen. Petrograd und die junge Sowjetunion hungert und friert, Tausende fallen Bürgerkrieg und Hunger zum Opfer.

Die Zeit des Übergangs vom alten Russland zur neuen Sowjetrepublik ist eine Zeit, in der vielen alles möglich scheint. Die Symbolisten sehen in der Revolution eine geistige Erschütterung, die zur Reinigung der Menschheit und letztendlich zur Erschaffung einer neuen Welt in völliger geistiger Freiheit führen werde.

Die große Mehrheit der Avantgardisten begrüßt den Anbruch der neuen Zeit, sieht in der Revolution die Fortsetzung der von ihnen begonnenen Revolution in der Kunst. Sie waren die ersten Künstler, die auf die Seite der neuen Macht übertraten. Wladimir Majakowski schreibt: »Annehmen oder nicht annehmen? Für mich (und andere Moskauer Futuristen) gab es dieses Problem nicht. Es war meine Revolution.«[2] Mit der alten Idee vom »neuen Menschen« soll die Kunst die Umgebung des Menschen verändern und dadurch ihre erzieherische Funktion, nämlich den Menschen selbst umzugestalten, wahrnehmen. In ihrem Kult der Maschine waren die Avantgardisten Kinder ihrer Zeit. Andererseits jedoch barg die Vorstellung vom Menschen als einem Teil des vortrefflich organisierten und funktionierenden Mechanismus die Gefahr der Entmenschlichung, die gleichbedeutend ist mit dem Verlust persönlicher Verantwortung und Schuld. Dies wird sehr bald offensichtlich. Und der »zur Kommune fliegende Dampfer« wird zur kafkaesken Vernichtungsmaschine, seine Passagiere zur gesichtslosen, durch Massenpsychose unterworfenen Masse. Der letzte Höhenflug der Avantgarde nach der Revolution war nur von kurzer Dauer. Die Wirklichkeit enttäuscht bald alle Hoffnungen.

1919 verkündet Alexander Blok den »Zusammenbruch des Humanismus«. Zwei Jahre später stirbt er im Alter von vierzig Jahren. Bei seiner Beerdigung am 10. August 1921 trägt der Trauerzug von mehreren hundert Menschen nicht nur den Dichter, sondern eine ganze Epoche zu Grabe: »Ich glaube, daß es in der ganzen Menge nicht einen Menschen gab, der nicht daran gedacht hätte – wenn auch nur für einen Moment –, daß nicht nur Blok, sondern die ganze Stadt mit ihm gestorben war, daß ihre besondere Macht über die Menschen und über die Geschichte unseres Volkes nun zu Ende, daß ein bestimmter Zeitabschnitt zu Ende gegangen war, daß der Kreis russischer Schicksale sich geschlossen hatte. Hier war der Wendepunkt, hier kam diese Epoche zum Stehen, um auf eine andere Ära loszustürmen.«[3]

Zwei Wochen nach der Beerdigung Alexander Bloks wird Anna Achmatowas erster Ehemann Nikolai Gumiljow, der am 3. August verhaftet worden war, wegen »konterrevolutionärer Tätigkeit« gemeinsam mit sechzig anderen Personen von den neuen Machthabern erschossen. Das neue Regime zeigt sein wahres Gesicht. Die einst aus dem Zarenreich emigrierten oder ausgewiesenen Sozialisten, die nach ihrer Rückkehr die Macht in Russland übernommen hatten, zwingen nunmehr ihre Gegner in Flucht oder Tod.

Nur wenige begriffen schnell, welches Unheil drohte. Die Februarrevolution des Jahres 1917 und die Einsetzung einer bürgerlichen Regierung war von der fortschrittlichen russischen Intelligenzija durchaus begrüßt worden. Der Sturz dieser provisorischen Regierung durch die Bolschewiki jedoch wird von manchen hellsichtig als Untergang des alten Russlands verstanden, und sie ergreifen – rechtzeitig – die Flucht. Prag, Warschau, Berlin, Paris werden von russischen Flüchtlingen bevölkert. Doch nicht alle verlassen Russland freiwillig. Wer nicht aus freien Stücken gehen will, wird des Landes verwiesen. Im Sommer des Jahres 1922 beginnen die Machthaber, Intellektuelle aus der Sowjetunion auszubürgern. Philosophen, Professoren, Publizisten, die man für »hoffnungslos im Sinne der Wendung zum kommunistischen Glauben« hielt, wie es einer der Ausgewiesenen, der Philosoph Nikolai Berdjajew, formuliert, werden aus dem Land gejagt.[4] Den zum Gehen Gezwungenen wird erklärt, dass sie beim Versuch einer Rückkehr an der Grenze zur Sowjetunion erschossen würden. Die Kenntnisnahme dieses Umstands müssen die Hinausgeworfenen per Unterschrift bestätigen. Im Herbst 1922 kommt es zu einer in der Weltgeschichte der Vertreibungen einzigartigen Maßnahme: Über hundert Personen des kulturellen und gesellschaftlichen Lebens, »die Spitzen der russischen Intelligenzija«, werden auf zwei Dampfschiffen geschlossen außer Landes gebracht.

Mitte der 1920er Jahre beginnt Schritt für Schritt die Unterwerfung von Kunst und Literatur unter die Kontrolle der neuen Machthaber. Immer mehr Künstler und Intellektuelle sind der staatlichen Verfolgung ausgesetzt. Unter den Künstlern entsteht eine Atmosphäre gegenseitiger Verdächtigungen und des Misstrauens.

»Auf dem Newski Schießereien ... der ›soziale Umsturz‹ wird vorbereitet, der dunkelste, dümmste und schmutzigste, den es jemals in der Geschichte geben wird. Er ist stündlich zu erwarten«, beschreibt Sinaida Gippius in ihrem *Petersburger Tagebuch* der Jahre 1917–1918 die Ereignisse des 24. Oktobers 1917, nach denen für sie das »Reich der Finsternis« beginnt. Die Anliegen der bürgerlichen Regierung waren die ihren, doch eine »Revolution nur von unten« war ihr eine schreckliche Vorstellung. Mit der ihr eigenen Konsequenz bricht sie mit allen, die im Anschein stehen, mit den neuen Machthabern zusammenzuarbeiten. Andrej Belyj, Waleri Brjussow, Alexander Blok – einst enge Freunde, mit denen sie nun nichts mehr verbindet. In ihren Erinnerungen an Alexander Blok beschreibt sie ihre letzte Begegnung mit diesem: »›Leben Sie wohl‹, sagt Blok, ›Ich danke Ihnen, dass Sie mir die Hand gereicht haben.‹ ›Politisch verbindet uns nichts. Sie wissen das. Niemals ... Doch persönlich ... hat sich zwischen uns nichts geändert.‹«[5]

Mehr als zwei Jahre harrt das Ehepaar Gippius-Mereshkowski in der Hoffnung auf einen Sieg der im Bürgerkrieg gegen die neuen Machthaber kämpfenden »Weißen« in Petrograd aus. Die Aufzeichnungen Gippius' in ihren Tagebüchern sind eine Chronik der Ereignisse ihrer letzten Jahre in der sterbenden Stadt. Alles, was irgendwie zu Geld zu machen war, wurde verkauft. Kleider, Möbel, Porzellan, Bücher. Bald schon würde es nichts mehr geben, von dem man sich trennen kann. »Wenn ein Pfund Brot 300 Rubel kostet und ein Pfund Fleisch 3000, reicht kein Geld mehr, und der Hungertod schaut einem in die Augen. Der große russische Schriftsteller Wasili Wasiljewitsch Rosanow starb aus Angst vor dem Hunger. Vor seinem Tod sammelte er auf den Straßen Zigarettenkippen auf.«

Als sich der Sieg der »Roten« im Bürgerkrieg abzeichnet, wird die innere Emigration der Verbindung Gippius–Mereshkowski–Filosofow zu einer faktischen. Sie, die aufgrund ihrer offenen Ablehnung gegenüber dem neuen Regime um Leib und Leben fürchten müssen, entscheiden sich für die Flucht. »Das Leben in Russland ist ein langsames Sterben – körperlich und geistig, moralischer Verfall und Niedrigkeit. Die Flucht kommt fast einem Selbstmord gleich, ein Sprung aus dem Gefängnisfenster in Schwindel erregender Höhe, ohne dass in der Tiefe Tücher gespannt sind... Was ist besser, mit allen umkommen oder sich selbst zu retten?«, schreibt Gippius in ihrem Tagebuch. Ihre Eingabe um Reiseerlaubnis wird abschlägig beschieden. »Mit grenzenloser Macht über hundertfünfzig Millionen Sklaven fürchten sich diese Leute, einen einzigen freien nach Europa zu entlassen. Sie misshandeln, töten, aber lassen niemanden hinaus«, spottet bitter der einst international meistgelesene russische Autor Dmitri Mereshkowski in seinem gleichnamigen Buch über das *Reich des Antichrist.*[6]

Nach zähem Ringen wird ihnen endlich das Verlassen der Stadtgrenzen Petrograds gestattet. Bis zu ihrer Flucht in einer Dezembernacht des Jahres 1919 leben sie in ständiger Furcht vor der Denunziation ihrer Pläne. Nach der Anerkennung der Sowjetunion durch Polen reisen Gippius und Mereshkowski ohne den Freund Filosofow Ende 1921 aus Warschau weiter nach Paris, wo sie aus besseren Zeiten noch eine Wohnung haben. »Als sie 1919 aus Sowjetrussland in Paris ankamen, brauchten sie nur die Wohnungstür mit ihrem Schlüssel aufzusperren und fanden alles an seinem Platz: Bücher, Geschirr, Wäsche. Sie hatten nicht das Gefühl der Obdachlosigkeit, das Iwan Bunin und andere so heftig verspürten.«[7]

Die vom Ehepaar Mereshkowski gegründete Gesellschaft *Die grüne Lampe* und ihr Salon werden zum Zentrum der Gegner der Sowjetunion. Mit ihrem Kampf gegen das sowjetische Regime stoßen sie vor allem bei vielen französischen Schriftstellern, die trotz aller Berichte von Augenzeugen bei ihrer Bewunderung der Sowjetunion blieben, auf Ablehnung. Doch unbeirrt setzt Gippius gemeinsam mit Mereshkowski, nach seinem Tod alleine, ihren Weg fort. Die Geschichte sollte ihr Recht geben.

Paris wird zur Hauptstadt der russischen Emigration. Schon vor 1917 war die französische Metropole Ziel russischer Reisender in Sachen Kultur gewesen und viele blieben für längere Zeit. Die *Ballets Russes* feierten seit 1910 in Paris ihre Triumphe, und wer das Glück hatte, bei den Ereignissen im Oktober 1917 im Ausland zu sein, kehrte nicht in die Heimat zurück. So war Natalja Gontscharowa gemeinsam mit Michail Larionow 1915 noch einmal von Diaghilew zur Arbeit mit den *Ballets Russes* eingeladen worden. Sie verließen Russland und kehrten nie mehr zurück. Ebenso Ida Rubinstein, die schon seit 1910 ihren Wohnsitz in Paris hatte und aus dem kulturellen Leben der französischen Metropole nicht mehr wegzudenken war.

Die meisten Mitglieder der Künstlergruppe *Welt der Kunst* emigrieren nach Paris. Sinaida Serebrjakowa kommt 1924 dort an, nachdem der Oktober des Jahres 1917 grausam in ihr Leben eingegriffen hatte. Sie befand sich damals mit ihren vier Kindern auf dem Land. Nachdem der Landsitz niedergebrannt worden war, rettete sie sich mit den Kindern nach Charkow. Erst 1919 gelang es ihrem Mann, sie dort ausfindig zu machen. Er starb wenige Tage nach der Ankunft bei seiner Familie an Typhus. Im Alter von 35 Jahren ist Serebrjakowa eine mittellose Witwe mit vier kleinen Kindern. Ende des Jahres 1920 gelingt es ihr, nach Petrograd zu gelangen, wo sie in der Wohnung der Familie Benois Unterschlupf findet. Ihr Onkel Alexandre Benois ist zu jener Zeit Direktor der Gemäldesammlung der *Eremitage*.

Serebrjakowa beteiligt sich nicht an den agitatorischen Veranstaltungen der revolutionären Massenkunst jener Jahre, sie widmet sich vor allem der Porträtmalerei. Die Lebensumstände empfindet Serebrjakowa als niederdrückend. »Wenn Sie wüßten, lieber Onkel Schura«, schreibt sie im Dezember 1923 an Alexandre Benois, der im selben Jahr nach Paris ausgereist war, »wie ich davon träume auszureisen und wie sehr ich es will, um nur irgendwie dieses Leben zu verändern, wo jeder Tag nur in bitterer Sorge um etwas zu essen vergeht ..., und wo meine Einkünfte so gering sind, dass sie nicht einmal für das Notwendigste reichen. Die Aufträge für Porträts sind äußerst selten und so schlecht bezahlt, dass die Honorare schon für Essen ausgegeben sind, bevor das Porträt überhaupt fertig gestellt ist.«[8] Ein halbes Jahr später reist sie in der Hoffnung, ein wenig Geld zu verdienen und dann in die Heimat zurückzukehren, nach Paris. Ein Jahr später kommt ihr Sohn Alexander nach, wieder einige Jahre später die jüngste Tochter Jekaterina. Die beiden anderen Kinder bleiben bei der Großmutter in Petrograd/Leningrad. Nach Russland kehrt Serebrjakowa nie wieder zurück.

Nach dem Erlass des Zentralkomitees der Kommunistischen Partei vom 23. April 1932, der traurige Berühmtheit erlangte, werden alle künstlerischen Gruppierungen aufgelöst. Zwei Jahre später wird auf der »historischen« Versammlung des Schriftstellerverbandes der sozialistische Realismus zur einzigen Methode der sowjetischen Kunst erklärt, dessen wichtigstes Prinzip die Aufklärung der Massen im Sinne des Kommunismus und der Verständlichkeit der Kunst ist. Hauptthema des sozialistischen Realismus ist die Verherrlichung der Führer und Helden des »revolutionären Alltages«, die den »neuen Menschen« verkörpern und Beispiel sein sollen.

»Meine erste Antwort auf die Oktoberrevolution war, dass ich auf die Flagge, die mein Gesicht streifte, spuckte«, so beschreibt Marina Zwetajewa ihr Verhältnis zum neuen Regime.[9] Zwetajewas Mann, Sergei Efron, schließt sich den »Weißen« an und kämpft im Bürgerkrieg gegen die Bolschewiki. In den Wirren des Bürgerkriegs wird Zwetajewa fünf Jahre ohne Nachricht von ihm bleiben. Sie lebt allein mit ihren beiden kleinen Töchtern Alja und Irina im kalten und hungernden Moskau, wo der Terror von Tag zu Tag zunimmt. Ihr Haus wird requiriert und proletarischen Familien zugewiesen, ihr und den Mädchen bleiben drei Zimmer. »Das Haus ist ausgeraubt und zusammengeschlagen. Ein Elendsquartier«, berichtet Zwetajewa in einem Brief.[10] Im Jahr 1918 arbeitet sie für einige Monate im *Volkskommissariat für Nationalitäten* – der einzige, jedoch gescheiterte Versuch eines geregelten Dienstes im Leben der freien Dichterin.

In den Tagen des Chaos leuchtet bisweilen auch Licht und Hoffnung auf. Sie freundet sich mit den jungen, nur für die Kunst lebenden Schauspielern des von Jewgeni Wachtangow geleiteten *Dritten Studios des*

Moskauer Künstlertheaters an und verliebt sich in den gut aussehenden Juri Sawadski. Bald schon jedoch drängt die junge Schauspielerin Sonja Holliday ihn aus dem Herzen der Dichterin, die sich ein zweites Mal in ihrem Leben in eine Sonja verliebt. Ihre 1937 entstandene *Erzählung von Sonetschka* ist auch voll von Reminiszenzen an die *Freundin*, die sie fast zwanzig Jahre zuvor in ihren Gedichten besungen hatte.

Im Februar 1920 stirbt Zwetajewas jüngste Tochter Irina in einem Kinderheim an Unterernährung. »Sie war nicht eigentlich krank, sie ist aus bloßer Schwäche gestorben. Ich bin nicht einmal zum Begräbnis gefahren – Alja [die zweite Tochter] hatte an diesem Tag 40,7° Fieber. Soll ich die Wahrheit sagen? Ich konnte einfach nicht ...«[11]

Nachdem sie die Nachricht erhält, dass ihr Mann sich nach der Niederlage der Weißen Armee in Prag aufhält, reist sie mit der Tochter Alja im Mai 1922 nach Berlin und von dort weiter nach Prag. Ende des Jahres 1925 findet sie sich in Paris wieder. Acht Jahre später schreibt sie desillusioniert über die von ihr empfundene Isolation im Pariser Exil: »In all diesen Jahren habe ich manch bitteren Kelch geleert. Ich publiziere seit 1910 ..., mittlerweile haben wir 1933 und noch immer hält man mich *hier* für eine Anfängerin oder Amateurin.«[12] Doch trotz aller widrigen Umstände der Armut und fehlenden Anerkennung durch die einflussreichen Kritiker hört sie nicht auf zu schreiben – Poeme, Gedichte, autobiographische Prosa.

Im Jahr 1937 muss Zwetajewas Mann, Sergei Efron, der mittlerweile auf die Seite Sowjetrusslands übergelaufen ist und sich als Agent des sowjetischen Geheimdienstes an einem politischen Attentat beteiligt hatte, Frankreich verlassen. Aufgrund der politischen Todsünde ihres Mannes wird Zwetajewa in den Pariser Emigrantenkreisen fortan geächtet. Nachdem Efron und Alja in die Sowjetunion zurückgekehrt sind, begibt sich Zwetajewa im Juni 1939 mit ihrem vierzehnjährigen Sohn Georgi, genannt Mur, auch auf den Weg zurück in ein Land, das es nicht mehr gibt, ihrem Untergang entgegen. Nach ihrer Ankunft in der Sowjetunion erfährt sie von der Internierung ihrer Schwester Anastasija in einem Arbeitslager. Kurze Zeit später werden Sergei Efron und ihre Tochter verhaftet. Efron wird am 16. Oktober 1941 erschossen. Viele »Feiglinge und Speichellecker« in den Schriftstellerkreisen vermieden aus Angst den Kontakt zu ihr, ja wagten nicht einmal, die einstige Emigrantin und Angehörige von Internierten zu grüßen. In der erdrückenden Atmosphäre des stalinistischen Russlands fühlt Zwetajewa sich ebenso fremd wie in der Emigration.

Im Juni 1941 kommt es endlich zu dem seit langen Jahren ersehnten Treffen mit Anna Achmatowa, die sich in Angelegenheit ihres Sohnes, der 1938 zu fünf Jahren Lagerhaft verurteilt worden war, in Moskau aufhielt. Zwetajewa war »... nervös, eckig, gequält, wodurch sie mit der ebenfalls unglücklichen, verarmten, obdachlosen, die Verfolgung fürchtenden, doch unverändert herrlichen und harmonischen ›Muse des Weinens‹ kontrastierte.«[13] Sie tragen sich gegenseitig ihre geheimsten Werke vor. Und sie erkennen sich gegenseitig nicht an. Später bereute Achmatowa, dass sie Zwetajewa bei diesem Treffen nicht ihr Gedicht *Späte Antwort* vorgetragen hatte. »Sie hat mir so viele Gedichte gewidmet. Dies wäre die Antwort gewesen, wenn auch erst Jahrzehnte später. Doch ich konnte mich wegen der Zeile über ›die Liebsten‹ nicht dazu entschließen.«[14] »Der Strudel hat die Liebsten verschluckt, / ausgeraubt das Elternhaus. / Mit dir wandre ich heute, Marina, / durch die mitternächtliche Hauptstadt, / Uns folgen Millionen wie wir, / Und es gibt keinen sprachloseren Zug.«

Nach dem Einmarsch der deutschen Truppen in die Sowjetunion wird Zwetajewa mit ihrem Sohn Mur nach Jelabuga in der Tartarischen Autonomen Republik evakuiert. Zehn Tage nach ihrer Ankunft nimmt sie sich dort am 31. August 1941 das Leben.

Eine Epoche neigt sich dem Ende, die einstige Avantgarde der Weltkultur wird vom Parnass des Silbernen Zeitalters vertrieben. Nicht alle gehen. Viele retten sich in die innere Emigration. Jene, die bleiben, bleiben dürfen, sind mehr und mehr einer Maschinerie des Terrors ausgeliefert, die nach irrwitzigen Methoden arbeitet. Bald wird man von einer Generation der »vergeudeten Dichter« sprechen, die, von den Machthabern nicht mehr »benötigt«, in den Tod getrieben wurde. Erschossen, von eigener oder fremder Hand, erbärmlich verhungert, elendig verreckt. Nicht alle jedoch waren selbst Ziel der Angriffe auf Leib und Leben. Manche wurden verschont. Sie jedoch traf man mit Angriffen auf ihre »Liebsten«.

Marina Zwetajewa ist erschüttert von der Achmatowa, die sie im Juni 1941 trifft. Nachdem Achmatowas Gedichte aufgrund eines geheimen

Parteierlasses fast zwanzig Jahre lang nicht gedruckt worden waren, erschien im Mai 1940 ein Auswahlband ihrer Gedichte. Während Boris Pasternak, der die Publikation im Kontext der Zeit sieht, Achmatowa zu ihrem »großen Feiertag« anlässlich der Veröffentlichung gratuliert, steht Zwetajewa der Herausgabe der Gedichtauswahl verständnislos gegenüber: »Altes und schwaches ... Dieses Buch ist ein unverbesserlich-weißes Blatt. Schade.«[15] Und auch von den neuen Arbeiten Achmatowas ist Zwetajewa nicht eben angetan: »Als ich im Juni 1941 M. Z. aus dem *Poem ohne Held* vortrug (den ersten Entwurf), sagte sie ziemlich giftig: ›Man muss schon großen Mut besitzen, um im Jahr 41 über Harlekine, Colombinen und Pierrot zu schreiben‹, ganz offensichtlich in der Annahme, das Poem sei ein Stilisierung im Geiste der *Welt der Kunst* Benois' und Somows, d.h. das, was sie in der Emigration als altmodischen Kram bekämpft hatte. Die Zeit zeigte, dass dem nicht so ist«, so Achmatowa.[16] In einer Zeit, in der der sozialistische Realismus die einzig offiziell akzeptierte Kunstrichtung ist, beschäftigt sich Achmatowa in ihrem *Poem ohne Held* mit der untergegangenen Epoche. Ohne Hoffnung auf Veröffentlichung.

Achmatowa war frei. Niemand verbannte sie in ein Lager. Man erschoss und quälte ihre »Liebsten«. Ihr Sohn Lew Gumiljow wurde drei Mal verhaftet und verbrachte insgesamt zwölf Jahre in Lagerhaft und Verbannung. Seiner Mutter blieb es erspart, nach stunden- oder tagelangem Warten vor den Schaltern der Staatsorgane die Worte »Aus der Liste gestrichen« zu hören, ihr Sohn wurde nicht zu »10 Jahren ohne Recht auf Briefverkehr« verurteilt, was, wie damals niemand ahnte, gleichbedeutend mit Erschießung war. Man brauchte den Sohn der Dichterin lebend. Als Geisel.

Nachdem Achmatowa und ihre Gedichte schon 1925 von der Partei geächtet worden waren, wird sie 1946 durch einen Beschluss der KP erneut Opfer einer Kampagne. Ihr Werk wird als »in der Sowjetunion unduldbar« bezeichnet, sie selbst aufs unflätigste beschimpft und aus dem Schriftstellerverband ausgeschlossen. Aus Verzweiflung und in der Hoffnung, ihren Sohn retten zu können, schreibt sie einige Lobeshymnen auf den Sozialismus. Diese werden publiziert. Es hilft ihrem Sohn nicht. Ihr *Requiem*, in dem sie die »schrecklichen Jahre des Justizterrors« beschreibt, und ihr *Poem ohne Held* werden in Russland erst zwei Jahrzehnte nach ihrem Tod veröffentlicht. Selbst nachdem der Beschluss gegen sie aus dem Jahr 1946 aufgehoben worden war und Achmatowa nach dem XX. Parteitag, mit dem Chruschtschow die Periode des Tauwetters nach der stalinistischen Unzeit einleitete, in die Literatur zurückkehren kann, können diese beiden Werke nicht veröffentlicht werden. Entstanden in einer Atmosphäre von Leiden und Angst, zeugen das *Requiem* und das *Poem ohne Held* von der inneren Unabhängigkeit der Dichterin, von einer »stillen Freiheit«, die Achmatowas *Poem ohne Held* neben Pasternaks *Doktor Schiwago* zur »großen russischen Selbstbehauptung in den Leiden und Ängsten des Terrors« macht.[17] Als letzte der Dichter des Silbernen Zeitalters im März 1966 gestorben, ist mit Achmatowas Tod eine der reichsten Epochen des kulturellen Lebens Russlands unwiderruflich zu Ende.

Die meisten jedoch erreichten nicht einmal das Alter von fünfzig Jahren. Nikolai Gumiljow ist 35 Jahre alt, als er erschossen wird. Sein Dichterfreund Ossip Mandelstam aus der *Zunft der Dichter* ist 47, als er auf dem Weg in eines der Zwangsarbeiterlager Sibiriens an Entkräftung stirbt. Ein Jahr älter als Mandelstam ist Marina Zwetajewa, als sie sich erhängt.

Die Revolution entwurzelte die Menschen. Jelisaweta Dmitrijewa, auch bekannt unter dem Namen Cherubina de Gabriak, fand sich 1919 in Jekaterinodar (seit 1920: Krasnodar) wieder. Die Nachricht vom Tod Gumiljows trifft sie ins Innerste und sie widmet dem einstigen Geliebten aus einer vergangenen Zeit einen Zyklus von Gedichten.

Gemeinsam mit dem Dichter Samuil Marschak schreibt sie Stücke für das von ihnen gegründete Kindertheater der Stadt. Nach der Rückkehr nach Petrograd im Jahr 1922 arbeitet sie in der Abteilung für Literatur am *Theater des jungen Zuschauers*. 1926 findet sie eine Anstellung in der Bibliothek der *Akademie der Wissenschaften*, ist aber weiterhin als Autorin für Kinderliteratur tätig und schreibt Gedichte. Und sie ist weiterhin Anthroposophin. Im Jahr 1927 wird sie im Zuge der Kampagne gegen die Anthroposophie aus Leningrad nach Taschkent ausgewiesen. Bei der Hausdurchsuchung zuvor werden alle ihre Bücher und Manuskripte beschlagnahmt.

In der Verbannung entstehen ihre letzten Gedichte. Inspiriert von der Liebe zu dem jungen Sinologen Julian Schtschuzki, ihrem Schüler der

Anthroposophie, der sie in der Verbannung besuchte, schreibt sie den Zyklus *Das Häuschen unter dem Birnbaum.* Als Autor figuriert ein erdachter verbannter chinesischer Dichter mit Namen Li Sjan Zi. »Die Bitternis der Verbannung verwandelte sich in die Freude des Liedes«, heißt es in einem der Gedichte. Der schöpferische Weg Dmitrijewas begann und endete mit einer Mystifikation. Ein Jahr nach ihrer Verbannung stirbt Dmitrijewa am 4. Dezember 1944. Sie wurde 41 Jahre alt.

»Ich arbeitete viel. War bemüht, nicht eine Stunde zu verlieren. Mir schien, ich müßte für unsere Zukunft arbeiten. Der Kultur unseres Volkes einen Dienst erweisen«, schreibt Anna Ostroumowa-Lebedewa über ihre Zeit nach dem Oktober 1917.[18] Für die »Poetin Petersburgs« ist die Revolution eine Befreiung. Sie gehört zu jenen, die gleich auf die Seite der neuen Machthaber übertreten.

Wie früher ist ihr Thema die Stadt. 1920 illustriert sie das Buch *Die Seele Petersburgs* von Nikolai Anziferow, zehn Jahre später entsteht eine Serie über die Neubauten Leningrads. Wegen eines Augenleidens ist sie gezwungen, den Holzschnitt fast ganz aufzugeben und arbeitet später vor allem in der Aquarelltechnik.

1926 reist die Künstlerin nach vierzehn Jahren zum ersten Mal wieder nach Paris. Das Tempo des Lebens der modernen westlichen Großstadt befremdet sie. Sie wirft sich ins kulturelle Leben der Metropole, von dem sie als Sowjetbürgerin abgeschnitten war, besucht Ausstellungen und interessiert sich für das Leben und die Erfolge der dort lebenden russischen Künstler, vor allem natürlich für das ihrer einstigen Kollegen aus der Gruppe der *Welt der Kunst* – Alexandre Benois, Konstantin Somow, Sinaida Serebrjakowa und andere. Doch bald muss sie zur Kenntnis nehmen, dass zwischen ihnen eine undurchdringliche Mauer zu stehen scheint. »Meine Kameraden von der *Welt der Kunst* verhielten sich mir gegenüber mit übermäßiger Vorsicht, Misstrauen und Entfremdung. In Paris fühlte ich mich fremd«, erinnert sie sich an ihren letzten Aufenthalt dort.[19]

Ostroumowa-Lebedewa bleibt sich selbst als Mensch und Künstlerin treu. Sie gehört nicht zu den Panegyrikern Stalins oder den unterwürfigen Kriechern vor den neuen Machthabern, die jetzt in der Kunst den Ton angaben. Ihr Lebenssinn bleibt ihr Werk, nicht Karriere oder falsch verstandene Ehre. In den Jahren der Blockade Leningrads entsteht 1942 einer ihrer letzten Holzschnitte. In *Das Denkmal Peters I.* zeigt sie durch die »Silhouette des stolzen Reiters die tapfere Unnachgiebigkeit des kämpfenden Leningrad, ihre Hoffnung, dass die Stadt nicht in die Hände des Feindes fällt.«[20]

Die letzten Lebensjahre Ostroumowa-Lebedewas waren geprägt von der voranschreitenden Erblindung, doch sie arbeitete, so lange sie konnte. Am Ende ihres Lebens erhält die Künstlerin jene Auszeichnung, die Jahrzehnte zuvor der »Wirbelsturm der Revolution« zunichte gemacht hatte. Bei der Gründung der sowjetischen *Akademie der Künste* wurde Ostroumowa-Lebedewa zu deren Mitglied gewählt.

In den vordersten Reihen des sozialistischen Realismus sind, wie zuvor in der Avantgarde, wieder Frauen zu finden. Seine »klassischen Werke« schufen die Bildhauerin Vera Muchina und die Malerin Serafima Rjangina. Es gelang aber nur den wenigsten »Sozialistischen Realistinnen«, eine privilegierte Stellung einzunehmen, das »Matriarchat der Amazonen« war »durch ein neues hierarchisches Patriarchat ersetzt worden, in dem der männliche Künstler ... wieder die Vormachtstellung einnahm.«[21]

Das Silberne Zeitalter und seine Hauptpersonen werden für Jahrzehnte aus dem kollektiven Gedächtnis Russlands gestrichen. Die Werke der russischen Renaissance des 20. Jahrhunderts verschwinden in den Giftschränken der Bibliotheken und Depots der Museen, die Archive werden geschlossen. Der geistige und kulturelle Höhenflug Russlands ist mit der Revolution zu Ende.

Anmerkungen

Prolog

[1] Neumann-Hoditz, R.: *Katharina die Große*, 7.
[2] Diderot, D.: Sur la princesse Dashkoff. Zit. nach: Daschkowa, Je.: *Sapiski*, 263.
[3] Herzen, A.: Knjaginja Jekaterina Romanowna Daschkowa, 207f.
[4] Lotman, Ju.: *Besedy o russkoi kulture*, 55.
[5] Belinski, W.: *Polnoje sobranije sotschinenii*, Bd. 7, 666.
[6] Die Bestushewski-Kurse sind die einzigen, die von Alexander III. nicht geschlossen werden. Obwohl die Imperatoren nicht eben angetan von der Idee der Emanzipation waren, werden 1905 und 1906 in allen Universitätsstädten Russlands höhere Kurse für Frauen eröffnet.
[7] Vgl. dazu: Leikina-Swirskaja, V.: *Russkaja intelligenzija v 1900–1917 godach*, 156f.
[8] Vgl.: Krenzlin, U.: Auf dem ernsten Gebiet der Kunst ernst arbeiten, 78.
[9] Engelstein, L. Zwischen alt und neu: Rußlands moderne Frauen, 61.
[10] Vgl.: Raev, Ada: Spielräume und Grenzen einer anderen Tradition.
[11] Werefkin, M.: Lettres à un Inconnu. Zit. nach: *Marianne Werefkin*, 17.
[12] Zu Marianne Werefkin vgl.: Fäthke, Bernd: *Marianne Werefkin. Leben und Werk. 1860–1938*, und Fäthke, Bernd: Marianne Werefkin. »Russischer Rembrandt«, »Französin«, »Blaue Reiter–Reiterin«.
[13] Tenischewa, M.: *Wpetschatlenija mojei shisni*, 145.
[14] Tenischewa, M.: *Wpetschatlenija mojei shisni.* Vorwort N. U. Ponomarewa, 19.
[15] Ostroumowa-Lebedewa, A.: *Awtobiografitscheskije Sapiski*, Bd. 1-2, 122f.
[16] Gippius, Z.: Peterburgskije dnewniki 1914-1919. In: *Shiwyjee liza. Stichi. Dnewniki*, Bd. 1, 318.
[17] Vgl. dazu: Rosenthal, Ch.: *Achievements and Obscurity: Women's Prose in the Silver Age.*
[18] Brief A. Werbizkaja an den Zensor N. V. Drisen. Zit. nach: Gratschewa, A.: *Estetika russkogo moderna i shenskaja prosa.* In: Göpfert, F. (Hrsg.): *Rußland aus der Feder seiner Frauen*, 76.
[19] Bowlt, J. E.: Geniale Frauen, 21.
[20] Vgl.: Liwschiz, Benedikt: *Polutoraglasyj strelez*, 143.
[21] Bojko, Szymon: Diese Frauen, 14.
[22] Belyj, A.: *Petersburg*, 8.
[23] Anziferow, N.: *Die Seele Petersburgs*, 115.
[24] Anziferow, N.: *Die Seele Petersburgs*, 191.
[25] Schlögel, K.: *Petersburg*, 14.
[26] Bulgakow, S. N.: *Tichije dumy.* M. 1996, 537.
[27] Berdjajew, N. A.: Metafisika pola i ljubwi, 254.

Sinaida Gippius

[1] Gippius an G.W. Adamowitsch, 24.7.1927, zit. nach: Pachmuss, T.: *Intellect and Ideas in action*, 507.
[2] Gippius, S.: Awtobiografitscheskaja sametka, 174.
[3] Gippius, S.: Awtobiografitscheskaja sametka, 175.
[4] Vgl.: Matich, Olga: Dialectics of Cultural Return: Zinaida Gippius' personal Myth.
[5] Berdjajew, N. A.: Russkij kulturnyj renessans natschala XX. weka. Wstretschi s ljudmi, 140.
[6] Chodassewitsch, W.: *Nekropol. Wospominanija*, 16.
[7] Zit. nach: Beseljanski, J.: Selenoglazaja Najada, 210.

[8] Vgl.: Pachmuss, T.: *Hypatia dwadzatogo weka*, 18.
[9] Wolynski, A.: *Russkije shenschtschiny*, 263.
[10] Zit. nach: Beseljanski, Ju.: Selenoglazaja Najada, 214.
[11] Slobin, V.: *Tjashelaja Duscha*, zit. nach: Beseljanski, Ju.: Selenoglazaja Najada, 207.
[12] Zit. nach: Beseljanski, Ju.: *Selenoglasaja Najada*, 207.
[13] Pachmuss, T.: *Hypatia dvadcatogo veka*, 110.
[14] Vgl.: Mandelstam, N.: *Wtoraja kniga*.
[15] Belyj, A.: *Natschalo weka*, 194.
[16] Vgl. Brjussow, W.: *Dnewniki*, 109.
[17] Makowski, S.: *Na parnase »Serebrjanogo weka«*, 134.
[18] Saretschnaja, Sofiha: Shenskoje o meshenskom. Neskolko slow o Gippius. *Shenskoe delo*, 1913/10, 17.
[19] Vgl. Beseljanski, Ju.: Selenoglazaja Najada, 226.
[20] Berberova, N.: *Ich komme aus St. Petersburg*, 286.
[21] Makowski, S.: *Na parnase »Serebrjanogo weka«*, 133.
[22] Gippius, S.: Arifmetika ljubwi, 211.
[23] Gippius, S.: Arifmetika ljubwi, 213.
[24] Gippius, S.: *Contes d'amour*. In: Gippius, S. N.: *Dnewniki*, 60ff.
[25] Gippius, S.: *Contes d'amour*, zit. nach Matich, O.: Dialectics of Cultural Return, 52 (Anm.).
[26] Berberova, N.: *Ich komme aus St. Petersburg*, 283.
[27] Florenski an A. Belyj, 15.7.1905, zit. nach: Gippius: *Sotschinenija. Stichotvorenija. Prosa*. Vorwort K.M. Asadowski, A.W. Lawrow, 9.
[28] Belyj, A.: *Natschalo weka*, 203.
[29] Gippius, Z.: Literaturnyj dnewnik, zit. nach: Ebert, Christa: *Symbolistische Zirkel und Salons – Kulturutopien im Selbstversuch*, 82.
[30] Gippius, S.: *Dmitri Mereshkowski*, 79.
[31] Zit. nach: Beseljanski, Ju.: Selenoglazaja Najada, 210.
[32] Odojewzewa, I.: *Na beregach Seny*, 44f.
[33] Slobin, W.: *Tjashelaja duscha*, 19.
[34] Eintrag im Tagebuch von S. Kablukow, 17.5.1909, zit. nach: Gippius: *Sotschinenija. Stichotvorenija. Prosa*. Vorwort K.M. Asadowski, A.W. Lawrow, 5.
[35] Belyj, A.: *Natschalo weka*, 197.
[36] Gippius, S.: *Dmitri Mereshkowski*, 184.
[37] Zit. nach: Beseljanski, Ju.: Selenoglazaja Najada, 213.
[38] Brjussow, W.: *Dnewniki*, 53.
[39] Vgl.: Belyj, A.: *Arabeski*, 414.
[40] Brjussow, W.: *Dnewniki*, 117.
[41] Belyj, A.: *Natschalo weka*, 461f.
[42] Berdjajew, N. A.: *Russkij kulturnyj renessans natschala XX. weka. Wstretschi s ljudmi*, 142f.
[43] Benois an Rilke, 27.11.1901, zit. nach: Asadowski, K. (Hrsg.): Rilke in Rußland, 309f.
[44] Gippius, S.: *Contes d'amour*, 66.
[45] Zit. nach: Rotikow, K. K.: *Drugoi Peterburg*, 508f.
[46] Gippius, S. N.: *O bywschem*. In: Gippius, S. N.: *Dnewniki*, 98ff.
[47] Gippius an N. M. Minski, ohne Datum, zit. nach: Gippius: *Sotschinenija. Stichotvorenija. Prosa*. Vorwort K. M. Asadowski, A. W. Lawrow, 16.
[48] Zit. nach: Beseljanski, Ju.: Selenoglasaja najada, 233.
[49] Leon Trotzki, zit. nach: Beseljanski, Ju.: Selenoglasaja Najada, 230.
[50] Jessenin, S.: Dama s lornetom, 84.

Lidija Sinowjewa-Annibal

[1] Dechart, O.: *Wwedenije*, 17.
[2] Sinowjewa-Annibal an Iwanow, 27.2.1895. RGB, 109, 21, 34, Bl. 13, Rückseite.
[3] Iwanow an Sinowjewa-Annibal 28.2.1895. RGB, 109, 9, 37, Bl. 40 Rückseite–41.

[4] Iwanow an W. Ja. Brjussow, 29.8.1905, zit nach: *Literaturnoje Nasledstwo*, Bd. 85, 479.
[5] Guenther, J. v.: *Ein Leben im Ostwind*, 125.
[6] Berdjajew, N.: *Iwanowskije sredy*, 98.
[7] Woloschin, Margarita: *Die grüne Schlange*, 172.
[8] Chodassewitsch, W: *Nekropol. Wospominanija*, 15.
[9] Sinowjewa-Annibal an M. M. Samjatnina, 19.1.1906, zit. nach: *Literaturnje nasledstwo*, Bd. 92, Buch 3, 235.
[10] Sinowjewa-Annibal an M. M. Samjatnina, April 1906. RGB, 109, 23, 18, Bl. 14–15.
[11] Sinowjewa-Annibal an Iwanow, 30.7.1906. RGB, 109, 22, 13, Bl. 45 Rückseite.
[12] Iwanow an Sinowjewa-Annibal, 8.7.1906, zit. nach: Iwanow, W.: *Sobranije Sotschineni*. Bd. 2, 758.
[13] Sinowjewa-Annibal an Iwanow, 12.6.1895. RGB, 109, 21, 34.
[14] Nowopolin, G. S.: *Pornografitscheski element v russko literature*, 163f.
[15] Belyj, A.: *Perewal*, 1907/5, 53.
[16] Kraini, A. *Wesy*, 1907/7, 61.
[17] Iwanow, W.: Tridzat tri wota, *De visu*, 1993/9, 28.
[18] Sinowjewa-Annibal an S. M. Gorodezkij, 27.10.1906. RGB, 109, 23, 2, Bl. 1–5.
[19] Iwanow an Sinowjewa-Annibal, o. D., zit nach: Iwanow, W.: *Sobranije Sotschineni*, Bd. 2, 762.
[20] Woloschin, Margarita: *Die grüne Schlange*, 177.
[21] Woloschin, Margarita: *Die grüne Schlange*, 188.
[22] Sinowjewa-Annibal an A. R. Minzlowa, o. D., RGB, 109, 24, 11, Bl. 9–14.
[23] Sabaschnikowa an Iwanow, 26.4.1907. RGB, 109, 15, 9, Bl. 8–9.
[24] Sinowjewa-Annibal an Sabaschnikowa, 23. Juni 1907. RGB, 109, 22, 22, Bl. 1–4.
[25] Woloschin, Margarita: *Die grüne Schlange*, 193.
[26] Iwanowa, Lidija: *Wospominanija*, 30.
[27] Woloschin, Margarita: *Die grüne Schlange*, 193.
[28] Sinowjewa-Annibal an K. A. Sjunnerberg, 14. 9.1907. IRLI, 147, 140, Bl. 8 Rückseite.
[29] Sinowjewa-Annibal an V. K. Schwarsalon, o. D. [1907]. RGB, 109, 24, 25, Bl. 41–42.
[30] Iwanowa, L.: *Wospominanija*, 425f.
[31] In: Bogomolow, N. A.: *Michail Kusmin: Stati i materialy*, 324.

Cherubina de Gabriak

[1] Makowski, S.: Cherubina de Gabriak. In: Makowski, Sergei: *Portrety sowremennikow*, 337.
[2] Gabriak, Ch. de: *Ispowed*, 274.
[3] Woloschin, M.: Rasskas o Cherubine de Gabriak, 44f.
[4] Gabriak, Ch. de: *Awtobiografija*, 268.
[5] Gabriak, Ch. de: *Ispowed*, 273.
[6] Gabriak, Ch. de: *Ispowed*, 274. Dmitrijewa war damals die Braut des Ingenieurs Wsewolod Nikolajewitsch Wasiljew, dessen Frau sie 1911 wird.
[7] Gabriak, Ch. de: *Ispowed*, 275.
[8] Zwetajewa, M.: Erinnerungen an einen Lebenden, 25f.
[9] Guenther, J. v.: *Ein Leben im Ostwind*, 287f.
[10] Woloschin, M.: Rasskas o Cherubine de Gabriak, 43.
[11] Woloschin, M.: Rasskas o Cherubine de Gabriak, 47.
[12] Makowski, S.: Cherubina de Gabriak. In: Makowski, Sergei: *Portrety sowremennikow*, 349.
[13] zit. nach Woloschin, M.: Rasskas o Cherubine de Gabriak, 49.
[14] Makowski, S.: Cherubina de Gabriak. In: Makowski, Sergei: *Portrety sowremennikow*, 340f.
[15] Woloschin, M.: Rasskas o Cherubine de Gabriak, 45.
[16] Zwetajewa, M.: Erinnerungen an einen Lebenden, 29.
[17] Woloschin, M.: Rasskas o Cherubine de Gabriak, 49.
[18] Guenther, J. v.: *Ein Leben im Ostwind*, 284.

[19] Makowski, S.: Cherubina de Gabriak. In: Makowski, Sergei: *Portrety sowremennikow*, 350.
[20] Gabriak, Ch. de: *Ispowed*, 275.
[21] Makowski, S.: Cherubina de Gabriak. In: Makowski, Sergei: *Portrety sowremennikow*, 350f.
[22] Zwetajewa, M.: Erinnerungen an einen Lebenden, 31f.
[23] Guenther, J. v.: *Ein Leben im Ostwind*, 285.

Anna Achmatowa

[1] Guenther, J. v.: *Ein Leben im Ostwind*, 335.
[2] Achmatowa, A.: Is dnewnikowych sapissei, 12.
[3] Achmatowa, A.: Is dnewnikowych sapissei, 12.
[4] Achmatowa, A.: Pro domo mea. Autobiographische Skizzen, 28.
[5] Berberova, N.: Ich komme aus St. Petersburg, 143.
[6] Iwanow, G.: Kitaiskije Teni. Literaturnyje Portrety, 452.
[7] Sresnewskaja, W.: Daphnis i Chloja, 17.
[8] Achmatowa, A.: Pro domo mea. Autobiographische Skizzen, 16.
[9] Fedotowa, O. A.: Anja Gorenko, 33.
[10] Tschukowskaja, L.: Aufzeichnungen über Anna Achmatowa, 79.
[11] Achmatowa, A.: Pro domo mea. Autobiographische Skizzen, 10.
[12] Iwanow, G.: *Kitaiskije Teni. Literaturnyje Portrety*, 434.
[13] Zitiert in der Übersetzung von Johannes von Guenther.
[14] Achmatowa, A.: Pro domo mea. Autobiographische Skizzen, 34.
[15] Achmatowa, A.: Is dnewnikowych sapissei, 12.
[16] Guenther, J. v.: *Ein Leben im Ostwind*, 274.
[17] Guenther, J. v.: *Ein Leben im Ostwind*, 334f.
[18] Iwanow, G.: *Peterbugskie Simy. Memuary*, 320f.
[19] Achmatowa, A.: Is dnewnikowych sapissei, 12.
[20] Sresnewskaja, W.: Daphnis i Chloja, 24.
[21] Mandelstam, O.: Utro Akmeisma, 142.
[22] Gorodezki, S.: Apollon 1913/1, 42–50.
[23] Belyj, A.: Natschalo weka, 356.
[24] Vgl. Haight, A.: Anna Akhmatova, 19.
[25] Nedobrowo, N. W.: *Russkaja Mysl*, 1915/7, 639.
[26] Guenther, J. v.: *Ein Leben im Ostwind*, 281ff.
[27] Adamowitsch, G.: Moi wstretschi s AnnoiAchmatowoi, 92.
[28] Iwanow, G.: *Peterbugskie Simy. Memuary*, 322f.
[29] Guenther, J. v.: *Ein Leben im Ostwind*, 335.
[30] Adamowitsch, G.: Moi wstretschi s Annoi Achmatowoi, 90.
[31] Adamowitsch, G.: Moi wstretschi s Annoi Achmatowoi, 93.
[32] Achmatowa, A.: Blätter aus dem Tagebuch, 287.
[33] Achmatowa, A.: Blätter aus dem Tagebuch, 281.
[34] Iwanow, G.: *Peterburgskie Simy. Memuary*, 322.
[35] Achmatowa, A.: Blätter aus dem Tagebuch, 293.
[36] Guenther, J. v.: *Ein Leben im Ostwind*, 337f.

Marina Zwetajewa

Zwetajewas Gedichte für Mandelstam und aus dem Zyklus *Die Freundin* sowie Mandelstams Gedichte für Zwetajewa werden in den Übersetzungen von Ralph Dutli zitiert.

[1] Brief Zwetajewas an Kusmin, 1921, zit. nach: Poljakowa, S.: *Sakatnje ony dni: Zwetajewa i Parnok*, 110–114.

[2] Narbut W. in *Westnik Jewropy*, zit. nach: Razumovsky, M.: *Marina Zwetajewa*, 98.
[3] Brief Zwetajewas an Kusmin, 1921.
[4] Zwetajewa, M.: *Ein Abend nicht von dieser Welt*, 118.
[5] Zwetajewa, M.: *Ein Abend nicht von dieser Welt*, 122.
[6] Jelenjew, N.: Kem byla Marina Zwetajewa, zit. nach: Razumovsky, M.: *Marina Zwetajewa*, 106.
[7] Brief Zwetajewas an Kusmin, 1921.
[8] Vgl. Sharandak, N.: Dreieinigkeit, 118.
[9] Zwetajewa, M.: *Ein Abend nicht von dieser Welt*, 125.
[10] Zit. nach: Feiler, L.: *Marina Zwetajewa*, 94.
[11] Zit. nach: Razumovsky, M.: *Marina Zwetajewa*, 82.
[12] Brief Zwetajewas an A. Tesková, 26.5.1934, zit. nach: Razumovsky, M.: *Marina Zwetajewa*, 96.
[13] Brief Zwetajewas an Rosanow, 7.3.1914, zit. nach: Razumovsky, M.: *Marina Zwetajewa*, 96.
[14] Chodassewitsch, W.: *Nekrolog*, zit. nach: Parnok, S.: *Sobranije stichotvoreni*, Vorwort S. Poljakowa, 18.
[15] Zwetajewa, M.: *Mutter und die Musik*, 21.
[16] Slonim, M.: O Marine Zwetajewoi, zit. nach: Razumovsky, M.: *Marina Zwetajewa*, 21.
[17] Parnok, S.: *Sobranije stichotworeni*, 210.
[18] Pjotr Suwtschinski, zit. nach: Losskaja, W.: *Marina Zwetajewa w Shisni*, 156.
[19] Zit. nach: Poljakowa, S.: *Sakatnje ony dni: Zwetajewa i Parnok*, 110–114.
[20] Brief Zwetajewas an Kusmin, 1921.
[21] Aus einem Gedicht Parnoks, 1916.
[22] Slonim, M.: O Marine Zwetajewoi, zit. nach: Razumovsky, M.: *Marina Zwetajewa*, 204.
[23] Brief Zwetajewas an Kusmin, 1921.
[24] Zit. nach: Zwetajewa, M.: *Ein Abend nicht von dieser Welt*, 124.
[25] Zit. nach: Zwetajewa, M., Mandelstam, O.: *Geschichte einer Widmung*, 68.
[26] Schweizer, V.: *Byt i bytie Mariny Zwetajewoi*, 161f.
[27] Brief Zwetajewas an S. Andronikowa-Galpern, 18.5.1931, zit. nach: Schweizer, W.: *Byt i bytie Mariny Zwetajewoj*, 404.
Zit. nach: Zwetajewa, M.: *Ein Abend nicht von dieser Welt*, 124
[28] Razumowsky, M.: *Marina Zwetajewa*, 119
[29] Zit. nach: Zwetajewa, M., Mandelstam, O.: *Geschichte einer Widmung*, Nachwort R. Dutli, 130.
[30] Brief Zwetajewas an Bachrach vom 25.7.1923, zit. nach: Zwetajewa, M., Mandelstam, O.: *Die Geschichte einer Widmung*, 127.
[31] Zwetajewa, M., Mandelstam, O.: *Die Geschichte einer Widmung*, 47.
[32] Zwetajewa, M., Mandelstam, O.: *Die Geschichte einer Widmung*, 78.
[33] Zit. nach: Zwetajewa, M., Mandelstam, O.: *Geschichte einer Widmung*, Nachwort R. Dutli, 130.
[34] Zwetajewa, M.: *Ein Abend nicht von dieser Welt*, 122.
[35] Brief Zwetajewas an Achmatowa vom 26.4./9.5.1921, zit. nach: Zwetajewa, M.: *Im Feuer geschrieben*, 96f.
[36] Zwetajewa, M., Mandelstam, O.: *Die Geschichte einer Widmung*, 53.
[37] Brief Zwetajewas an Achmatowa vom 26.4./9.5.1921, zit. nach: Zwetajewa, M.: *Im Feuer geschrieben*, 96f.
[38] Zwetajewa, M.: *Ein Abend nicht von dieser Welt*, 124.
[39] Zwetajewa, M.: *Ein Abend nicht von dieser Welt*, 123.

Jewdokija Nagrodskaja

[1] Bachrach, A.: Woswraschtschenny Kusmin. *Nowoje Russoje Slowo*, 8.7.1984.
[2] Kusmin, M.: *Apollon*, 1910/9.
[3] Morosow, M.: *Wseobschtschi jeshemesjatschnik*, 1911, Nr. 5, 115f.
[4] Kollontai, A.: *Die neue Moral und die Arbeiterklasse*, 9f.

[5] Kollontai, A.: *Die neue Moral und die Arbeiterklasse,* 21f.
[6] Nagrodskaja, Je.: *Gnew Dionisa,* 1911, 259ff.
[7] Glinski, B. G.: Gnew Dionisa. *Istoritscheski westnik,* 1911/9.
[8] Kranichfeld, W. P.: Jewdokija Apollonowna Nagrodskaja, Gnew Dionisa, *Sowremenny mir* 1910/11.
[9] Steinweg, Dagmar: *Schlüssel zum Glück,* 265.
[10] Belyj, A.: *Arabeski,* 448.
[11] Brjussow, W.: *Literaturnoje Nasledstwo.* Bd. 85. M. 1979, 778f.
[12] Pjast, W.: Schtschastliwaja shenschtschina. *Studentscheskaja shisn,* 1910/33, 10.
[13] Guenther, J. v.: *Ein Leben im Ostwind,* 417.
[14] Nagrodskaja an Semjonow, o. D., zit. nach: Steinweg, D.: *Schlüssel zum Glück und Kreuzwege der Leidenschaften,* 221.
[15] Kusmin, M.: Plawajuschtschije-putschestwujuschtschije, 84f.
[16] Iwanow, G.: *Peterbugskije simy,* 364.
[17] Iwnew, R.: *Isbrannoje,* M. 1988, 536.
[18] Vgl. Carlson, M.: *»No Religion Higher Than Truth.«*
[19] Berberowa, N.: *Ljudi i loshi,* 67.
[20] Kusmin, M.: *Dnewnik 1934 goda,* 113.
[21] Iwanow, F.: *Nowaja russkaja Kniga,* Berlin 1922/3, 12f.

Welt der Kunst

[1] Benois, A.: *Moi wospominanija,* Bd. 1, 487.
[2] Benois, A.: *Moi wospominanija,* Bd. 1, 488.
[3] Perzow, P.: *Literaturnyje wospominanija,* 384.
[4] Vgl. Benois, A.: *Moi wospominanija,* Bd. 1, 486ff.
[5] Vgl. Benois, A.: *Moi wospominanija,* Bd. 1, 486ff.
[6] Zit. nach: Lifar, S.: *Diaghilew i s Diaghilewym,* 51.
[7] Benois, A.: *Moi wospominanija,* Bd. 2, 82ff.
[8] Benois, A.: *Moi wospominanija,* Bd. 1, 614.
[9] Benois, A.: *Moi wospominanija,* Bd. 1, 608.
[10] Benois, A.: *Moi wospominanija,* Bd. 1, 610.
[11] Benois, A.: *Moi wospominanija,* Bd. 1, 639.
[12] Benois, A.: *Moi wospominanija,* Bd. 1, 643f.
[13] Zit. nach: Lifar, S.: *Diaghilew i s Diaghilewym,* 44f.
[14] Ostroumowa-Lebedewa, A.: Mir iskusstwa, 410.
[15] Beide zit. nach: Sharandak, N.: *M. W. Nesterow.* L. 1975.
[16] Monachina Marija [d. i. Kusmina-Karawajewa, Je.]: Wstretschi s Blokom, 267ff.
[17] Ostroumowa-Lebedewa, A.: *Awtobiografitschekije sapiski.* Bd. 1–2, 184.
[18] Makowski, S. *Stranizy chudoshestwennoij kritiki,* 155.
[19] Sergej Diaghilew in: *Peterburgskaja gaseta* Nr. 141, 27.5.1898.
[20] Diaghilew, S.: Po powodu knigi Benua, 39 (Istorija russkoi shiwopisi w XX weke). Teil II, *Mir iskkusstva,* 1902/8.
[21] Später, als Benois und einige andere Künstler und Kritiker der *Welt der Kunst* gegen den einst verklärten Individualismus eintraten, in dem sie nun einen der »furchtbarsten Feinde der Kunst« sahen, legten sie große Hoffnungen in die Akademie der Künste, natürlich unter der Bedingung deren Reformierung.
[22] Benois, A.: Chudoshestwennyje eresi. *Solotoje runo,* 1906/2.
[23] Benois, A.: *Moi wospominanija,* Bd. 2, 185f.
[24] Bowlt, J. E.: *The Silver Age,* 95.
[25] Ostroumowa-Lebedewa, A.: *Awtobiografitschekije Sapiski,* Bd. 3, 319.
[26] Bowlt, J. E.: *The Silver Age,* 271f.
[27] Benois, A.: *Moi wospominanija,* Bd. 2, 188.

Anna Ostroumowa-Lebedewa

[1] Ostroumowa-Lebedewa, A.: *Awtobiografitscheskije Sapiski,* Bd. 1–2, 125 u. 167.
[2] Ostroumowa-Lebedewa, A.: *Awtobiografitscheskije Sapiski,* Bd. 1–2, 237.
[3] Ostroumowa-Lebedewa, A.: *Awtobiografitscheskije Sapiski,* Bd. 1–2, 172.
[4] Ostroumowa-Lebedewa, A.: *Awtobiografitscheskije Sapiski,* Bd. 1–2, 173.
[5] Ostroumowa-Lebedewa, A.: *Awtobiografitscheskije Sapiski,* Bd. 1–2, 173.
[6] Ostroumowa-Lebedewa, A.: *Awtobiografitscheskije Sapiski,* Bd. 1–2, 65.
[7] Ostroumowa-Lebedewa, A.: *Awtobiografitscheskije Sapiski,* Bd. 1–2, 128.
[8] Ostroumowa-Lebedewa, A.: *Awtobiografitscheskije Sapiski,* Bd. 1–2, 101f.
[9] Benois, A., Ernst, S.: *Ostroumowa-Lebedewa,* 27.
[10] Ostroumowa-Lebedewa, A.: *Awtobiografitscheskije Sapiski,* Bd. 1–2, 176.
[11] Kiseljow, M. F.: *Grafika A. P. Ostroumowoj-Lebedewoj,* 7.
[12] Brief Ostroumowas an ihre Eltern vom 3.1.1899. Zit. nach: Ostroumowa-Lebedewa, A.: *Awtobiografitscheskije Sapiski,* Bd. 1–2, 142.
[13] Ostroumowa-Lebedewa, A.: *Awtobiografitscheskije Sapiski,* Bd. 1–2, 146f.
[14] Ostroumowa-Lebedewa, A.: *Awtobiografitscheskije Sapiski,* Bd. 1–2, 147.
[15] Ostroumowa-Lebedewa, A.: *Awtobiografitscheskije Sapiski,* Bd. 1–2, 150.
[16] Benois, A., Ernst, S.: *Ostroumowa-Lebedewa,* 9. Ostroumowa bewohnte damals mit einer Freundin, einer ehemaligen Studienkollegin der Lehranstalt des Barons Stieglitz, Jelena Wladimirskaja, eine Wohnung.
[17] Ostroumowa-Lebedewa, A.: *Awtobiografitscheskije Sapiski,* Bd. 1–2, 166.
[18] Ostroumowa-Lebedewa, A.: *Awtobiografitscheskije Sapiski,* Bd. 3, 413.
[19] Ostroumowa-Lebedewa, A.: *Awtobiografitscheskije Sapiski,* Bd. 1–2, 170f.
[20] Ostroumowa-Lebedewa, A.: *Awtobiografitscheskije Sapiski,* Bd. 1–2, 192.
[21] Ostroumowa-Lebedewa, A.: *Awtobiografitscheskije Sapiski,* Bd. 1–2, 204.
[22] Benois, A.: *Moji wospominanija,* Bd. 1, 9.
[23] Ostroumowa-Lebedewa, A.: *Awtobiografitscheskije Sapiski,* Bd. 1–2, 226.
[24] Ostroumowa-Lebedewa, A.: *Awtobiografitscheskije Sapiski,* Bd. 1–2, 267f.
[25] Lapschina, N.: *Mir iskusstwa,* 141.
[26] Anziferow, N. P.: *Die Seele Petersburgs,* 226.
[27] Ostroumowa-Lebedewa, A.: *Awtobiografitscheskije Sapiski,* Bd. 1–2, 320.
[28] Ostroumowa-Lebedewa, A.: *Awtobiografitscheskije Sapiski,* Bd. 1–2, 321.
[29] Zit. nach: Grjakalowa, N.: *Russkije poety serebrjanogo weka,* Bd. 2, 5.
[30] Benois, A., Ernst, S.: *Ostroumowa-Lebedewa,* 16.
[31] Kiseljow, M. F.: *Grafika A. P. Ostroumowoj-Lebedewoj,* 19.
[32] Ostroumowa-Lebedewa, A.: *Awtobiografitscheskije Sapiski,* Bd. 1–2, 408.

Jelisaweta Kruglikowa

[1] Meyer-Büser, S.: Das Erwachen des weiblichen Egoismus in der Zeit der Jahrhundertwende, 9.
[2] Soschalskaja, N.: O Je. S. Kruglikowoi. Zit. nach: Kornilow, P.: *Jelisaweta Sergejewna Kruglikowa,* 65f.
[3] Zit. nach: Pererve, S.: Twortscheski put Je. S. Kruglikowoi, 15.
[4] Ostroumowa-Lebedewa, A.: *Awtobiografitscheskije Sapiski,* Bd. 1–2, 361.
[5] Jaremitsch, S.: Parish v otrasehnii russkoi chudoshnizy. *Birshewije vedomosti,* 18.3.1916.
[6] Ostroumowa-Lebedewa, A.: *Awtobiografitscheskije Sapiski,* Bd. 1–2, 361.
[7] Vgl. Jaremitsch, S.: Parish v otrasehnii russkoi chudoshnizy.
[8] Ostroumowa-Lebedewa, A.: *Awtobiografitscheskije Sapiski,* Bd. 1–2, 361.
[9] Zit. nach: Kowtun, Je. F.: *Die Wiedergeburt der künstlerischen Druckgraphik,* 33f.
[10] Zit. nach: Grischina, E.: *Jelisaweta Sergejewna Kruglikowa,* 132.
[11] Matich, O.: Geschlechterkrise im Amazonenreich, 79.
[12] Matich, O.: Geschlechterkrise im Amazonenreich, 79.
[13] Benois, A.: *Moi wospominanija.* Bd. 2, 433f.

[14] Matich, O.: Geschlechterkrise im Amazonenreich, 87. Die behauptete sexuelle Orientierung der »phallischen« Gippius wird allerdings nicht belegt, und so bleibt der Eindruck, dass hier klassifiziert wird, was sich der Klassifizierung entzieht.
[15] Benois, A.: *Moji wospominanija*. Buch 4–5, 432f.
[16] Benois, A.: *Parish nakanunje wojny w monotipach Je. S. Kruglikowoi*, 13f.
[17] Jaremitsch, S.: Parish v otrasehnii russkoj chudoshnicy.
[18] Benois, A.: *Parish nakanunje wojny w monotipach Je. S. Kruglikowoi*, 79.
[19] Raev, A.: *Russische Künstlerinnen*, 194.
[20] Tagebuch der Marija Baschkirzewa, zit. nach: Marie Bashkirtseff: *Ich will alles sein*, 81.
[21] vgl. dazu Berger, R.: *Malerinnen auf dem Weg ins 20. Jahrhundert*, 158ff.
[22] Schaporina, L.: W Parishe u Kruglikowoj. Zit. nach: Kornilow, P.: *Jelisaweta Sergejewna Kruglikowa*, 70.
[23] Sidorow, A.: Pamjati chudoshnizy druga. Zit. nach: Kornilow, P.: *Jelisaweta Sergejewna Kruglikowa*, 91.
[24] Vgl. Matich, O.: Geschlechterkrise im Amazonenreich, 80.
[25] Matich, O.: Geschlechterkrise im Amazonenreich, 91, Anm. 14.
[26] Shirmunskaja, T.: Is wospominanija chudoshnika. Zit. nach: Kornilow, P.: *Jelisaweta Sergejewna Kruglikowa*, 93f.
[27] Burgin, D. L.: *Sophia Parnok. The Life and Work of Russia's Sappho*, 261.
[28] Sidorow, A.: Pamjati chudoshnizy druga. Zit. nach: Kornilow, P.: *Jelisaweta Sergejewna Kruglikowa*, 92.

Sinaida Serebrjakowa

[1] Benois, A.: Wystawka ›Sojusa‹, *Retsch*, 13.3.1910.
[2] Benois, A.: Sinaida Serebrjakowa. Zit. nach.: Silberstein, I., Sawinow, A. (Hrsg.): *Alexandr Benois rasmyschljajet*, 220.
[3] Vgl.: Hilton, A.: Zinaida Serebrjakowa.
[4] Raev, A. *Russische Künstlerinnen der Moderne*, 280.
[5] Serebrjakowa an A. N. Sawinow, 12.10.1964, zit. nach: Kujasewa, W. P. (Hrsg.): *Sinaida Serebrjakowa*, 206.
[6] Benois, A.: *Moi wospominanija*, Bd. 1, 85.
[7] Serebrjakowa an I.S. Silberstein, 3.3.1965, zit. nach: Kujasewa, W. P. (Hrsg.): *Sinaida Serebrjakowa*, 209f.
[8] Benois, A.: *Moi wospominanija*, Bd. 1, 85.
[9] Ostroumowa Lebedewa, A.: *Awtobiografitschekije sapiski*, Bd. 1–2, 283.
[10] Vgl. Ernst, S.: *S. E. Serebrjakowa*, 9f.
[11] Serebrjakowa an A. N. Sawinow, Paris, 8.1.1965. Zit. nach: Knjasewa, W. P. (Hrsg.): *Sinaida Serebrjakowa. Pisma. Sowremeniki o chudoshnize*, 206f.
[12] E. N. Lanceray an A. K. und A. N. Benois, Petersburg, 29.9.1905. Zit. nach: Knjasewa, W. P. (Hrsg.): *Sinaida Serebrjakowa. Pisma. Sowremeniki o chudoshnize*, 32f.
[13] Serebrjakowa an T. B. Serebrjakowa, Paris, 1.4.1965. Zit. nach: Knjasewa, W. P.: *Sinaida Jewgenjewna Serebrjakowa*, 34f.
[14] Serebrjakowa an W. P. Knjasewa, Paris, 5.7.1965. Zit. nach: Knjasewa, W. P. (Hrsg.): *Sinaida Serebrjakowa. Pisma. Sowremeniki o chudoshnize*, 215.
[15] Serebrjakowa an W. P. Knjasewa, Paris, 5.7.1965. Zit. nach: Knjasewa, W. P. (Hrsg.): *Sinaida Serebrjakowa. Pisma. Sowremeniki o chudoshnize*, 215.
[16] Serebrjakowa an A. N. Sawinow, Paris, 12.10.1964. Zit. nach: Knjasewa, W. P. (Hrsg.): *Sinaida Serebrjakowa. Pisma. Sowremeniki o chudoshnize*, 206.
[17] Serebrjakowa an A. N. Sawinow, Paris, 22.6.1966. Zit. nach: Knjasewa, W. P. (Hrsg.): *Sinaida Serebrjakowa. Pisma. Sowremeniki o chudoshnize*, 208f.
[18] Sarabjanow, D.: Ob awtoportretach Serebrjakowoj, 9f.
[19] Benois, A.: Wystawka ›Sojusa‹, *Retsch*, 13.3.1910.
[20] Grjakalowa, N.: *Russkije poety serebrjanogo weka* Bd. 2, 2off.
[21] Makowski, S.: Chudoshetswennyje itogi. *Apollon*, 1909/10, 21.
[22] Benois, A.: *Moi wospominanija*, Bd. 1, 85.
[23] Sawinow, A.: Sinaida Jewgenjewna Serebrjakowa, 23f.

[24] Jablonskaja, M.: *Russische Künstlerinnen*, 48.
[25] Rerberg, F.: *O shenskom twortschetwe*. Zit. nach: Sharandak, N.: »Jej ne dano prokladywat nowyje puti w iskusstwe«, 102.
[26] Zit. nach: Silberstein, I., Sawinow, A. (Hrsg.): *Alexandr Benois rasmyschljajet*, 222.
[27] Raev, A.: *Russische Künstlerinnen*, 288.

Von der *Welt der Kunst* zu den *Ballets Russes*

[1] Diaghilew an E. W. Panajewa-Diaghilewa, Oktober 1895. Zit. nach: Lapschina, N.: *Mir iskusstwa*, 23.
[2] Benois, A.: *Moi Wospominanija*, Bd. 2, 340.
[3] Benois, A.: *Moi Wospominanija*, Bd. 2, 410.
[4] Fokin, M.: *Protiw tetschenija*, 517.
[5] Benois, A.: *Moi Wospominanija*, Bd. 2, 469.
[6] Golowin, A. J., zit. nach: Prushan, I. (Hrsg.): *Léon Bakst*, 7.
[7] Zit. nach: Silberstein, I. S., Samkow, W. A. (Hrsg.): *Sergei Djaghilew*, Bd. 1, 30.
[8] Zit. nach: Silberstein, I. S., Samkow, W. A. (Hrsg.): *Sergei Djaghilew*, Bd. 1, 27.
[9] Rodin, A.: Die Erneuerung des Tanzes, 51.
[10] Vgl. Bowlt, J. E.: Die Ballets Russes, 44.
[11] Blanche, J. E., zit. nach: Woolf, V.: *Dancing in the Vortex*, 25.

Ida Rubinstein

[1] Vgl. dazu auch J. Depaulis, *Ida Rubinstein*, 43.
[2] Wolynski, A. L.: Russikije shenschtschiny. Jaschtschik Pandory, 266.
[3] Wolynski, A. L.: Russikije shenschtschiny, 221.
[4] Wolynski, A. L.: Russikije shenschtschiny, 222.
[5] Wolynski, A. L.: Russikije shenschtschiny, 222.
[6] Levinsohn, A.: *Bakst. The story of the Artist's Life*. Zit. nach: Woolf, V.: *Dancing in the Vortex*, 13.
[7] Rubinstein, I. in *Solnze Rossi* 1913/25, zit. nach Raev, A.: Zum choreographischen Ansatz in den Kostümentwürfen von Léon Bakst und seinen Folgen, 65.
[8] Benois, A.: *Moi Wospominanija*, Bd. 2, 471.
[9] Fokin, M.: *Gegen den Strom*, 163.
[10] Vgl. Matich, O.: Geschlechterkrise im Amazonenreich, 82.
[11] Prushan, I. (Hrsg.): *Léon Bakst*, 22.
[12] Cocteau, J.: Cléopâtre. In: Arsène, A. *The Decorative Art of Léon Bakst*, 29f.
[13] Benois, A.: *Moi Wospominanija*, Bd. 2, 503.
[14] Benois, A.: *Moi Wospominanija*, Bd. 2, 503.
[15] Benois, A.: *Moi Wospominanija*, Bd. 2, 503.
[16] Benois an Argutinskij-Dolgorukow, 2./15. Juli 1909, Petersburg. Zit. nach: Silberstein, I. S., Samkow, W. A. (Hrsg.): *Sergei Djaghilew*, Bd. 2, 185.
[17] Zit. nach: Beseljanskij, Ju.: Istorija kartiny, 366. In: Beseljanskij, Ju.: *Vera, Nadeshda, Ljubow*. M., 2001.
[18] Zit. nach: Woolf, V.: *Dancing in the Vortex*, 47f.
[19] Vgl. Depaulis, J.: *Ida Rubinstein*, 525f.

Natalja Gontscharowa

[1] Breschko-Breschkowski, N.: Futuristy i salnyje swetschi. *Peterburgskaja gaseta*, 5.12.1913. Zit. nach: Silberstein, I. S., Samkow, W. A. (Hrsg.): *Sergei Djaghilew*, Bd. 1, 464, Anm. 4.

[2] Zit. nach: Rattemeyer, V., Petzinger, R. (Hrsg.): *Künstlerinnen des 20. Jahrhunderts*, 140.
[3] Zwetajewa, M. Natalja Gontscharowa (Leben und Werk), 243.
[4] Jablonskaja, *Russische Künstlerinnen 1900 bis 1935*, 57.
[5] Sharp J. A.: Natalja Gontscharowa, 158f.
[6] Zwetajewa, M.: Natalja Gontscharowa (Leben und Werk), 163.
[7] Liwschiz, B.: *Polutoraglazyi strelez*, 362.
[8] Sdanewitsch, I., Larionow, M.: Potschemu my raskraschiwajemsja. Manifest futuristow, 173.
[9] Zit. nach: Sarabjanow, D.: Talent und Fleiß. Die Kunst der Natalja Gontscharowa, 135.
[10] Vgl. dazu: Sharp, J. A.: Redrawing the Margins of Russian Avanguard Art: Natalja Goncharova's Trial for Pornography in 1910.
[11] *Golos Moskwy* 25.3.1910. Zit. nach: Raev, A.: *Russische Künstlerinnen der Moderne*, 292.
[12] Aus Gontscharowas Manuskript mit dem Titel *Albom*. Zit. nach: Bowlt, John E., Drutt, Matthew (Hrsg.): *Amazonen der Avantgarde*, 309f.
[13] Sharp, J. A.: Natalja Gontscharowa, 162
[14] Tugenhold, Ja.: Wystawka kartin Natali Gontscharowoi. *Apollon* 1913/8, 71–73. Vgl. dazu auch: Sharandak, N.: »Jej ne dano prokladywat nowyje puti w iskusstwe«, 103.
[15] Zit. nach: Raev, *Russische Künstlerinnen der Moderne*, 299f.
[16] Mauclaire, C.: L'Enseignement de la saison russe. *Revue*, 1.8.1910. Zit. nach: Silberstein, I. S., Samkow, W. A. (Hrsg.): *Sergei Djaghilew*, Bd. 1, 273, Anm. 34.
[17] Grigorjew, S.: *Balet Diaghilewa*, 92.
[18] Aus einem Interview mit Natalja Gontscharowa, zit. nach: Silberstein, I. S., Samkow, W. A. (Hrsg.): *Sergei Djaghilew*, Bd. 1, 462, Anm. 12.
[19] Aus einem Interview mit Diaghilew über die futuristischen Ausstattungen der Ballets Russes. Zit. nach: Silberstein, I. S., Samkow, W. A. (Hrsg.): *Sergei Djaghilew*, Bd. 1, 235ff.
[20] Fokin, M.: *Gegen den Strom*, 257.
[21] Fokin, M.: *Gegen den Strom*, 258.
[22] Fokin, M.: *Gegen den Strom*, 258.
[23] Benois, A.: Wospominanija o balete, 525.
[24] Fokin, M.: *Gegen den Strom*, 259.
[25] Zwetajewa, M.: Natalja Gontscharowa (Leben und Werk), 277.
[26] N. Polenowa an V. Polenow, 14.5.1914. Zit. nach: Jablonskaja, M.: *Russische Künstlerinnen 1900–1935*, 58f.
[27] Vauselles, L.: A propos du Coq d'or. *Gil Blas*, 26.5.1914. Zit. nach: Silberstein, I. S., Samkow, W. A. (Hrsg.): *Sergei Djaghilew*, Bd. 1, 465.
[28] Awtoportret glawy futurisma w Rossii. *Peterburgskaja gaseta* 11.5.1914. Zit. nach: Silberstein, I. S., Samkow, W. A. (Hrsg.): *Sergei Djaghilew i russkoje iskusstwo*, Bd. 1, 466.
[29] Zwetajewa, M.: Natalja Gontscharowa (Leben und Werk), 281.

Epilog

[1] Achmatowa, A.: Das Zweite Jahrzehnt, 18.
[2] Zit. nach Wood, P.: Die Avantgarde und die Politik, 286.
[3] Berberova, N.: *Ich komme aus St. Petersburg*, 156f.
[4] Berdjajew, N.: *Samoposnanije*, 237.
[5] Gippius, S.: Moi lunny drug, 35.
[6] Mereshkowski, D.: *Zarstwo Antichristra*, 243.
[7] Berberova, N.: *Ich komme aus St. Petersburg*, 283. Die deutsche Übersetzung ist hier ungenau. Das Ehepaar Gippius-Mereshkowski reiste zwar 1919 aus Russland aus, kam aber erst 1920 in Paris an.
[8] Zit. nach: Knjasewa, W. P. (Hrsg.): *Sinaida Serebrjakowa. Pisma. Sowremeniki o chudoshnize*, 83.
[9] Brief an O. Kolbasina-Tschernowa, 4.1.1925. Zit. nach: Kagan, Ju.: *Marina Zwetajewa*

w Moskwe, 173.
[10] Brief an Anastasija Zwetajewa, Dezember 1920. Zit. nach: Razumovsky, M.: *Marina Zwetajewa*, 132f.
[11] Brief an V. Swjaginzewa, 7.2.1920. Zit. nach: Razumovsky, M.: *Marina Zwetajewa*, 147.
[12] Zwetajewa an W. W. Rudujew, 9.12.1933, zit. nach: Zwetajewa, M.: *Im Feuer geschrieben*, 367.
[13] Saakjanz, A.: *Marina Zwetajewa*, 743.
[14] Tschukowskaja, Lidija: *Sapiski ob Annek Achmatowoi*. Bd. 2, 147.
[15] Rasumowskaja, M.: *Marina Zwetajewa*, 317. In der deutsche Ausgabe fehlt dieses Zitat.
[16] Zit. nach: Belkina, M.: *Skreschtschenije sudeb*, 268.
[17] Mierau, F.: Die empfindsame Europäerin, 324.
[18] Ostroumowa-Lebedewa, A.: *Awtobiografitschekije sapiski*, Bd. 3, 18.
[19] Ostroumowa-Lebedewa, A.: *Awtobiografitschekije sapiski*, Bd. 3, 125.
[20] Kiseljow, M.: *Grafika Ostroumowoi-Lebedewoi*, 23.
[21] Bowlt, J. E.: Geniale Frauen, 34.

Bibliographie

Achmatowa, Anna: Is dnewnikowych sapissei. *Literaturnoje obosrenije* 1989/5, 11–17.

Achmatowa, Anna: Im Spiegelland. Ausgewählte Gedichte. Herausgegeben von Efim Etkind. München 1982.

Achmatowa, Anna: Pro domo mea. Autobiographische Skizzen. In: *Poem ohne Held*. Hrsg. v. Fritz Mierau. Nachwort von Raissa Orlowa und Lew Kopelew. Göttingen 1989, 7–38.

Achmatowa, Anna: Das Zweite Jahrzehnt. In: Achmatowa, A.: *Poem ohne Held*, Hrsg. v. Fritz Mierau. Nachwort von Raissa Orlowa und Lew Kopelew. München 1989, 17–19.

Achmatowa, Anna: Blätter aus dem Tagebuch. In: *Poem ohne Held*, Hrsg. v. Fritz Mierau. Göttingen 1989, 279–320.

Adamowitsch, Georgi: Moi wstretschi s Annoi Achmatowoi. In: Karlin, M. M. (Hrsg.): *Ob Anne Achmatowoi: Stichi, esse, wospominanija*. Leningrad 1990, 87–103.

Annenkow, Juri: *Dnewnik moich wstretsch*. New York 1966.

Anziferow, Nikolai: *Die Seele Petersburgs*. Aus dem Russischen von Renata von Maydell. Mit einem Vorwort von Karl Schlögel. München, Wien 2003.

Arsène, Alexandre (Hrsg.): *The Decorative Art of Leon Bakst*. New York 1972.

Asadowski, Konstantin M.: *Rilke in Rußland*. Frankfurt/Main 1986.

Atkinson, Dorothy, Dallin, Alexander, Lapidus Gail Warshafsky (Hrsg.): *Women in Russia*. Stanford 1977.

Bachrach, Alexander: Woswraschtschenny Kusmin. *Nowoje Russkoje Slowo*, 8. Juli 1984.

Bannikow, Nikolai (Hrsg.): *Russkie poetessy XIX weka*. Moskau 1979.

Barker, Adele M., Gheith Jehanne M. (Hrsg.): *A History of Women's Writing in Russia. 1820-1992*. Cambridge 2002.

Basankur, Olga G.: Rol shenschtschiny w russkom isskustwe. *Trudy I-ogo Wserossiiskogo Shenskogo sjesda*. St. Petersburg 1909, 855–869.

Bashkirtseff, Maria: *Ich will alles sein. Ein Leben zwischen Aristokratie und Atelier, erzählt von Colette Cosnier*. Berlin 1994.

Belinski, Wisarjon G.: *Polnoje Sobranije Sotschineni*. Moskau 1955.

Belkina, Marija: *Skreschtschenije sudeb*. Moskau [2]1992. Deutsche Ausgabe: Belkina, Marija: *Die letzten Jahre der Marina Zwetajewa*. Aus dem Russischen übertragen von Schamma Schahadat und Dorothea Trottenberg. Frankfurt/Main, Leipzig 1991.

Belyj, Andrej: Lidija Sinowjewa-Annibal. Tridzattri uroda. *Perewal*, 1907/5.

Belyj, Andrej: *Natschalo weka*. Hrsg. und mit Kommentaren versehen von A. Lawrow. Moskau 1990.

Belyj, Andrej: *Meshdu dwuch revoljuci*. Hrsg. und mit Kommentaren versehen von A. Lawrow. Moskau 1990.

Belyj, Andrej: *Arabeski.* Moskau 1911.
Belyj, Andrej: *Petersburg. Roman in acht Kapiteln mit einem Prolog und Epilog.* Aus dem Russischen von Gabriele Leupold. Mit einem Nachwort von Ilma Rakusa. Frankfurt/Main 2001.
Benois, Alexandre N.: Kruglikowa w Parishe. In: *Parish nakanunje woiny w monotipach Je. S. Kruglikowoi.* Petrograd 1916.
Benois, Alexandre N.: *Wosniknowenije ›Mira Iskusstwa‹.* Leningrad 1928.
Benois, Alexandre N.: *Moi wospominanija.* 2 Bde. Moskau ²1990.
Benois, Alexandre N.: Wospominanija o balete. In: Benois, A.: *Moi wospominanija.* 2 Bde. Moskau ²1990, Bd. 2, 497–544.
Benois, Alexandre N., Ernst, Sergei: *Ostroumowa-Lebedewa.* Moskau-Leningrad 1924.
Bentley, Toni: *Sisters of Salome. Headless Body and Topless Dancer.* Yale 2002.
Berberova, N.: *Kursiw moi. Awtobiografija.* München ¹1972; Moskau ²1996. Deutsche Ausgabe: Berberova, N.: *Ich komme aus St. Petersburg.* Düsseldorf 1990.
Berberova, Nikolai A: *Ljudi i loshi. Russkije masony XX. stoletija.* New York 1986.
Berdjajew, Nina: *Iwanowskije sredy.* In: Wengerow, S. A. (Hrsg.): *Russkaja literatura XX. weka, 1890–1910.* Moskau 1921, Bd. 3, 97–100.
Berdjajew, Nikolai A.: Metafisika pola i ljubwi. In: Schestakow, W. P. (Hrsg.): *Russki Eros ili filosofija ljubwi w Rossii.* Moskau 1991, 232–265.
Berdjajew, Nikolai A.: *Samoposnanije. Opyt filosofskoi awtobiografii.* Hrsg. und mit einem Vorwort versehen von A. A. Jerimtschew. Leningrad 1991.
Berdjajew, Nikolai A.: Russki Kulturny renessans natschala XX. weka. Wstretschi s ljudmi. In: Berdjajew, N. A.: *Samoposnanie.* Leningrad 1991, 138–165.
Berger, Renate: *Malerinnen auf dem Weg ins 20. Jahrhundert: Kunstgeschichte als Sozialgeschichte.* Köln 1982.
Berger, Renate: (Hrsg.): *»Und ich sehe nichts, nichts als die Malerei.« Autobiographische Texte von Künstlerinnen des 18.–20. Jahrhunderts.* Frankfurt/Main 1987.
Beseljanski, Juri: Selenoglazaja Najada. In: Beseljanski, Juri: *Vera, Vera, Nadeshda, Ljubwow.* Moskau 2001, 207–238.
Beseljanski, Juri: *Vera, Nadeshda, Ljubwow.* Moskau 2001.
Binswanger, Carla: Ein Gender-Blick auf die Ästhetik der Androgyne in Nagrodskajas Gnev Dionisa und Zinov'eva-Annibals Tridcat'tri uroda. In: Ohme, A., Steltner, U. (Hrsg.): *Der russische Symbolismus. Zur sinnlichen Seite seiner Wortkunst. (Specimina Philologiae Slavicae).* München 2000, 5–24.
Bogdanow, A.: *Anna Petrowna Ostroumowa-Lebedewa.* Leningrad 1971.

Bogomolow, Nikolai A.: *Michail Kusmin: Stati i materialy.* Moskau 1995.
Bogomolov, Nikolai A., Malmstad, John E.: *Michail Kuzmin. Iskusstwo, shisn, epocha.* Moskau 1996, 181–183.
Bojko, Szymon: Diese Frauen. In: Galerie Gmurzynska (Hrsg.): *Künstlerinnen der russischen Avantgarde 1910–1930.* Katalog. Köln ^{2}1979, 13–26.
Bowlt, John E.: Einige sehr elegante Damen. In: Galerie Gmurzynska (Hrsg.): *Künstlerinnen der russischen Avantgarde 1910–1930.* Katalog. Köln ^{2}1979, 27–30/34–40.
Bowlt, John E.: *The Silver Age: Russian Art in the Early Twentieth Century and the »World of Art« Group.* Newtonville, Mass. 1982.
Bowlt, John E.: Die Ballets Russes. In: *Die Maler und das Theater des 20. Jahrhunderts.* Katalog. Frankfurt/Main 1986.
Bowlt, John E.: Geniale Frauen. In: Bowlt, John E., Drutt, Matthew (Hrsg.): *Amazonen der Avantgarde.* New York 1999, 20–38.
Bown, M.: *Kunst unter Stalin, 1924–1956.* München 1991.
Brjussow, Waleri: *Dnewniki.* 1891–1910. Moskau 1927.
Bulgakow, Sergei N.: *Tichije dumy.* Moskau 1996.
Burgin, Diana Lewis: *Sophia Parnok. The Life and Work of Russia's Sappho.* New York, London 1994.
Burgin, Diana Lewis: Mother Nature versus the Amazons: Marina Tsetaeva and Female Same-Sex-Love. *Journal of the History of Sexuality* 1995/6, I, 62–88.
Carlson, Maria: *»No Religion Higher Than Truth.« A History of the Theosophical Movement in Russia, 1875–1922.* Princeton 1993.
Chamot, Mary: *Gontcharova.* Paris 1972.
Chamot, Mary: *Gontcharova. Stage Design and Paintings.* London 1979.
Chodassewitsch, Wladislaw: *Nekropol. Wospominanija.* Paris 1939. Moskau 2001.
Clement, Barbara Evans, Engel, Barbara Alpern, Worobec, Christine D. (Hrsg.): *Russia's Women: Accomodation, Resistance, Transformation.* Berkeley 1991.
Coughlan, Robert: *Frauen auf dem Zarenthron. Elisabeth und Katherina.* Düsseldorf 1976.
Cronin, Vincent: *Katharina die Große.* Düsseldorf 1978.
Dahms, S., Woitas, M. (Hrsg.): *Diaghilews Ballets Russes. Aufbruch in die Moderne.* Katalog. Salzburg, München 1995.
Dalton, Margret: A Russian Bestseller in Connolly, J. W., Kectcian, Sonia I. (Hrsg): the early twentieth century. Evdokiya Appolonovna Nagrodskaya's *The Wrath of Dionysus.* In: *Studies in Russian Literature. In honor of V. Setchkarev.* Columbus (Ohio) 1986.
Dalton, Margret: Evdokija Nagrodskajas Beziehungen zum russischen Symbolismus. Liebe, Mystik und Feminismus. In: Rehder, P., Setshkareff, V., Schmid, H. (Hrsg): *Ars Philologicaa Slavica. Festschrift für Heinrich Kunstmann.* München 1988, 64 - 74.
Daschkowa, Jekaterina: *Literaturnyje sotschinenija.* Hrsg., mit einem

Vorwort und Kommentaren versehen von G. N. Moisejewa. Moskau 1990.
Daschkowa, Jekaterina: *Sapiski*. Hrsg. von Galina N., Moisejewa, Leningrad 1985.
Daschkowa, Jekaterina: *Sapiski. 1743–1810*. Hrsg., mit einem Vorwort und Kommentaren versehen von G. N. Moisejewa. Moskau 1985.
Dechart, Olga: *Wwedenije*. In: Iwanow, Wjatscheslaw: *Sobranije Sotschineni*. Bd. 1, Brüssel 1971, 7–227.
Depaulis, Jacques: *Ida Rubinstein. Une inconnue jadis célèbre*. Paris 1995.
Diaghilew, Sergei: Po powodu knigi Benua. Istorija russkoi shiwopisi w XIX weke. *Mir iskusstwa*, 1902/8.
Dudgeon, R. A. F.: *Women and Higher Education in Russia 1855–1905*. Washington 1975.
Dunajewa, Natalja L.: Ida Rubinstein – Akim Wolynski (K istorii otnoscheni). *Balet* 1995/4–5, 32–36, 1996/1, 32–36.
Dunajewa, Natalja L.: Neosuschestwlennaja postanowka »Salomei« O. Uailda na szene Michailowskogo teatra. *Sapiski Sankt-Peterburgskoi Gosudarstwennoi Teatralnoi biblioteki*, Wyp. 2, 1999, 51–68.
Dunajewa, Natalja L.: Ida Rubinstein – model Serowa. In: *K issledowaniju russkogo isobrasitelnogo iskusstwa. Nowyje materialy: Sbornik nautschnych trudow*. Teil II, St. Petersburg 1999, 39–48.
Eganbjuri, Eli [d. i. Sdanewitsch, Ilja]: *Natalja Gontscharowa. Michail Larionow*. Moskau 1913.
Ebert, Christa: Zinaida Gippius - eine antiweibliche Dichterin? In: Göpfert F. (Hrsg.): *Rußland aus der Feder seiner Frauen. Zum femininen Diskurs in der russischen Literatur (Slavistische Beiträge*, 297). München 1992, 21–28.
Ebert, Christa: Zwei Tagebücher aus der Revolution: Zinaida Gippius und Marina Cvetaeva. In: Städtke, Klaus (Hrsg.): *Dichterbild und Epochenwandel in der russischen Literatur des 20. Jahrhunderts*. Bochum 1996, 95–115.
Ebert, Christa: Die symbolistische Inszenierung der Persönlichkeit: Die »dekadente Madonna« der Zinaida Gippius. In: Ohme, A., Steltner, U. (Hrsg.): *Der russische Symbolismus. Zur sinnlichen Seite seiner Wortkunst. (Specimina Philologiae Slavicae)*. München 2000, 25–46.
Edmondson, Linda Harriet: *Feminism in Russia 1900–1917*. Stanford 1984.
Edmondson, Linda Harriet: (Hrsg.): *Women and Society in Russia and the Soviet Union*. Cambridge 1992.
Efron, Ariadna: *»A Duscha ne tonet...« Pisma 1942–1975. Wospominanija*. Moskau 1996.
Engel, Barbara Alpern: *Mothers and Daughters: Women of the Intelligentsia in nineteenth-Century Russia*. Cambridge 1983.
Engelstein, Laura: *The Keys to Happiness: Sex and the Search for Modernity in Fin-de Siècle Russia*. Ithaca 1992.

Engelstein, Laura: Zwischen alt und neu: Russlands moderne Frauen. In: Bowlt, John E., Drutt, Matthew (Hrsg.): *Amazonen der Avantgarde.* New York 1999, 59–72.

Ernst, Sergei: *S. E. Serebrjakowa.* Petrograd 1922.

Etkind, Mark G.: *Alexander Nikolajewitsch Benua i russkaja chudoshetwennaja kultura konza XIX – natschala XX weka.* Leningrad 1989.

Fäthke, Bernd: *Marianne Werefkin. Leben und Werk. 1860–1938.* München 1988.

Fäthke, Bernd: Marianne Werefkin. »Russischer Rembrandt«, »Französin«, »Blaue Reiter-Reiterin«. In: Meyer-Büser, Susanne (Hrsg.): *Garten der Frauen. Wegbereiterinnen der Moderne in Deutschland. 1900–1914.* Hannover 1997, 248–260.

Fedotowa, Olga. A.: Anja Gorenko. In: Karlin, M. M. (Hrsg.): *Ob Anne Achmatovoi: Stichi, esse, wospominanija.* Leningrad 1990, 29–38.

Fejler, Lili: *Marina Tsvetaeva, the double beat of heaven and hell.* 1994. Russische Ausgabe: Fejler, Lili: *Marina Zwetajewa.* Rostov-na-Donu 1998.

Fokin, Michail: *Protiw tetschenija. Wospominanija baletmeistera.* Moskau, Leningrad 1962. Deutsche Ausgabe: Fokin, Michail: *Gegen den Strom. Erinnerungen eines Ballettmeisters.* Hrsg. von Lydia Wolgina und Ulrich Pietzsch. Übertragung aus dem Russischen von Lydia Wolgina. Berlin 1972.

Gabriak, Cherubina de: Awtobiografija. In: Gabriak, Ch. de: *Ispowed.* (Hrsg. v. Kuptschenko, Wladimir R., Landa, Marianna S., Repina, Irina A.). Moskau 1999, 263–272.

Gabriak, Cherubina de: Ispowed. In: Gabriak, Ch. de: *Ispowed.* (Hrsg. v. Kuptschenko, W., Landa, M., Repina, I.) Moskau 1999, 273–276.

Gasparov, Boris, Hughes, Robert P., Paperno, Irina (Hrsg.): *Cultural Mythologies of Russian Modernism. From the Golden Age to the Silver Age.* Berkley, Los Angeles 1992.

Gassner, Hubertus (Hrsg.): *Agitation zum Glück. Sowjetische Kunst der Stalinzeit.* Katalog. Bremen 1994.

Goscilo, Helena, Holmgren, Beth. (Hrsg.): *Russia. Women. Culture.* Bloomington 1997.

Greber, Erika: Mystifikation und Epochenschwelle (Cherubina de Gabriak und die Krise des Symbolismus). *Wiener Slawistischer Almanach* 1993/32 175–206.

Gippius, Sinaida N.: Awtobiografitscheskaja sametka. In: Wengerov, S. A.: *Russkaja literatura XX. weka.* Moskau 1914–16. Bd. 1, 173–177.

Gippius, Sinaida N.: *Dmitri Mereshkowski.* In: Gippius, Sinaida, *Shiwyje liza. Stichi. Dnewniki.* Bd.2, 164-351. Tbilisi 1991.

Gippius, Sinaida N.: Arifmetika ljubwi. In: Schestakow, Wjatscheslaw. P. (Hrsg.): *Russki Eros. Ili: Filosofija ljubwi w Rossii.* Moskau 1991, 208–215.

Gippius, Sinaida N.: *Sotschinenija. Stichotworenija. Prosa.* (Hrsg. v. Asadowski, Konstantin M., Lawrow, Alexander W.). Leningrad 1991.

Gippius, Sinaida N.: *Shiwyje liza. Stichi. Dnewniki.* 2 Bd., Tbilisi 1991.
Gippius, Sinaida N.: *Dnewniki.* (Hrsg. von A. N. Nikolin). 2 Bde. Moskau 1999.
Glinski, Boris G.: E. A. N.: Gnew Dionisa. *Istoritscheski westnik*, 1911/9.
Göpfert, Frank: *Dichterinnen und Schriftstellerinnen in Rußland von der Mitte des 18. bis zum Beginn des 20. Jahrhunderts. Eine Problemskizze. (Slavistische Beiträge* 289) München 1992.
Göpfert, Frank (Hrsg.): *Rußland aus der Feder seiner Frauen. Zum femininen Diskurs in der russischen Literatur (Slavistische Beiträge* 297). München 1992.
Gorodezki, S.: *Apollon* 1913/1, 42–50.
Grabar, Igor E., Lasarew, W. N., Kemenow, W. S. (Hrsg.): *Istorija russkogo iskusstwa.* 18 Bde. Moskau 1953–1969. Deutsche Ausgabe: *Geschichte der russischen Kunst.* 6 Bde. Dresden 1957–1976.
Gregg, R.: A Braccish Hippocrene: Nekrasov, Panaeva and the ›Prose of Love‹. *Slavic Review* 1975/34, 4, 731 - 751.
Grigorew, Sergei: *Balet Diaghilewa. 1909–1929.* Moskau 1993.
Grischina, Jekaterina W.: *Jelisaweta Sergejewna Krugklikowa.* Leningrad 1989.
Grjakalowa, N., Kusnezowa, O. (Hrsg.): *Russkije poety serebrjanogo weka.* 2 Bde. Leningrad 1991.
Guenther, Johannes v.: *Ein Leben im Ostwind. Zwischen Petersburg und München. Erinnerungen.* München 1969.
Gusarowa, Alla: *Mir iskusstwa.* Leningrad 1972.
Haight, Anna: *Anna Akhmatova. A Poetic Pilgrimage.* New York, London 1976. Deutsche Ausgabe: *Anna Achmatowa. Eine Biographie.* Berlin 1994.
Hansen-Löve, Aga A.: *Der russische Symbolismus.* Wien 1989.
Herzen, Alexander: Knjaginja Jekaterina Romanowna Daschkowa. *Poljarnaja Swesda,* 1857/3, 207–273.
Hilton, Alison L.: Zinaida Serebrjakowa. *Women's Art Journal* 1982–83/3, 2, 32–35.
Hippius, Sinaida (d. i. Gippius, Sinaida): *Verschiedener Glanz. Gedichte. Briefe an Nina Berberowa und Wladislaw Chodassetwitsch. Fotos, Dokumente.* Aus dem Russischen von Kay Borowsky und Johanne Peters. Herausgegeben von Siegfried Heinrichs. Berlin 2002.
Holthusen, Johannes: *Studien zur Poetik und Ästhetik des russischen Symbolismus.* Göttingen 1957.
Iljuchina, Je. A.: Spektakl *Solotoj Petuschok* w oformlenii N. Gontscharowoi. In: Kowalenko, G. F. (Hrsg.): *Russki avangard 1910–1920-ch godow.* Moskau 2000, 280–289.
Iskusstwo shenskogo roda. Shenschtschiny-chudoshnizy w Rossii Xv-XX wekow/Women painting in Russia XV-XX centuries. Katalog. Moskau 2002.
Iwanow, Georgi: *Stichotworenija. Trety Rim (Roman). Peterburgskije Simy (Memuary). Kitaiskije Teni. (Literaturnyje Portrety).* Moskau

1989.
Iwanow, Wjatscheslaw: Predislowije k posmertnomu isdaniju. *De visu*, 1993/9.
Iwanowa, Lidija: *Wospominanija. Kniga ob otze*. Moskau 1992.
Iwnjew, Rjurik: *Isbrannjoe*, Moskau 1988.
Jablonskaja, Mjuda N.: *Russische Künstlerinnen. 1900 bis 1935*. Bergisch Gladbach 1990.
Jaremitsch, Stepan P.: Parish v otrasehnii russkoi chudoshnizy. *Birschewyje Wedomosti*, 18.03.1916.
Jelisaweta Sergejewna Kruglikowa. Katalog wystawki k 100-letiju so dnja roshdenija. Leningrad 1966.
Jeschke, Claudia, Berger, Ursel, Zeidler, Birgit (Hrsg.): *Spiegelungen. Die Ballets Russes und die Künste*. Berlin 1997.
Jessenin, Sergei: Dama s lornetom. *Sobranije Sotschineni*. Bd. 5, 83-84. Moskau 1979.
Kagan, Judif M.: *Marina Zwetajewa w Moskwe. Put k gibeli*. Moskau 1992.
Karlinsky, Simon: *Marina Tsvetaeva. The Woman, her World and her Poetry*. Cambridge u. a. 1985.
Katharina II. *Memoiren*. 2 Bde. Leipzig 1986. München 1987.
Kelly, Catriona (Hrsg.): *A History of Russian Women's Writing. 1820–1992*. Oxford 1994.
Kiseljow, Michail F. (Hrsg.): *Grafika A. P. Ostroumowoi-Lebedewoi*. Moskau 1984.
Knjasewa, Walentina P.: *Sinaida Jewgenjewna Serebrjakowa*. Moskau 1979.
Knjasewa, Walentina P. (Hrsg.): *Sinaida Serebrjakowa. Pisma. Sowremenniki o chudoshnize*. Moskau 1987.
Kochanowa, A. W.: Neiswestnaja Nagrodskaja. In: Demidowa, O. R. (Hrsg.): *»Jej ne dano prokladywat nowyje puti ...?« Is istori shenskogo dwishenija w Rossii. Wypusk 2*. St. Petersburg 1998, 43–50.
Kollontai, Alexandra: *Die neue Moral und die Arbeiterklasse*. Münster 1977.
Kornilow, Pjotr Je. (Hrsg.): *Jelisaweta Sergejewna Kruglikowa*. Zhisn I Twortschestwo. Leningrad 1969.
Kowalenko, G. F. (Hrsg.): *Natalja Gontscharowa. Michail Larionow. Wospominanija sowremennikow*. Moskau 1995.
Kowtun, Jewgeni F.: *Die Wiedergeburt der künstlerischen Druckgraphik. Aus der Geschichte der russischen Kunst zu Beginn des zwanzigsten Jahrhunderts*. Dresden 1984.
Kowtun, Jewgeni F., u. a. (Hrsg.): *Avangard, ostanowlennyi na begu*. Leningrad 1989.
Kraini, A. (d. i. Sinaida Gippius): Bratskaja mogila. *Wesy*, 1907/7.
Kranichfeld, W. P.: Gnew Dionisa. *Sowremenny mir*, 1910/11.
Krenzlin, Ulrike: Auf dem ernsten Gebiet der Kunst ernst arbeiten. In: *Profession ohne Tradition. 125 Jahre Verein der Berliner Künst-*

lerinnen. Katalog. Berlin, 1992, 73-87.
Kusmin, Michail: Plawajuschtschije-puteschestwujuschtschij. In: Kusmin, Michail: Podsemnyje rutschi. Isbrannaja prosa. Hrsg., mit einem Nachwort und Kommentaren versehen von: Aleksei Purin. St. Petersburg 1994, 81–246.
Kusmin, Michail: *Dnewnik 1934 goda*. Hrsg.,, mit einem Vorwort und Kommentaren versehen von Gleb A. Morew. St. Petersburg 1998.
Lapschina, Natalja P.: *Mir iskusstwa*. Moskau 1977.
Ledkovsky, Marina A.: M. A. Panaeva: Her Salon and her life. *Russian Literature Triquaterly*, 1974/9, 423–432.
Ledkovsky, Marina, Rosenthal, Charlotte, Zirin, Mary (Hrsg.): *Dictionary of Russian Women Writers*. Westport 1994.
Leikina-Swirskaja, Vera R.: *Russkaja intelligenzija w 1900–1917 godach*. Moskau 1981.
Lifar, Sergei: *Diaghilew i s Diaghilewym*. Moskau 1994.
Liwschiz, Benedikt: *Polutoraglasyi strelez*. Leningrad 1989.
Losinskaja, Lija Ja.: *Wo glawe dwuch akademi o Je. R. Daschkowoi*. Moskau 1983.
Losskaja, Weronika: *Marina Zwetajewa w wisni*. Moskau 1992.
Lotman, Juri M.: *Besedy o russkoi kulture. Byt i tradizii russkogo dworjanstwa (XVIII – natschala XIX weka)*. St. Petersburg 1994.
M. Larionow. N. Gontscharowa. Parishskoje nasledije w Tretjakowskoi galeree. Grafika. Tetar. Kniga. Wospominanija. Katalog. Moskau 1999.
Makowski, Sergei: *Stranizy chudoshestwennoi kritiki*. Bd. 2: *Sowremennyje russkije chudoshniki*. St. Petersburg 1909.
Makowski, Sergei: *Portrety sowremennikow*. New York 1955.
Makowski, Sergei: *Na parnase »Serebrjanogo weka«*. München, [1]1962, Moskau [2]2000.
Mandelstam, Nadeshda Ja.: *Wtoraja kniga*. Mit einem Vorwort und Anmerkungen versehen von A. Morosow. Moskau 1997.
Mandelstam, Ossip: Utro Akmeisma. In: Mandelstam, O.: *Sotschinenija*. Moskau 1990. Bd. 2, 141–144.
Marcadé, Jean-Claude: *Moskau-Paris-München. Russische Künstlerinnen 1907–1930*. Katalog. München 1984.
Marianne Werefkin. Katalog. Wiesbaden 1980.
Matich, Olga: Dialectics of Cultural Return: Zinaida Gippius' personal Myth. In: Gasparov, Boris, Hughes, Robert P., Paperno, Irina (Hrsg.): *Cultural Mythologies of Russian Modernism: From the Golden Age to the Silver Age*. Berkeley 1992, 52–72.
Matich, Olga: Geschlechterkrise im Amazonenreich: Frauendarstellungen in Rußland um die Jahrhundertwende. In: Bowlt, John E., Drutt, Matthew (Hrsg.): *Amazonen der Avantgarde*. New York 1999, 75–94.
Matich, Olga: Androgyny and the Russian Religious Renaissance. In: Mklikotin, Anthony (Hrsg.): *Western Philosophical Systems in Russian Literature*. Los Angeles, o. J., 165–176.
Mereshkowski, Dmitri: *Zarstwo Antichristra*. München 1921.

Meyer-Büser, Susanne: Das Erwachen des weiblichen Egoismus in der Zeit der Jahrhundertwende. In: Krempel, Ulrich, Meyer-Büser, Susanne (Hrsg.): *Garten der Frauen. Wegbereiterinnen der Moderne in Deutschland. 1900–1914*. Hannover 1997, 9–25.
Mierau, Fritz: Die empfindsame Europäerin. In: Achmatowa, A.: *Poem ohne Held,* Hrsg. von Fritz Mierau. Nachwort von Raissa Orlowa und Lew Kopelew. München 1989, 322–342.
Misler, Nicoletta: Abendkleid und Overall: Der Körper der Avantgarde. In: Bowlt, J. E., Drutt, M. (Hrsg.): *Amazonen der Avantgarde*. New York 1999, 95–106.
Monachina Marija [d. i. Kusmina-Karawajewa, Jelisaweta]: Wstretschi s Blokom. (K pjatnadzatiletiju so dnja smerti). *Utschenyje Sapiski Tartuskogo uniwersiteta*. Wyp. 209, 1968, 267–269.
Nagrodskaja, Jewdokija: *Gnew Dionisa*. St. Petersburg 1910.
Nagrodskaja, Jewdokija: *Der Zorn des Dionysos*. Aus dem Russischen übersetzt von Alexandra Ramm und Erich Oesterheld. Berlin 1912.
Nagrodskaja, Jewdokija: *Die bronzene Tür. Eine Liebesgeschichte voll verworrener Leidenschaft*. Berlin 1913.
Nagrodskaja, Jewdokija: *Kreuzweg der Leidenschaft*. Berlin 1919.
Nakow, Andrei: *Die russische Avantgarde*. Genf 1984.
Napier, William Edward: *The Love Ethics of Zinaida Gippius*. Urbana 1975.
Nathalie Gontcharova. Michel Larionov. Centre Georges Pompidou. Katalog. Paris 1995.
Nedobrowo, N. V.: *Russkaja Mysl*, 1915/7.
Neue Gesellschaft für Bildende Kunst (Hrsg.): *Künstlerinnen International 1877–1977*. Katalog. Berlin 1977.
Neumann-Hoditz, Reinhold: *Katharina die Große*. Reinbek 1988.
Norman Baer, Nancy van: Die Aneignung des Femininen. Androgynität im Kontext der frühen *Ballets Russes,* 1909–1914. In: Jeschke, Christel, Berger, Ursel, Zeidler, Birgit (Hrsg.): *Spiegelungen. Die Ballets Russes und die Künste*. Berlin 1997, 40–53.
Nowizki, Alexei P.: Shenschtschiny-chudoshnizy. In: Nowickij, A.: *Istorija russkogo isskustwa*. Moskau 1903, Bd. 2, 514–532.
Nowopolin, G. S.: *Pornografitscheski element v russkoi literature*. St. Petersburg o. J.
Odojewcewa, Irina: *Na beregach*. Moskau 1989.
Oldenbourg, Zoé: *Katharina die Große*. München 1983.
Ostroumowa-Lebedewa, Anna P.: *Awtobiografitscheskije sapiski*. Moskau 1974.
Ostroumowa-Lebedewa, Anna P.: Mir iskusstwa. In.: Ostroumowa-Lebedewa, A.: *Awtobiografitscheskije sapiski*, Bd. 3, Moskau 1974, 391–414.
Pachmuss, Temira: *Zinaida Hippius. An Intellectual Profile*. Carbondale, 1971.
Pachmuss, Temira: *Intellect and Ideas in action. Selected Correspondence*

of Zinaida Hippius. München 1972.
Pachmuss, Temira: *Between Paris and St. Petersburg: Selected Diaries of Zinaida Hippius*. Urbana 1975.
Pachmuss, Temira: Polscha, 1920. *Cahiers du monde russe et soviétique*. 1979/20, 2.
Pachmuss, Temira: Cherubina de Gabriak. In: Pachmuss, Temira (Hrsg.): *Women Writers in Russian Modernism*. Urbana u. a. 1979, 243–249.
Pachmuss, Temira: *Merezhkowsky in Exile*. New York, Bern 1990.
Pachmuss, Temira: *Hypatia dwadcatogo weka*. Frankfurt/Main 2002.
Panajewa, Awdotja Ja.: *Wospominanija*. Moskau 1986.
Paperno, Irina, Grossmann, J. D. (Hrsg.): *Creating life. The Aesthetic Utopia of Russian Modernism*. Stanford, California 1994.
Parnok, Sofija: *Sobranie stichotvoreni*. Hrsg. und mit Anmerkungen versehen von Sofija W. Poljakowa. St. Petersburg 1998.
Parschin, S.: *Mir iskusstwa*. Moskau 1993.
Pererwe, Sabina: Twortscheski put Je. S. Kruglikowoi. In: Kornilow, P. (Hrsg.): *Jelisaweta Sergejewna Kruglikowa*. Leningrad 1969, 15–28.
Perzow, Pjotr: *Literaturnyje wospominanija 1890–1902 gg*. Moskau, Leningrad 1933.
Petrow, Wsewolod N.: *Mir iskusstwa*. Moskau 1975.
Petrow, Wsewolod, Kamenski, Alexander: *Welt der Kunst. Vereinigung russischer Künstler zu Beginn des 20. Jahrhunderts*. Leningrad 1991.
Poljakowa, Sofija W.: *Sakatnyje ony dni: Zwetajewa i Parnok*. Ann Arbor 1982.
Pospelow, Gleb G.: *Karo-Bube. Aus der Geschichte der Moskauer Malerei zu Beginn des 20. Jahrhunderts*. Aus dem Russischen übersetzt von Irene Faix. Dresden 1985.
Prushan, Irina N. (Hrsg.): *Léon Bakst. Bühnenbild- und Kostümentwürfe. Buchgrafik. Malerei und Grafik*. Leningrad 1986.
Puschkarjowa, Natalja L.: *Tschastnaja shisn russkoi shenschtschiny: newesta, shena, ljubowniza (X – natschalo XIX w.)*. Moskau 1997.
Puschkarjowa, Natalja L.: Shenschtschiny Rossii i Ewropy na poroge nowogo wremeni. Moskau 1996.
Puschkarewa, Natalja L.: Domaschneje obrasowanije rossiiskich dworjanok (po memuarnoi literature konza XVIII - natschala XIX w.) *Westnik universiteta Rossiiskoi Akademi obrasowanija*. Moskau 1999/2, 54–74.
Pushkareva, Natalja L.: *Women in Russian History: From the Tenth to the Twentith Century*. New York u. a. 1997.
Pyman, A.: *A history of Russian symbolism*. Cambridge 1994.
Raeff, M.: *Catherine the Great. A Profile*. London, New York 1972.
Raev, Ada: Spielräume und Grenzen einer anderen Tradition: Die russische Familie als soziale Determinante für die Entwicklung des Selbstverständnisses russischer Künstlerinnen Ende des 19./Anfang des 20. Jahrhunderts. *Kritische Berichte*, 1990/2, 49–62.
Raev, Ada: Zum choreographischen Ansatz in den Kostümentwürfen von Léon Bakst und seinen Folgen. In: Jeschke, Claudia, Berger, Ursel,

Zeidler, Birgit (Hrsg.): *Spiegelungen. Die Ballets Russes und die Künste.* Berlin 1997, 54–81.

Raev, Ada: Princess Mariya Klavdievna Tenisheva: A Russian patron and collector of art at the turn of the century. in: Curil, Gustavo (Hrsg.): *Patrocinio, colección, y circulación de las artes. XX Coloquio Internacional de Historia del Arte.* Mexico 1997, 17–45.

Raev, Ada: Eine »zweistellige Formel des russischen Neoprimitivismus« – Natalja Gontscharowa und Michail Larionow. In: Berger, Renate: (Hrsg.): *Liebe Macht Kunst. Künstlerpaare im 20. Jahrhundert.* Köln u.a. 2000, 157–197.

Raev, Ada: Ot »tanzujuschtschich odeshd« k »igrowomu telu«. Kostjum i dwisehnie w teatre russkogo awangarda. In: Kowalenko, G. F. (Hrsg.): *Russki avangard 1910–1920-ch godow.* Moskau 2000, 28–46.

Raev, Ada: *Russische Künstlerinnen der Moderne. 1870-1930. Historische Studien. Kunstkonzepte. Weiblichkeitsentwürfe.* München 2002.

Rattemeyer, Volker, Petzinger, Renate (Hrsg.): *Künstlerinnen des 20. Jahrhunderts.* Katalog. Wiesbaden, Kassel 1990.

Razumowskaja, Marija (d. i. Razumovsky, Maria): *Marina Zwetajewa, mif i dejstwitelnost.* Moskau 1994.

Razumovsky, Maria: *Marina Zwetajewa. Mythos und Wahrheit.* Wien 1981.

Rerberg, Fjodor: *O shenskom twortschestwe.* RGALI, F 2443, opis 7, ed. chr. 27, Blatt 52-93.

Rodin, Auguste: Die Erneuerung des Tanzes. In: Nectoux, J.-M. (Hrsg.): *Nachmittag eines Fauns.* München 1989.

Rosenthal, Charlotte: Achievements and Obscurity: Women's Prose in the Silver Age. In: Clyman, T. W., D. Green (ed.): *Women Writers in Russian Literature.* London 1994, 171–188.

Rotikow, Konstantin K.: *Drugoi Peterburg.* St. Petersburg 1998.

Rubinger, K.: Die Frauen, Warum? in: Galerie Gmurzynska (Hrsg.): *Künstlerinnen der Avantgarde 1910-1930.* Katalog. Köln 1979.

Saakjanz, Anna: *Marina Zwetajewa. Shisn i twortschestwo.* Moskau 1997.

Sarabjanow, Dmitri W.: *Istorija russkogo iskusstwa konz XIX – nataschala XX weka.* Moskau 1993.

Sarabjanow, Dmitri W.: Ob awtoportretach Serebrjakowoi. In: *Sinaida Serebrjakowa. Sbornik materialow i katalog eksposizi k 100-letiju so dnja roshdenija chudoshnizy.* Moskau 1986.

Sarabjanow, Dmitri W.: Talent und Fleiß. Die Kunst der Natalja Gontscharowa. In: *Künstlerinnen der russischen Avantgarde 1910–1930. Women-Artists of the Russian Avantgarde.* Katalog. Köln 1979, 134–138.

Sawinow, Alexei N.: *Sinaida Jewgenjewna Serebrjakowa.* Leningrad 1973.

Schlögel, Karl: *Petersburg. Das Laboratorium der Moderne 1909–1921.* München, Wien 2002.

Schweizer, Wiktoria: *Byt i Bytie Mariny Zwetajewoi.* Fontenay-aux-Roses 1988.

Sdanewitsch, Ilja, Larionow, Michail: Potschemu my raskraschiwajemsja. Manifest futuristow. In: Markow, V. (Hrsg.): *Die Manifeste und Programmschriften der Russischen Futuristen.* München 1967, 173–174.

Sharandak, Natalja: *M. W. Nesterow.* Leningrad 1975.

Sharandak, Natalja: »Jej ne dano prokladywat nowyje puti w iskusstwe.« Iskustwowedy i kritiki rubesha wekow rasmyschljajut o twortschestwije shenschtschy-chudishnizy. In: Demidowa, O. R. (Hrsg.): *»Jej ne dano prokladywat nowyje puti ...?« Is istorii shenskogo dwishenija w Rossi. Wypusk 2.* St. Petersburg 1998, 95–107.

Sharandak, Natalja: Dreieinigkeit. Michail Kusmin, Jurij Jurkun und Olga Arbenina-Gildebrandt. In: Hörner, Unda (Hrsg.): *Im Dreieck.* Frankfurt/Main 1999, 114–140.

Sharp, Jane A.: Redrawing the Margins of Russian Vanguard Art: Natalja Goncharova's Trial for Pornography in 1910. In: Costlow, Jane T., u. a. (Hrsg.): *Sexuality and the Body in Russian Culture.* Stanford 1993, 97–123.

Sharp, Jane A.: Natalja Gontscharowa. In: Bowlt, John E., Drutt, Matthew (Hrsg.): *Amazonen der Avantgarde.* New York 1999, 155–183.

Shurawlewa, Larissa S.: *Knjaginja Marija Tenischewa.* Smolensk 1994.

Silberstein, Ilja S., Sawinow, Alexei N. (Hrsg.): *Alexandr Benois rasmyschljajet*, Moskau 1968.

Silberstein, Ilja S., Samkow, W. A. N. (Hrsg.): *Sergei Djaghilew i russkoje iskusstwo.* 2 Bde. Moskau 1982.

Sinaida Serebrjakowa. Sbornik materialow i katalog eksposizii k 100-letiju so dnja roshdenija scudoshnizy. Moskau 1986.

Siniziyn, N.: *Grawjury Ostroumowoi-Lebedewoi.* Moskau 1964.

Sinowjewa-Annibal, Lidija: *Tridzat tri uroda.* Hrsg., mit einem Vorwort und Kommentaren versehen von M. W. Michailowna. Moskau 1999.

Slobin, Wladimir: *Tjashelaja duscha.* Washington 1970.

Somow, Andrei I.: Shenschtschiny-chudoshnizy. *Westnik isjaschtschnych iskusstw*, St. Petersburg 1883/3, 356–383 (Teil 1); 1883/4, 489–524 (Teil 2).

Sresnewskaja, Walerija: Daphnis i Chloja. In: Karlin, M. M. (Hrsg.): *Ob Anne Achmatowoi: Stichi, esse, wospominanija.* Leningrad 1990, 15–25.

Steinweg, Dagmar: *Schlüssel zum Glück und Kreuzwege der Leidenschaften. Untersuchungen zur russischen populären Frauenliteratur am Beispiel der Autorinnen Anastasija Verbickaja und Evdokija Nagrodskaja. (Dokumente und Analysen zur russischen und sowjetischen Kultur*, Bd. 27). Bochum 2002.

Sternin, Grigori J.: *Das Kunstleben Russlands an der Jahrhundertwende.* Dresden 1976 (russ: Moskau 1970).

Sternin, Grigori J.: *Das Kunstleben Russlands zu Beginn des zwanzigsten Jahrhunderts.* Dresden 1980 (russ.: Moskau 1976).

Sternin, Grigori J.: *Chudoshestwennaja shisn Rossii 1900–1910-x godow*. Moskau 1988.
Sternin, Grigori J. (Hrsg.): *Abramzewo. Chudoshestwenny krushok. Shiwopis. Grafika. Skulptura. Teatr. Masterskije*. Moskau 1988.
Stites, Richard: *The Women's Liberation Movement in Russia. Feminism, Nihilism and Bolshevism, 1860–1930*. Princeton 1978.
Taubmann, Jane A.: *A Life through Poetry. Marina Tsetaeva's Lyric Diary*. Columbus/Ohio 1988.
Tenischewa, Marija K.: *Wpetschatlenija mojei shisni*. Paris 1937. Leningrad 1991.
Tischkin, Grigori A.: *Shenski wopros v Rossii v 50–60e gg. XIX weka*. Leningrad 1984.
Toporow, W. N.: K peterburgskomu »lokusu« Kusmina. In: Morew, G. A. (Hrsg.): *Michail Kusmin i russkaja kultura XX. weka*. Leningrad 1990.
Tschernyschewski, Nicolai G.: *Was tun? Aus Erzählungen von neuen Menschen*. Berlin 1988.
Tschukowskaja, Lidija: *Aufzeichnungen über Anna Achmatowa*. Aus dem Russischen übersetzt von Kay Borowsky. Tübingen 1987.
Tschukowskaja, Lidija: *Sapiski ob Annek Achmatowoi*, 2 Bde. Paris 1980.
Voigt, Sabine: *Die Tagebücher der Marie Bashkirtseff von 1877–1884*. Dortmund 1997.
Wasiljewa, Jelisaweta. (d. i. Dmitrijewa, Jelisaweta): »Dwe weschtschi w mire dlja menja wsegda byli samymi swjatymi: Stichi i ljubow.« (Hrsg. v. W. Glozer). *Nowy Mir* 1988/12, 132–170.
Weininger, Otto: *Geschlecht und Charakter*. Wien, Leipzig 1917.
Wismer, Beat (Hrsg.): *Karo-Dame. Konstruktive, Konkrete und Radikale Kunst von Frauen von 1914 bis heute*. Katalog. Baden 1995.
Woloschin, Margarita: *Die grüne Schlange. Lebenserinnerungen einer Malerin*. Hamburg 1982.
Woloschin, Maximilian: Rasskas o Cherubine de Gabriak. In: Dawydow, S., Kuptschenko, W. (Hrsg.): *Pamjatniki kultury. Nowyje otkrytija 1988*. Moskau 1989, 41–61.
Wolynski, Akim L.: Russikije shenschtschiny. Hrsg. und mit Kommentaren versehen von A. L. Jewstignejewa. *Minuwscheje. Istoritscheski almanach* Bd. 17, 1994, 209–293.
Wood, Paul: Die Avantgarde und die Politik. In: *Die Große Utopie. Die russische Avantgarde 1915–1932*. Katalog. Frankfurt/Main 1992, 283-303.
Woolf, Vicki: *Dancing in the Vortex. The Story of Ida Rubinstein. (Choreography and Dance Studies*, 20). Amsterdam 2000.
Wystawka kartin Natalii Sergejewn Gontscharowoi 1900–1913. Katalog. Moskau 1913.
Zinowjewa-Annibal, Lidija: *Dreiunddreißig Ungeheuer*. Aus dem Russischen übersetzt und mit einem Vorwort versehen von Ursula Keller. Berlin 1995.
Zwetajewa, Anastasija: *Kindheit mit Marina*. Wiesbaden, München 1977.

Zwetajewa, Marina: *Maßlos in einer Welt nach Maß*. Gedichte, russisch und deutsch. Hrsg. und mit einem Nachwort versehen von E. Mirowa-Florin. Berlin ^{2}1983.
Zwetajewa, Marina: *Erzählung von Sonetschka*. Aus dem Russischen übersetzt und mit einem Nachwort versehen von Margarete Schubert. Berlin 1984.
Zwetajewa, Marina: *Mein weiblicher Bruder. Brief an die Amazone*. Übertragung aus dem Französischen und Nachwort von Ralph Dutli. München 1985.
Zwetajewa, Marina: *Vogelbeerbaum. Ausgewählte Gedichte*. Hrsg. von Fritz Mierau. Berlin 1986.
Zwetajewa, M.: Natalja Gontscharowa (Leben und Werk). In: Zwetajewa, M.: *Gedichte. Prosa*. Hrsg. und aus dem Russischen übersetzt von Fritz Mierau. Leipzig 1987, 132-323.
Zwetajewa, Marina: *Mutter und die Musik. Autobiographische Prosa*. Aus dem Russischen und mit einem Nachwort von Ilma Rakusa. Frankfurt/Main 1987.
Zwetajewa, Marina: *Auf eigenen Wegen. Tagebuchprosa. Moskau 1917–1920, Paris 1934*. Übersetzung und Nachwort von Marie-Luise Bott. Frankfurt/Main 1987.
Zwetajewa, Marina: *Ausgewählte Werke*. 3 Bde. Hrsg. von Edel Mirowa-Florin. Berlin, München 1989.
Zwetajewa, Marina: *Im Feuer geschrieben. Ein Leben in Briefen*. Hrsg. und aus dem Russischen von Ilma Rakusa. Frankfurt/Main 1992.
Zwetajewa, Marina: *An Anna Achmatowa...* Aus dem Russischen von Irmgard Wille. Hrsg. von S. Heinrichs. Berlin 1992.
Zwetajewa, Marina: *Sobranije sotschineni*. Hrsg. und mit Kommentaren versehen von A. Saakjanz und L. Muchina. Moskau 1994–1995.
Zwetajewa, Marina: *Liebesgedichte*. Aus dem Russischen übertragen, hrsg. und mit einem Nachwort-Essay versehen von Ralph Dutli. Zürich 1997.
Zwetajewa, Marina: *Ein Abend nicht von dieser Welt*. Aus dem Russischen übersetzt und mit einem Nachwort versehen von Ilma Rakusa. Frankfurt/Main 1999.
Zwetajewa, Marina: Erinnerungen an einen Lebenden. In: Zwetajewa, M.: *Ein Abend nicht von dieser Welt*. (Aus dem Russischen übersetzt und mit einem Nachwort versehen von Ilma Rakusa.) Frankfurt/Main 1999.
Zwetajewa, Marina, Mandelstam, Ossip: *Die Geschichte einer Widmung. Gedichte und Prosa*. Aus dem Russischen übertragen, hrsg. und mit einem Nachwort-Essay versehen von Ralph Dutli. Zürich 1994.

Die Autorinnen

Natalja Sharandak, geboren in Kiew, Studium der Kunstgeschichte an der *Akademie der Künste* in Leningrad, wissenschaftliche Mitarbeiterin in der St. Petersburger *Eremitage*. Zahlreiche Veröffentlichungen, vor allem zur Situation russischer Künstlerinnen in Geschichte und Gegenwart. Lebt seit 1992 als Autorin und Regisseurin in Berlin.

Ursula Keller, 1964 in Lübeck geboren, Studium der Slavistik und Germanistik in Berlin, zahlreiche Forschungsaufenthalte in Russland, bis 2002 wissenschaftliche Mitarbeiterin an der FU Berlin, Aufsätze zur Genderforschung in der Slavistik sowie biografische Essays, lebt als Autorin und Übersetzerin in Berlin.

Abbildungsnachweis

Umschlag: Eugène Druet: *Ida Rubinstein im Atelier von Jacques-Emile Blanche im Kostüm der Schéhérazade (1911)*; Bibliothèque de l'Opéra de Paris / cliché: Bibliothèque nationale de France.

S. 17, 18, 21, 174, 253 in: Raev, Ada: *Russische Künstlerinnen der Moderne. 1870-1930. Historische Studien. Kunstkonzepte. Weiblichkeitsentwürfe*. München 2002.

S. 22: In: Bowlt, John E.: *The Silver Age: Russian Art in the Early Twentieth Century and the »World of Art« Group*. Newtonville, Mass. 1982.

S. 27 in: Petrow, Wsewolod, Kamenski, Alexander: *Welt der Kunst. Vereinigung russischer Künstler zu Beginn des 20. Jahrhunderts.* Leningrad 1991; © VG Bild-Kunst, Bonn 2003 (Alexandre Benois)

S. 43, 168, 213, 242 in: Petrow, Wsewolod, Kamenski, Alexander: *Welt der Kunst. Vereinigung russischer Künstler zu Beginn des 20. Jahrhunderts*. Leningrad 1991.

S. 47, 51, 59, 115, 136 in: *St. Petersburg. Artistic Life 1900–1916*. St. Petersburg 2001.

S. 65, 71: Archiv Dmitri Iwanow, Rom.

S. 68: Lapschina, Natalja P.: *Mir iskusstwa*. Moskau 1977.

S. 104, 143 in: Zwetajewa, Marina: *Sobranije sotschineni*. Hrsg. und mit Kommentaren versehen von A. Saakjanz und L. Muchina. Moskau 1994–1995.

S. 125, 133 in: Schweizer, Wiktoria: *Byt i Bytie Mariny Zwetajewoi*. Fontenay-aux-Roses 1988.

S. 127 in: Parnok, Sofija: *Sobranie stichotvoreni*. Hrsg. und mit Anm. versehen von Sofija W. Poljakowa. St. Petersburg 1998.

S. 139, 140, 195, 197, 200, 202, 205, 216 in: Kornilow, Pjotr Je. (Hrsg.): *Jelisaweta Sergejewna Kruglikowa*. Zhisn I Twortschestwo. Leningrad 1969.

S. 163 in: Benois, Alexandre N.: *Moi wospominanija*. Moskau ^{2}1990, Bd. 2.

S. 164, 199, 223 in: Silberstein, Ilja S., Samkow, W. A. N. (Hrsg.): *Sergei Djaghilew i russkoje iskusstwo*. Moskau 1982, Bd. 1.

S. 167, 171, 173 in: Prushan, Irina N. (Hrsg.): *Léon Bakst. Bühnenbild- und Kostümentwürfe. Buchgrafik. Malerei und Grafik*. Leningrad 1986.

S. 180 in: Ostroumowa-Lebedewa, Anna P.: *Awtobiografitscheskije sapiski*. Moskau 1974.

S. 228, 241 in: Silberstein, Ilja S., Samkow, W. A. N. (Hrsg.): *Sergei Djaghilew i russkoje iskusstwo*. Moskau 1982, Bd. 2.

S. 183, 184, 186, 189 in: Kiseljow, Michail F. (Hrsg.): *Grafika A. P. Ostroumowoi-Lebedewoi*. Moskau 1984.

S. 211, 219: © VG Bild-Kunst, Bonn 2003 (Sinaida Serebrjakowa/ Zenaide Serebriakova).

S. 213, 220 in: Petrow, Wsewolod, Kamenski, Alexander: *Welt der Kunst. Vereinigung russischer Künstler zu Beginn des 20. Jahrhunderts.* Leningrad 1991; © VG Bild-Kunst, Bonn 2003 (Sinaida Serebrjakowa/ Zenaide Serebriakova).

S. 215 in: *Sinaida Serebrjakowa.* Moskau 2001; © VG Bild-Kunst, Bonn 2003 (Sinaida Serebrjakowa/Zenaide Serebriakova).

S. 227 in: Arsène, Alexandre (Hrsg.): *The Decorative Art of Leon Bakst.* New York 1972.

S. 249, 250, 254: © VG Bild-Kunst, Bonn 2003 (Natalja Gontscharowa/ Nathalie Gontcharova); S. 254 in: Silberstein, Ilja S., Samkow, W. A. N. (Hrsg.): *Sergei Djaghilew i russkoje iskusstwo.* Moskau 1982, Bd. 2.

Mehr Informationen über unser Programm finden Sie unter www.aviva-verlag.de

Wir schicken Ihnen gerne regelmäßig unser Verlagsprogramm zu.

Umschlagfoto:
Eugène Druet: Ida Rubinstein
im Atelier von Jacques-Emile Blanche
im Kostüm der Schéhérazade (1911),
Bibliothèque de l'Opéra de Paris.

Druck: Fuldaer Verlagsagentur

AvivA Britta Jürgs GmbH
Emdener Str. 33, 10551 Berlin
Dorfstr. 56, 17375 Grambin
fon (0 30) 39 73 13 72
fax (0 30) 39 73 13 71
e-mail: aviva@txt.de
www.aviva-verlag.de

In der AvivA-Künstlerinnen-Reihe
ist erschienen:

Britta Jürgs (Hg.):

Denn da ist nichts mehr, wie es die Natur gewollt
Portraits von Künstlerinnen
und Schriftstellerinnen um 1900

Künstlerinnen und Schriftstellerinnen an der von Impressionismus, Naturalismus oder Symbolismus geprägten Jahrhundertwende: Im Streben nach geistiger wie materieller Selbstständigkeit kämpften sie um einen gleichberechtigten Platz in der Gesellschaft oder eroberten sich die Boheme. Ihr Leben und Schaffen brachten die epochentypischen Frauenbilder ins Wanken und eröffneten neue Horizonte.

Porträtiert werden Lou Andreas-Salomé, Franziska zu Reventlow, Elena Luksch-Makowsky, Maria Slavona, Käthe Kollwitz, Ricarda Huch, Clara Viebig, Ida Boy-Ed, Elsa Asenijeff, Julie Wolfthorn, Helene Böhlau, Sabine Lepsius, Dora Hitz, Gabriele Reuter und Annette Kolb.

»Eine aufwühlende Lektüre: Wer das Buch in die Hand nimmt, kann es nicht mehr zur Seite legen, bis der letzte Abschnitt gelesen ist.«

(art)

ISBN 3-932338-13-8
Gebunden, 319 Seiten, 34 Abb.
21,50 €; 38,70 SFr

In der AvivA-Künstlerinnen-Reihe
ist erschienen:

Britta Jürgs (Hrsg.):

**Sammeln nur um zu besitzen?
Berühmte Kunstsammlerinnen
von Isabella d'Este bis Peggy Guggenheim**

Ob aus Passion, Prestige oder aus der Lust am Besitzen: Kunstsammlerinnen haben die Kunstgeschichte maßgeblich geprägt. Passionierte Mäzeninnen gibt es nicht erst im 20. Jahrhundert. Vor allem seit der Renaissance kaufen und sammeln Frauen Kunst, fördern und beauftragen zeitgenössische Künstlerinnen und Künstler.

Ein Streifzug durch weibliche Sammelleidenschaften quer durch die Jahrhunderte, mit Porträts von Isabella d'Este, Margarete von Österreich, Maria von Ungarn, Maria von Medici, Christina von Schweden, Jeanne de Verrue, Madame de Pompadour, Karoline Luise Markgräfin von Baden, Katharina der Großen, Kaiserin Joséphine, Kronprinzessin Victoria, Gertrude Stein, Nell Walden, Marie-Laure de Noailles und Peggy Guggenheim.

»Mäzenatentum war nie reine Männersache. Das lässt sich hier noch einmal aufs Schönste nachlesen.«

(Der Tagesspiegel)

»Lektüre nicht nur für Laien in Sachen Frauen und Kunst.«
(Frankfurter Allgemeine Sonntagszeitung)

ISBN 3-932338-10-3
Gebunden, 320 Seiten, 40 Abb.
23,50 €; 42,20 SFr